中华姓氏

全书

晴天 编

中国华侨出版社

图书在版编目（CIP）数据

中华姓氏全书 / 晴天编. — 北京：中国华侨出版社, 2015.10
ISBN 978-7-5113-5688-8

Ⅰ. ①中… Ⅱ. ①晴… Ⅲ. ①姓氏—研究—中国 Ⅳ. ①K810.2

中国版本图书馆CIP数据核字（2015）第232650号

中华姓氏全书

编　　者：晴　天
出 版 人：方　鸣
责任编辑：紫　夜
封面设计：中英智业
文字编辑：闫瑞雪
美术编辑：宇　枫
经　　销：新华书店
开　　本：720毫米×1040毫米　　1/16　　印张：26　　字数：610千字
印　　刷：三河市万龙印装有限公司
版　　次：2015年12月第1版　　2015年12月第1次印刷
书　　号：ISBN 978-7-5113-5688-8
定　　价：59.00 元

中国华侨出版社　北京市朝阳区静安里26号通成达大厦三层　　邮编：100028
法律顾问：陈鹰律师事务所
发 行 部：（010）88866079　　传　真：（010）88877396
网　　址：www.oveaschin.com
E-mail：oveaschin@sina.com

前　言

　　我国姓氏文化源远流长，枝繁叶茂。2010 年，相关单位出版了一本《中国姓氏大辞典》，收录了中国各个历史时期的绝大多数汉字姓氏，数量竟达 23813 个。如此繁多的姓氏，究竟源自哪里？它们又是如何演化的呢？

　　姓，理应是一个人家族系统的血缘符号，通过这个符号，每个人都可以把自己和历史文化联系起来，成为姓氏文化中一个有血肉的纽带和见证。许多姓氏，我们见惯了，觉得平常，其实，细究起来，背后都隐藏着一段早已被今人遗忘的历史。如，王、公孙、王孙（此姓在今，已不多见，但并未完全消亡）等大多是古代王侯子孙的后代；齐、鲁、晋、宋、郑、吴等姓氏，大多是春秋战国时期各诸侯国的遗民，为了不忘却该国，以国名为家姓；西门、东郭、柳、池等则是祖先以居住地的地标做了姓氏；还有以自身职业为姓氏的，陶姓，说明该人祖先是个做陶器的。屠姓，说明该人祖先是个屠夫。卜姓，说明该人祖先是个算命、打卦的先生。

　　中国人有句老话，叫"大丈夫，行不更名，坐不改姓"。这话听起来很豪气，但，这其实是还没被逼到份儿上。在我们身边，有一些不起眼的姓，说起来，在久远的年代，可能背后隐藏着不能为外人道的血泪史。如为了逃避秦始皇追杀，隐居他地，改名换姓的张良。张良原姓今人已不可考；还有司马迁的后代，起码有两个孩子改了姓，一个改成了冯，"马"字加两点。一个改姓同，"司"字多了一竖。都是为了隐晦纪念自己还是司马家的后裔。又如元朝倾覆，留在中原的蒙古人为避祸，不敢再保留原来的名姓，改入汉姓。清覆灭，满洲贵族亦如是。这些人有改姓金的，因为"爱新"在满语当中，就是金的意思；有改姓王的，因为都是王爷的后代；有改姓罗的，这是比较偷懒的，爱新觉罗里面拿个"罗"，就姓"罗"了；有改姓黄的，这是不忘皇族之本。不光少数民族，就是汉族改朝换代，前朝皇族遗子遗孙也要改姓隐居。林徽因和梁思成去山西考察、测绘古建筑，就曾在一个村庄里遇到了明朝庆成王爷的后裔们。他们现在已改姓吕，是普普通通的农民，过着朴素的日子。

当然，也有因功勋显著，而被皇帝赐姓的。七次下西洋的太监郑和，原本姓马，后被明成祖朱棣赐姓郑。南明小朝廷时期，隆武帝把国姓"朱"赐给了郑成功，因此，闽台百姓也称郑成功为"国姓爷"。

说到姓氏文化，不得不提童蒙读物《百家姓》。这本供孩子认字用的小书，将中华姓氏排列成四字一句，辅以韵律，因其朗朗上口，很容易被孩子们记住。遗憾的是，我们至今不知道《百家姓》的作者是谁，他所处朝代的具体时间是什么时候。只是有个大概的推测。据说，该人最晚生活在宋朝。根据的是诗人陆游一首叫作《秋日郊居》的诗，在这首诗后面他做了一段注："农家十月，乃遣子弟入学，谓之冬学。所读《杂字》、《百家姓》之类，谓之村书。"可见，在南宋，《百家姓》就已经非常流行了。关于作者的记载，可以从宋人王明清的一本叫《玉照新志》的书里找到点蛛丝马迹，他说该书是"两浙钱氏有国时小民所著"。这话什么意思呢？是说五代十国时期，在江苏、浙江一带，曾建立了一个吴越国，该国皇帝姓钱。作者就是该国的一个不知名的小民。通过这个解释，我们也就可以理解了为什么《百家姓》会以"赵钱孙李"打头。赵是当朝的国姓，不敢不排第一，而钱，则是因为该小民，不忘旧主。至于孙排第三位，据考证，说是末代吴越王钱俶的皇后姓孙……

我国的姓氏文化在世界文化史上极为罕见。这种社会现象孕育于我们独特的民族文化温床，展现了华夏民族的继承与融合，重视血脉根源的精神。

目录

中华姓氏的文化与历史

中华姓氏

中华姓氏的文化与历史

古姓氏非今姓氏

古人云："参天之木，必有其根；怀山之水，必有其源。"中华民族自古以来就有追根溯源、寻根问祖的传统，这体现了华夏儿女的民族自尊、历史自重和文化自信。这种传统有着许许多多的表现，其中一项就是对姓氏文化的重视。

中华民族有着五千年悠久的历史，中华民族的姓氏与中华民族的历史一样悠长。姓，是一个人家族系统的血缘符号，通过这个符号，每个人都可以把自己与历史文化联系起来。中华民族的每一个姓氏都有一段意味深长的来历，蕴含着一个个生动有趣的故事，是超越时空、贯通古今的文化活化石。

姓，表明你的出身、家族，但是，今天我们所说的"姓"，与原始的"姓"并非同一概念，而是包含了古代的姓与氏两方面的内容。

历史的进程是伴随着母系氏族的产生，最后被父系取代，中华民族的姓氏与历史进程密不可分。母系氏族时期，儿女只知其母，不知其父。一个氏族部落聚居，就表示这个部落成员在远古时代曾拥有一个共同的老祖母。为了和别的部落，有所区分，证明你的祖母不是我的祖母，就产生了"姓"。

"姓"属于会意，古形体是由"人"和"生"组成，意为人所生，因生而为姓。用"女"与"生"组合成姓字，最早见于秦国该石《诅楚文》，意思是女子所生为姓，生而有姓。许慎在《说文解字》中也说："姓，人所生也。古之神圣，母感天而生子，故称天子，从女，从生。"因此，中国早期的许多姓，如姬、姒、姜、嬴等，都带有"女"字。传说黄帝住姬水之滨，以姬为姓；炎帝居姜水之旁，以姜为姓。皇天以大禹治水有功，赐姓为姒。

既然，一个氏族部落自发地会形成一个"姓"，那这个"姓"又跟什么有关联呢？这就不得不提到图腾，也就是氏族的徽号。

当时，上古初民认为每个氏族部落都与某种动物、植物有着亲缘关系，或跟某种无生命的物体有着特殊的联系，初民们把这类生物或物体视为整个部落的象征物、庇佑者，以此作为本氏族的名称，也就是图腾。"图腾"系印第安语，意为"他的亲族"；马克思在《摩尔根＜古代社会＞一书中摘要》中明确指出："图腾一词表示氏族的标志和符号。"有些图腾，后来转化为人的姓。

在我国古代典籍中，能找到汉族和少数民族图腾信仰的记录。如《史记·五帝本纪》中说："黄帝'教熊、罴、貔、貅、豹、虎，以与炎帝战于阪泉之野'。"其中的"熊、罴、貔、貅、豹、虎"实际上是指以野兽命名的六个氏族。这些野兽就是这六个氏族的图腾。《后汉书·西南夷列传》记载："夜郎者，初有女子浣于遁水，有三节大竹流于足间，闻其中有号声，剖竹视之，得一男儿，归而养之。及长，有才武，自立为夜郎侯，以竹为姓。"这个部落以"竹子"为图腾，转化为"竹"姓。

氏是同姓衍生出来的分支，起源于父系氏族社会。随着历史的推移，人类生活水平大大提高，同姓的子孙不断繁衍，人口越来越多，可占据的生活空间是有限的，根本养活不了全部的人口，怎么办呢？只能迁徙了。后代人口散居各地，为了便于区别，每支再起另外的称号，这就是氏。因此，当我们读到"黄帝轩辕氏，姬姓"以及"炎帝列山氏，姜姓"时，就可以明白，姓与氏的区别了。这说明黄帝领导的部落是姬姓中的一支，支号称"轩辕氏"，当然，姬姓中还有别的氏族，我们是不知道的。同理，炎帝领导的部落是姜姓中的一支，支号称"列山氏"。打个最通俗的比方，以班级为例，如果黄帝是三年级一班，那炎帝可能是四年级二班，也可能是二年级五班。其他的年级和班级（也就是姓与氏）也是存在的，只是我们了解得不够具体。据说，远古时期的氏族还包括有巢氏、燧人氏、伏羲氏、金天氏（少昊）、高阳氏（颛顼）、高辛氏（帝喾）、有虞氏（舜）等。

周朝是我国氏发展最重要的时期。周代宗法制度非常严明，姓氏成为贵族的特权，老百姓没姓氏。《左传·隐公八年》记载："天子建德，因生以赐姓，胙之土而命之氏。"意思是说，帝王立有德的人为诸侯，根据他的出生血统赐给姓，分封给他土地并且根据封地命名氏。

这一时期，贵族女子有姓，没有氏。为什么贵族女子要用姓呢？

南宋史学家郑樵的《通志氏族·略序》有一段话讲得很明白："三代（夏、商、周）之前，姓氏分而为二，男子称氏，女子称姓。氏所以别贵贱，贵者有氏，贱者有名无氏。故姓可呼氏，氏不可呼姓。姓所以别婚姻，故有同姓、异姓、庶姓之别；氏同姓不同者，婚姻可通，姓同氏不同者，婚姻不可通。"这段话将女子的"姓"是用来决定能否通婚的依据，说得清清楚楚。

战国时期，奴隶宗法制崩溃，大家开始以氏为姓，逐渐姓氏不分了。也就是说，现今中国人使用的姓氏中十有八九是由氏演变而来的。郑樵所云："秦灭六国，子孙该为民庶，或以国为姓，或以姓为氏，或以氏为氏，姓氏之失，由此始……兹姓与氏浑为一者也。"

见于文字记载正式将姓氏混用的，是西汉时的司马迁。顾炎武《日知录·氏族》称："姓氏之称，自太史公始混而为一。《本纪》于秦始皇则曰'姓赵氏'，于汉高祖则曰'姓刘氏'，是也。"

汉魏以后，姓氏合一，平民百姓也开始普遍用姓，这才有了姓名之说——原来姓一样，用氏分，现在姓都有了，怎么办？用名来分，所以叫姓名。

中华姓氏来源的途径

周朝是天子赐予姓氏，到了战国，社会剧烈动荡，旧贵族没落了，有的还沦为奴隶。这时表示贵族身份的氏，已没有存在的必要，而平民也开始由无姓到有姓。后世之姓，大约有以下几种来源：

1. 以氏为姓。氏族社会晚期以至夏、商时代，分支氏族的标号有的成为后起之姓，如：姬、姜、姒、风、己、子、任、伊、嬴、姚等。

2. 以国名为姓。夏、商二代均封侯赐地，西周初年更是实行大分封，大大小小的诸侯国遍布九州，这些国名便成为其国子孙后代的氏。如齐、鲁、晋、宋、郑、吴、越、秦、楚、卫、韩、赵、魏、燕、陈、蔡、许等。

3. 以邑名为姓。邑指采邑，也叫食邑、采地或封地，是奴隶社会时期诸侯封给卿、大夫的连同土地上劳动的奴隶在内的土地。如周武王时封司寇忿生采邑于苏（今河北省临漳县西），忿生后代因此姓苏。

4. 以乡、亭之名为姓。乡、亭都是古代行政区划，秦汉时，大体上十里一亭。每乡约12500户，十亭为一乡。嬴姓秦国的始祖非子的支孙封在邑乡（今山西省闻喜县邑城），得邑氏；至六世孙被周禧王封为邑侯，采食解州（今山西运城县、闻喜县一带）。

5. 以居住地为姓。如齐国公族大夫分别住在东郭、南郭、西郭、北郭，这四郭便成了姓氏。另外，门、池、柳、邱也属于这种情况。在清朝雍正皇帝以前，中国是没有"邱"这个姓的，一说姓丘就是土丘的丘。但雍正皇帝下令，不许用这个丘了，因为犯了孔夫子孔丘的讳。于是人们加了一个偏旁，才有了今天这个邱姓。

6. 以先人的字或名为姓。如周平王的庶子字林开，其后代姓林。又如齐国大夫童刁的孙子以刁氏传世。宋戴公之子公子充石，字皇父，其孙以祖父字为氏，汉代时改皇父为皇甫。

7. 以排行为姓。如春秋鲁国有孟孙氏、叔孙氏和季孙氏。

8. 以官职为姓。如西周的职官司、司马、司空后来均成为姓。又如汉代有治粟都尉，后代便姓粟。

9. 以技艺为姓。商朝有巫氏，是用筮占卜的创始者，后世便以为氏。又如卜、陶、屠等姓均是以技艺为氏。

10. 古代少数民族融合到汉族中带来的姓。如古代北部、西部和西北部的匈奴、鲜卑、羌、氐、羯等少数民族原有的复姓，如慕容、宇文、呼延等。

11. 以谥号为姓。古代帝王、诸侯、卿大夫死后，根据其生平行为褒贬善恶所加的称号叫谥号。如庄氏原为楚庄王之后，康氏原为周武王之弟康叔之后。

12. 因赐姓、避讳而改姓。如明成祖朱棣赐姓太监马三保为"郑"，也就是后来七次下西洋的郑和，南明隆武帝把国姓"朱"赐给了郑成功，闽台百姓称郑成功为"国姓爷"。

13. 以先人身份为姓。如公孙、王孙、王，其先人是公或王。

14. 古代少数民族为了汉化，而改汉姓。如北魏孝文帝改"拓跋"姓为"元"姓。孝文帝拓拔宏将天下的姓氏分成三、六、九等，并且给每个等级制定了标准。在拓拔宏开了先河的情况下，以后谁掌握政权，谁的姓氏就高贵。到了唐代，李世民直接下诏，将原本第二等级的李姓，提升为第一等级。

15. 为了与迁徙地姓氏的区分。如汉代诸县（今山东省境内）的"葛"姓迁到阳都（今河南省境内），为了和当地的葛姓区别就称为"诸葛"。

姓氏散布与人口迁徙

我们中国人十分重视自己的姓氏，如果没有非常特殊的原因是不会轻易改变的。考察今天姓氏的分布地域，就可以发现，人口少的姓往往具有很强的地域性，可能只聚居于同一个村庄。但人口多的姓却遍布五湖四海，甚至国外。

早期同一姓氏因为具有共同的血缘关系，聚族而居，分布范围有限。所以每个姓氏都有自己的起源地，现在大姓人口扩展到全国各地，主要是迁移的结果。

人口迁移的方式很多，对不同姓氏的影响也不同，下面举例分析：

1. 分封产生的迁徙

华夏诸族发祥于中原，中原地区大体上即今天的河南、山西南部、陕西东部、山东西部、河北西南、安徽西北等黄河中下游地区，华夏特有的姓氏也集中在这一区域之内。夏、商、周三代实行分封制，国君将本族子弟和有功大臣分封到各地，他们的姓氏也随着分布到各地。例如，周王姓姬，被分封到各地的周王室成员就将姬姓带到各地。又如周朝的开国功臣姜子牙被分封于齐国（今山东中部），姜姓也从今陕西扩大到山东。另外，不少姓的起源都是某国的国名，后来演变成后裔子孙的姓氏。这个前文已有表述。

西汉初曾大封同姓王和异姓王，异姓王存在时间很短，除个别外都不得善终，同姓王却子孙繁衍，绵延数代。如刘备是中山王后裔，虽然家境早已没落，但还是住在离中山不远的涿郡（今河北涿州）。而刘姓王室的起源地源自高祖刘邦的沛县（今江苏沛县）。

2. 强制性迁徙

为了巩固自己的政权，加强特定地区的经济实力，或者为了打击敌国，削弱或消灭反抗势力，历来统治者都曾实施强制性的迁移，用行政或军事手段，将某些地方的人口迁入指定地区，也包括将被贬斥的官员、俘虏、罪犯流放安置到边远地区。

如，北魏孝文帝将首都从平城（今山西大同）迁徙至河南洛阳。明朝初年，建都北京后，为恢复华北的经济，明政府曾多次令人们从山西移民华北，这一迁徙运动的出发点和集合点就是山西洪洞县。现今许多山东、河北，包括东北的人，都记得这首遥远的民谣：要问家乡在哪里？山西洪桐大槐树。祖先故居叫什么？槐树下面老鸹窝。又如清朝年间，发生的"湖广填四川"的移民潮。清初，四川受战乱影响，人口稀少，清政府为了鼓励发展生产，采取强制性迁移政策，大批移民从湖广等地涌入四川。今天四川和重庆的大部分人口是当初移民的后代，他们的姓氏大多可以追溯到湖北、湖南。

3. 因战乱引起的迁徙

中国历史上有三次大规模南迁，都是因战乱引起的。

第一次是由匈奴贵族刘渊、刘聪父子掀起的"永嘉之乱"，这次战乱发生在西晋末永嘉年间，从公元4世纪初一直延续了一百多年。后来，由于东晋在建康（今南京）重建，北方的上层人物和世家大族大多也跟着渡江南迁。

第二次是公元755年安史之乱后的南迁。安禄山在幽州（今北京）发动叛乱后，先后占据唐朝的东都洛阳和首都长安，"四海南奔似永嘉"，北方又出现南迁大潮。

第三次是北宋末年靖康之乱后的南迁。由于金兵深入中原，来自开封等地的上层移民跟着南宋王朝定居于杭州，在当地形成一种以北方口音为主、带儿化的新方言。

4. 生存性的迁徙

这类迁移自古以来就在进行，"筚路蓝缕，以启山林"的成语就形象地描述了他们为了生存而迁入荒山丛林中开垦定居的艰辛。近代东北人大多是"闯关东"的产物，是1860年清政府开放东北封禁地后由山东等地迁入。内蒙古的汉人主要也是实行"放垦"后由山西等地"走西口"迁入。他们的姓氏当然也与迁出地相同。

5. 少数民族的内迁和姓氏的"汉化"

由于中原长期处于经济文化发达的地位，对周边人口具有巨大的吸引力，少数民族的内迁一直在进行。为了表示不忘祖本，他们有的以故乡的谐音为姓，如来自中亚费尔干纳盆地一带的"昭武九姓"，就根据汉译康国、安国、米国、曹国等改姓康、安、米、曹。又如匈奴的一支自称是曾与刘邦"结为兄弟"的冒顿单于之后，因而改姓刘。更多的则是将原来多音节的姓简化单音节的姓，或双音节的复姓。如北魏孝文帝将鲜卑姓"达奚"改为"奚"，"侯莫陈"改为"陈"，"独孤浑"改为"杜"等等。

名字的由来

今天，如果我们对某个人好奇或者有好感，会打听人家的来路，问："你叫什么名字呀？"这人回答你说："我叫王某。"按古代的标准，这个王某，可不是名字，而是姓名。真正的"名字"在古代，各有所指，分属两个范畴。

《说文解字》中对"名"的解释是这样的："名，自命也。从口夕，夕者，冥也，冥不相见，故以口自名。"用白话文翻译过来，就是"名，自称。字形采用'口、夕'会意。夕，天黑。天黑了人们不相见，所以用嘴向别人说自己的名。"

《仪礼·丧服传》记载："故子生三月，则父名之。"也就是说，我们的"名"是父亲给起的。

《仪礼·檀弓》又曰："人女三月而加名，故云幼名；年二十有为人父之道，朋友之类不可复呼其名，故冠而加字。"意思是说，生下了女孩，就给起个闺名。男人长到二十岁了，成了父亲，朋友们就不可再随便地呼叫他的"名"，而应该呼"字"。

《颜氏家训·风操》对"名字"的解释是这样的："名以正体，字以表德"。是说，名用来表明本身，字用来表示德行的。

总而言之，名字不像姓氏，是对血统和家族的认同，名字是在社会上使用的个人的符号。

这个个人符号在先秦以前具有纪念或铭记的意义，之后，就意义深远，可言志，可达情，或表明家中排行。

下面就具体分析，名字的由来和意义。

1. 名字的由来，可能和生辰有关。夏商两代留下来的一些人名，如孔甲、盘庚、武丁等和干支相联系。

2. 以生理特征命名。春秋时有些人叫"黑臀"、"黑肱"。可能这俩人肤色较黑。

3. 纪念母亲的痛苦经历。郑庄公名"寤（悟）生"，表明了他母亲生他时难产。这个在历史上是真实的，有记载的。

有些人名所用的字有特定的含意，往往是"名"的解释和补充，是和"名"相表里的，所以又叫"表字"。如：宋代诗人秦观字少游、陆游字务观，他们名、字中的"观"和"游"就是同义。又如：东汉"举案齐眉"的文学家梁鸿字伯鸾，"鸿"、"鸾"都是为人称道的两种飞禽。

古人的"名"、"字"还常用来表示在家族中的行辈。先秦时，常在名、姓前加伯（孟）、仲、叔、季表兄弟长幼，如伯夷、叔齐，伯是兄，叔是弟；孔丘字仲尼，"仲"就是老二。

除了名、字，有些古人还有号。"号"是一种固定的别名，又称别号。封建社会的中上层人物（特别是文人）往往以住地和志趣等为自己取号（包括斋名、室名等）。如李白号青莲居士、杜甫号少陵野老、苏轼号东坡居士等。

有些别号的使用率甚至超过本名。别号是使用者本人起的，不像姓名要受家族、行辈的限制，因而可以更自由地抒发或标榜使用者的某种情操。别号中常见的"居士"、"山人"之类就是为了表示使用者鄙视利禄的志趣。欧阳修晚年号"六一居士"，就是以一万卷书、一千卷古金石文、一张琴、一局棋、一壶酒加上他本人一老翁，共六个"一"取号。

另外还有"绰号"，这大都是他人所取而得到公认的别号，是对人的刻画和形容。春秋百里奚沦落楚国，被秦穆公用五张羖（黑公羊）皮赎回，人称"五羖大夫"，可算是古代的绰号。《水浒》里梁山好汉 108 个，个个都有绰号。

除了上述的字、号之外，历史上常常用来代替个人姓名的还有：

1. 地名（包括出生地、住地和任职所在地等）。如东汉孔融称为孔北海、唐代韩愈称为韩昌黎、柳宗元称为柳河东等。以地名称人在封建时代是表尊敬，也叫称"地望"。

2. 官爵名（包括职衔、封号等）。如东汉投笔从戎的班超称班定远，因他曾封定远侯，三国嵇康称嵇中散，因他曾任中散大夫，唐代杜甫称杜工部，因他曾任工部员外郎等。

3. 谥号，即死后由皇帝颁赐的荣称。如宋包拯称包孝肃、岳飞称岳武穆等。

关于姓氏的书籍

在《百家姓》出现以前，有关姓氏的文字记载，在甲骨文里就有。战国时期，就已经有一本叫作《世本》的书，专门记载了从黄帝到春秋时期一些诸侯、大夫的姓氏、世系和居邑等。世系就是祖上都有谁；居邑，就是你住在哪里。据说该书系战国时史官所撰，是中国最早系统记载姓氏来源的典籍。可惜，大概到了宋朝，《世本》就不存在了，散佚了。

此后，姓氏著作层出不穷，例如：西汉有史游的《急就章》；东汉有王符的

《潜夫论·志氏姓》，应劭的《风俗通义·姓氏篇》；南朝宋有何承天的《姓苑》，齐有王俭的《姓谱》，梁有王僧孺的《百家谱》、徐勉的《百家谱》；北齐有魏收的《魏书·官氏志》；唐代有官修的《氏族志》，柳冲的《大唐姓系录》，韦述的《开元谱》，柳芳的《永秦谱》，张九龄的《姓源韵谱》，林宝的《元和姓纂》；宋代有无名氏的《百家姓》，邵思的《姓解》，王应麟的《姓氏急就篇》，邓名世的《古今姓氏书辩证》，郑樵的《通志·氏就篇》；明代有吴沈等的《千家姓》，凌迪知的《古今万姓统谱》；清代有熊峻运的《新纂氏族笺释》，任若海的《太平图话姓氏综》，张澍的《姓氏寻源》，等等。

这些姓氏书，各有千秋，为研究中国的姓氏文化作出了贡献，但都不如宋本《百家姓》流传得久远和深入。这是为什么呢？恐怕得源于它的浅近和通俗。

《百家姓》是一千年前产生于乡间村塾的启蒙读物。既然是乡间，就要照顾习闻常见；既然是启蒙，就要考虑易诵易读。书中罗列的姓氏，既有生活中随处可见的，也有仅仅照顾经史的。比如公羊、毂梁、仇督以及许多孔子弟子的姓氏，它们只是在儒家经典中出现过，在历代记载中很少有人真以此为姓。

《百家姓》将姓氏排列成押韵的歌谣，虽然没有其他启蒙读物那样具有故事性和教育意义，然而在旧时的私塾里，学童们是乐于接受它的。

首先，它朗朗上口；其次，学《百家姓》，孩子们能从中找到自己的姓、老师的姓、同学的姓，有很强的亲切感；再次，在讲到各姓的时候，老师可以自由发挥，讲一些相关的历史名人故事，孩子们也容易接受。清人曾有诗描写私塾学习的场景："一阵寒鸦噪晚风，诸生齐放好喉咙。赵钱孙李周吴郑，天地玄黄宇宙洪。"其中"赵钱孙李周吴郑"就是《百家姓》，而"天地玄黄宇宙洪"则指《千字文》。这是古代学童学习生活的一个缩影。

正因为内容单一，《百家姓》不像其他启蒙读物那样会因为时代的推移而显得某些内容不合时宜，只要汉民族还保留着固有的姓名习惯，那《百家姓》就永远会被人们关注。

到底有多少姓氏

我们常说百家姓，百家姓，但姓氏的数量绝不仅仅是 100 个，"百"字不过是虚数。

据统计，早在汉朝时期王符的《潜夫论·志氏姓》、应劭的《风俗通·姓氏篇》就各收录姓氏 500 个，到了唐代，林宝编撰的《元和姓纂》收录姓氏 1404 个，宋代邓名世《古今姓氏辨证》收姓氏 2101 个，郑樵《通志·氏族略》收姓氏 2288 个，邵思《姓解》收姓氏 2568 个，元代马端临《文献通考》收姓氏 3766 个，明代凌迪知《万姓统谱》收姓氏 3557 个、王圻《续文献通考》收姓氏 4657 个，清代张澍《姓氏五书》收姓氏 5129 个。

2010 年出版了一本《中国姓氏大辞典》，收录了中国各个历史时期的绝大多数汉字姓氏，数量竟达 23813 个。其中，单字姓 6931 个，复姓和双字姓 9012 个，三字姓 4850 个，四字姓 2276 个，五字姓 541 个，六字姓 142 个，七字姓 39 个，八字姓 14 个，九字姓 7 个，十字姓 1 个。

姓氏读音的变化

中国文字博大精深，同一个字换换环境，字音或者字义就会发生变化。比如多音字，比如姓氏。

举例为证：区做姓时念 ōu，不念 qū。黑，作为姓读 hè，不读 hēi。比如初次见到一个白皮肤的漂亮女生，你管人家叫黑（hē）i 小姐，人家还不气死。再如，盖 gài，做姓时念 gě。如果，周瑜打的不是黄盖（gài），而是黄盖（gě），那可能是黄先生的母亲盖（gě）女士为了彰显自己的娘家姓。还有查，不能念 chá，得读 zhā。武侠小说大家金庸，原名叫查（zhā）良镛，而不是 chá 良镛。缪，做姓时要读 miào，不能读 móu。单，你可千万别说曲艺大师为单（dān）田芳，人家叫单（shàn）田芳。比如乐，做姓的时候读 yuè，就不能读 lè 了。断杼劝学的是乐（yuè）羊子妻，而不是乐（lè）羊子妻。还有一个字，员，在做姓的时候要读成 yùn。仇，做姓的时候读 qiú。

另外，还有读音不变，但音调发生变化的姓氏，如教，做姓氏的时候，一定读 jiào，不能读 jiāo。比如任，做姓的时候一定读 rén，不读 rèn。司马迁写的那篇著名的文章《报任安书》，此读任（rén）安。

又小又怪的四个姓

据统计，在中国的姓氏中有四个小姓，它们分别是"死"、"难"、"觅（kuàng）""屾（yà）"。这四个小姓的总人口不超过1000人。

"死"姓主要分布于西北部，是由北魏时期，少数民族的四字复姓发展而来。"死"字在中华文化中是晦气的，不吉利的，因此，很少有人愿以此为姓。

"难"姓主要分布于河南的四个小村庄里，是北魏鲜卑族的姓发展而来，原本是一种鸟的名字。河南曾出土过一块南北朝的石碑，记载一个鲜卑族官员的事迹，他的名字就叫难楼，"难"姓后来随鲜卑族北迁，松花江当时也改名"难江"。现在，韩国有很多人姓"难"，大概就是河南这些"难"姓村民的一个分支。

"觅"姓主要分布在河南安阳市区，不过天南地北各有其家族成员，但人数不过百人。

"山"姓在《百家姓》中排名第227位，传说炎帝生于列山之石室，又称列山氏。后人省"列"留"山"，因此，这个姓氏相对来说，比较古老。

研究姓氏文化的现实意义

我们的姓氏文化在世界文化史上极为罕见。姓氏文化是一座蕴藏丰富的精神矿藏，是在我们民族文化的温床上形成的，具有中国特色。

首先，依据姓氏认祖寻根，能凝聚中华民族的团结力和向心力。当一个民族危难之际，民族要生存，就得携手并肩，共同战斗，这就要求全民族要有"本是同根生"的意识。比如屈原的抒情长诗《离骚》开篇就说："帝高阳之苗裔兮，朕皇考曰伯庸。"意思是说我是古代帝王高阳氏的后代子孙，我的先祖叫伯庸。这就是一种心理上的认祖行为。

其次，中国的姓氏文化蕴含着民族进取精神。在中华民族的历史中，人们耳熟能详的"岳家军"、"杨家将"是在民族危机时抵御外族入侵的一种民族自强精神的象征。

zhào
赵

【姓氏来源】

其一：出自嬴姓，其始祖为以擅于驾车著名的造父。

西周时期，传说颛顼帝的子孙，有一个名叫造父的，他善于驯马和驾车，深得周穆王的喜爱。周穆王西巡去见西王母时，乘坐的就是造父在桃林一带挑选的八匹骏马拉的车。正当周穆王在西王母那游玩乐而忘返的时候，徐偃王叛乱了。造父及时驾车护送周穆王回都城，因为造父护送周穆王回都有功，周穆王便把赵城赐给他作为封地。造父的后代们就以封地为姓，世世代代都姓赵。到了春秋时期，造父的第五世孙赵夙到晋国做将军，赵家的势力在晋国日益壮大。到了春秋末期，赵家的权势更大，进一步与同为大夫的韩家和魏家瓜分了晋国，成立了赵国，这就是历史上著名的"三家分晋"。后来，赵国越来越强大，成为战国七雄之一。

其二：出自他族改姓。

由匈奴、南蛮等少数民族改赵姓或赵宋王朝赐姓而来。如《汉书》所载，赵安稽，本匈奴人。《旧唐书》中记载，赵曳天，南蛮人。五代时期的赵国珍，原是牂牁酋长的后裔等。

【郡望堂号】

天水郡：西汉时期置郡，治所在平襄（今甘肃通渭），此支赵氏开基始祖为代王赵嘉。

颍川郡：秦时置郡，治所在阳翟（今河南禹州），此支赵氏开基始祖为西汉京兆君尹赵广汉。

赵氏堂号有"天水"、"孝思"、"半部"等。

【繁衍变迁】

赵姓发源于山西。到战国七雄之一的赵国灭亡时，赵姓已分布于山西、河北、河南、山东等地。秦初，始皇派赵公辅任西戎地区的行政长官，居住在天水，很快就繁衍成当地一大望族。同时，赵王赵迁因流放到今湖北房县，子孙在今湖北繁衍；后赵佗建立南越国，又把赵姓推进到两广。由涿郡赵氏赵匡胤建立的北宋，使赵姓人口得到了空前的发展，自宋代以后，赵姓遍布全国。

赵姓是当代中国人口排行第七位的姓氏，总人口约 2750 万，约占全国人口的 2.29%，主要分布于黄河沿岸的省份和东北地区。

【历史名人】

赵雍：就是赵武灵王，他实行"胡服骑射"，改革军事装备和作战方法，以增强军事力量。同时积极倡导国家制度和文化风俗的改革，使赵国成为战国时期仅次于秦国和齐国的军事强国。

赵胜：平原君赵胜，是"战国四公子"之一，以"食客数千人"著称，曾任赵国宰相，著名的成语"毛遂自荐"就是源自毛遂向赵胜自荐的典故。

赵云：字子龙，三国时期的蜀汉名将，有胆有识武艺高强，在汉中以数十骑拒曹操大军，被刘备誉为"子龙一身都是胆也"，军士们都称他为"威武将军"。

赵匡胤：北宋王朝的建立者，为加强中央集权，策划了"杯酒释兵权"的事件，提倡文人政治，开创了中国的文治盛世，是一位卓越的政治家。

赵孟頫：元代杰出书法家，楷书四大家之一，精于正、行书和小楷，笔法圆转遒丽，人称"赵体"。在绘画方面，开创元代新画风，被称为"元人冠冕"。

赵普：字则平，北宋名相。足智多谋，后读《论语》，有"半部《论语》治天下"之说，普三世孙概自洛阳迁亳，为亳州始祖。五世孙赵期，为云塘赵氏始祖。

【姓氏名人故事】

半部《论语》治天下

赵普是北宋著名的政治家，是宋太祖赵匡胤的手下，赵匡胤出谋划策，发动兵变，做了皇帝。后来，赵普又辅佐宋太祖东征西讨，统一了全国，被宋太祖任命为宰相。宋太祖死后，他的弟弟赵匡义继位，史称宋太宗。赵普仍然担任宰相。赵普读书不多，学问也不大，宋太祖赵匡胤曾劝他说："不读书是不行的，一定要多读书，才能有学问。"于是赵普便记在心里，无论朝政多么繁忙，也要钻研《论语》。

后来有人对宋太宗说赵普不学无术，所读过的书仅仅是一部《论语》而已，当宰相不合适。宋太宗不以为然地说："赵普虽然读书不多，这我一直都知道的。但是若说他只读过一部《论语》，我可不相信。"

于是，一次宋太宗和赵普闲聊，宋太宗想起这件事，随意问道："有人说你只读一部《论语》，是真的吗？"赵普老老实实地回答说："臣读的书不多，所知道的，确实不超出《论语》这部分。但是过去臣以半部《论语》辅助太祖平定天下建立王朝，现在臣用半部《论语》辅助陛下，使天下太平。"后来赵普因为年老体衰病逝，家人打开他的书箧，发现里面果真只有一部《论语》。

qián

钱

【姓氏来源】

钱姓出自彭姓，是以官职命名的姓氏。颛顼帝有玄孙陆终，陆终有子名篯铿，被封于大彭,建彭国,为商朝的诸侯国。因此钱铿又称彭铿。彭铿长寿,寿过八百,被称为彭祖。彭祖有孙子名叫孚,西周时任钱府上士。是掌管朝廷的钱财、负责钱财的管理和调度的职位,于是以官职为姓就姓"钱"了。孚的子孙也都以官名为姓,称钱氏。钱姓发源于陕西,兴盛于江浙。唐朝末年,钱镠(liú)建立吴越国,政绩卓著。

彭祖像。

【郡望堂号】

钱姓的郡望主要有下邳郡、彭城郡、吴兴郡等。

下邳郡:东汉时改临淮郡置国,治所在下邳(今江苏睢宁西北)。南朝宋及隋大业时改为郡。

彭城郡:西汉时改楚国置彭城郡,不久复为楚国。东汉时又改为彭城国,治所在彭城(今江苏徐州市)。

吴兴郡:三国吴时置郡,治所在乌程(今浙江吴兴)。

钱姓的堂号有"吴越堂"等。

【繁衍变迁】

钱姓发源于今陕西西安,之后逐渐向南方发展。秦朝有御史大夫钱产,其子孙居下邳(今江苏邳州)。西汉徐州人钱林,因王莽专政,弃官隐居长兴(今属浙江);钱逊,因避王莽乱,徙居乌程(今浙江湖州)。唐初,光州固始(今河南固始县境内)人陈政、陈元光父子入今福建开辟漳州,有钱姓将佐随往,在今福建安家落户。宋元时期,钱姓人发展到今广东、四川、安徽、湖南等省。明清时期,今上海、云南、湖北等省市均有钱姓的人聚居点。从清代开始,居住在今福建、广东及其他省市沿海地区的钱姓人陆续有迁至台湾、进而徙居海外者。

钱姓是当代中国人口排行第八十九位的姓氏，尤盛于江苏、浙江、安徽。

【历史名人】

钱起：字仲文，唐朝大诗人，为"大历十才子"之一，与朗士元齐名，世称"钱朗"。有《钱考功集》。

钱惟演：字希圣，北宋大臣，西昆体骨干诗人。著有《家王故事》、《金坡遗事》。

钱大昕：字晓征，清朝考据学家、史学家、汉学家。著有《唐石经考异》、《经典文字考异》等。

【姓氏名人故事】

钱镠枕"警枕"为戒

钱镠是唐朝杭州临安人，年少时家贫以贩卖私盐为生，后从军，在浙西镇将董昌麾下任部校，在镇压清剿黄巢起义军时极为英勇，屡立战功，因而被任命为

钱镠枕"警枕"为戒。

镇海军节度使，钱镠升任之后意气洋洋，生活极为奢华，行事阔绰，在临安大兴土木建筑豪华宅院，衣食住行样样着人伺候，甚至出门时马车前后都有兵士跟从护送，以示威仪。

钱镠与父亲住在左近，其父眼见钱镠生活起居穷奢极侈，心中极为厌恶，每每见到钱镠声势浩荡地出门，便刻意避开，长此以往钱镠有所觉察，于是恭顺地不带随从只身前往父亲所住的屋

中请安，并询问父亲为何对自己避而不见。钱镠之父当即训斥若继续如此贪求无度，必会自食恶果。

钱镠听完父亲的话心中愧悔，当即对父亲保证改过。这之后钱镠一应用度精简，勤于政事，体察民情，行事谨慎认真，于唐昭宗天复二年（902）被封为吴越国主。吴越国疆土很小，四周皆是强国，要时刻加以防范。钱镠为了使自己保持警醒之心，因而特意截下一段圆木，打磨成枕头将之称为"警枕"。每到军务繁忙之时，便以此为枕，这样睡熟之后稍微改变姿势，头便会自枕上滑落而惊醒，这样既可以稍事休息，又不会因为睡得太沉而有所松懈，贻误军情，并且还能提醒自己常怀警惕之心。自此之后，钱镠以"警枕"为戒，为人行事谨慎小心，吴越国在他的统治下，绵延百年从无战乱，国富民强，繁荣富庶。

sūn

孙

【姓氏来源】

孙姓的起源主要有六：

其一：出自姬姓，为卫国国君康叔的后代。后稷继承姬姓，成为周族的始祖。周文王的小儿子康叔，因封于康，故称康叔。周公旦平定武庚叛乱后，将原来商都附近地区和殷民七族分封给康叔，即卫国。春秋时期，卫康叔的八世孙卫武公有子名惠孙，惠孙之子名耳，为卫国上卿，姬耳之子名乙，字武仲，武仲根据周制，以祖父的字命氏，即为孙氏。

其二：出自芈姓，为春秋时期楚国令尹孙叔敖之后。传说颛顼的后裔陆终之子季连，赐姓芈。季连的后裔熊绎在周康王时被封于荆山，建立荆国。后改国号为楚，战国时期，楚国称为战国七雄之一。熊绎的子孙蔿艾猎，即为孙叔敖，字孙叔，为楚国令尹，因其开发水利有功，深受楚民爱戴，其子孙便以他的字命氏，为孙氏。

其三：出自妫姓。相传舜帝曾住在妫河边，因此其后代又有妫姓。陈厉公时，陈完因内乱逃至齐国，改姓为田。田完五世孙田桓子无宇的儿子田书因伐莒有功，齐景公封田书于乐安，赐姓孙氏。后齐国内乱，孙书后人出奔逃至吴国。

其四：出自子姓，为商纣王的叔父比干之后裔。帝喾之后裔契，因协助大禹治水有功，被封于商，赐子姓。后世孙建立商朝。比干因直言进谏，被纣王挖心而死，其子孙为了避祸而改姓，有的以本为王族子孙之故，改为孙姓。

其五：出自他姓改姓。如夏侯婴曾孙夏侯颇取公主为妻，该公主随母亲外家的姓，称"孙公主"，夏侯颇的子女也随之为孙姓。又如战国时期著名军事家荀卿的后裔，在西汉时期，为避讳汉宣帝刘询，改为孙卿。后又复为荀卿，但一部分子孙没有改回，仍称孙氏。

其六：出自他族改姓。如北魏孝文帝时期，因实行汉化政策，将鲜卑族复姓拔拔氏改为汉字单姓孙氏。

【郡望堂号】

孙姓的郡望主要有汲郡、陈留郡、太原郡、乐安郡、富春郡等。

汲郡：晋时置郡，治所在汲县（今河南汲县西南）。此支孙氏，为孙氏世居之地，是晋名隐士孙登之族所在。

陈留郡：西汉时置郡，治所在陈留县（今河南开封东南）。

乐安郡：东汉置郡，治所在临济（今山东高青县高苑镇东北）。此支孙氏，为"兵圣"孙武之族所在。

富春郡，秦置郡，治所在今浙江富阳。此支孙氏，为乐安孙氏之分支，其开基始祖为孙武次子孙明。

太原郡：战国秦庄襄王时置郡，治所在晋阳（今陕西太原市）。此支孙氏，为富春孙氏之分支，其开基始祖为孙明的十一世孙福。

孙氏又以"太原"、"乐安"为其堂号。

【繁衍变迁】

孙姓发源于河南和山东，春秋末期，居于河南的卫国，后孙姓氏族北迁晋国；战国时，山东境内的孙姓氏族也繁盛发展，妫姓孙氏成为孙姓人的主力。秦汉以后，孙姓人由山东向西发展至山西，向南发展到浙江和湖北等地。三国时期，孙吴政权使得孙姓家族得到了空前的发展。魏晋南北朝时期，北方、中原、江南各地都有孙姓氏族的聚集，名家望族辈出，等

孙子像。

到唐宋时期，孙姓人就遍布全国大江南北。明末清初，孙姓人开始渡海迁向台湾，并逐渐向海外发展。

【历史名人】

孙叔敖：蔿氏，名敖，字孙叔，春秋时期杰出的政治家，楚国名臣。主持修建了中国古代最早的大型渠系水利工程——期思陂，对当时农业经济的发展起到了重要的作用。

孙武：字长卿，春秋末期伟大军事家。应用了五行相生相克的原理，编撰成《孙子兵法》，被誉为"兵学圣典"。

孙权：字仲谋，三国时期吴国的建立者。是杰出的政治家、战略家，拥有雄才谋略，骁勇善战，后世有"生子当如孙仲谋"之说。

孙思邈：唐代著名的医学家，是著名的医师与道士，在中国乃至世界史上医药史上都占据着重要的地位，著有《千金药方》、《千金翼方》，被后人誉为"药王"。

孙中山：名孙文，字载之，中国近代民主主义革命的先行者，中华民国和中国国民党创始人，实行"三民主义"，被尊为"中华民国国父"。

优孟衣冠。

【姓氏名人故事】

优孟衣冠

　　孙叔敖是春秋时期楚国的令尹，他位高权重，功勋盖世，却为人清廉俭朴。楚王曾多次赏赐孙叔敖，都被他推辞。以至于家无积蓄，临终时连棺椁也没有。孙叔敖死后，他的儿子要靠打柴度日。优孟是楚国的艺人，常常以谈笑的方式委婉地劝谏楚王。

　　孙叔敖知道他是个贤人，就在临死前告诉自己的儿子，生活太贫困了就去求助优孟。后来孙叔敖的儿子遇到优孟，将父亲的话告诉优孟。优孟得知后，穿戴上类似孙叔敖的衣服帽子，模仿孙叔敖的言谈举止，去见了楚王。

　　楚王一见优孟的装扮，大为吃惊，以为是孙叔敖又活了，当即要任命优孟为宰相。优孟借口要与妻子商量而归家。三天后，优孟去向楚王回话道："我回家将大王要任我为相一事告诉妻子，我妻子却极为反对，她说前宰相孙叔敖一生中正清廉、忠心耿耿治理国家，正是因为他的协助才使楚王得以称霸诸侯，这样为君王呕心沥血的忠臣良相死了之后，他的儿子却完全得不到君王的照拂，如今落得上无片瓦遮身，下无立锥之地，穷困潦倒，每日靠背柴为生，可见楚国的宰相不值分毫，所以不要去当吧。"

　　优孟随后又高歌一曲："居耕田苦，难以得食。起而为吏，身贪鄙者余财，不顾耻辱。身死家室富，又恐为奸触大罪，身死而家灭。贪吏安可为也！念为廉吏，奉法守职，竟死不敢为非。廉吏安可为也！楚相孙叔敖持廉至死，方今妻子穷困负薪而食，不足为也！"

楚王听了优孟的话十分愧悔，随即召见孙叔敖之子，赐其土地与奴仆，使其脱离艰困，衣食无忧。

李

【姓氏来源】

李姓的来源主要有三：

其一：出自嬴姓，为颛顼高阳氏的后裔。颛顼的后裔皋陶在尧帝时担任大理的职务，他的儿子伯益因为帮助大禹治水有功，被赐为嬴姓，伯益的子孙世袭大理的职务。按照当时的社会习惯，以官为氏，称理氏。到了商朝末年，皋陶的后人理徵为人正直，在朝廷做官，因为敢于直谏得罪于商纣王，被纣王处死。理徵的妻子带着儿子利贞逃到"伊侯之墟"藏匿起来，好几日没有吃饭的他们因为不敢走远，只得在附近寻找可以充饥的东西，终于靠着木子，也就是李子的果实得以活命，不敢再姓理，改姓李氏，以示纪念和避祸。

其二：出自他族改姓。据记载，三国时期蜀汉丞相诸葛亮平定哀牢夷后，曾赐当地各少数民族以赵、张、杨、李等姓。而北魏时期，鲜卑族有复姓叱李氏，在北魏孝文帝迁都洛阳后，实行全面汉化政策，改为汉字单姓李氏。

其三：出自他姓改姓。据记载，唐朝开国元勋以及有功之臣，都被赐予国姓，即李姓。如徐勣利，后改为李勣。

【郡望堂号】

李氏郡望主要有陇西郡、赵郡、顿丘郡、渤海郡和中山郡等。其中赵郡和陇西郡声望最盛。

陇西郡：战国时置郡，治所在狄道（今甘肃临洮南）。此支李氏，其开基始祖为秦司徒李昙长子李崇。

赵郡：汉时置郡，治所在邯郸（今河北邯郸市西南）。此支李氏，其开基始祖为秦太傅李玑次子李牧。

顿丘郡。西晋时置郡，治所在顿丘（今河南清丰西南）。此支李氏陇西李氏分支，其开基始祖为西汉名将李广一世孙李忠。

李姓的诸多郡望中，陇西郡和赵郡最为著名，除了少数民族改复姓为单姓和赐姓李氏外，其他分支几乎都是从这两支中衍生出来的，故李姓又以这两个郡望为堂号。又有"平棘"等堂号。

【繁衍变迁】

李姓发源于河南，西汉时开始向山东迁徙；东汉时分，李姓人开始向西南地区发展，在四川、云南地区都有所分布，其中，有融入当地少数民族的。唐朝之后，主要驻守北方的李姓开始迁向南方，进入福建等地。因为李姓在唐朝时为国姓，因此李姓在这一时期的发展达到顶峰。明朝初期，居住在福建的李姓人就开始渡海向日本等海外国家迁移，而明朝末期，有大部分的李姓人移居台湾。

李姓是当代中国人口最多的姓氏，全世界李姓的人数已经超过一亿，是世界上数量最多的同姓人群。

【历史名人】

李耳：即老子，又称老聃，是道家学派的创始人，著有《道德经》，主张无为而治，对中国哲学发展具有深刻影响。

李世民：唐朝皇帝，又称唐太宗，是一位出色的政治家，在位期间是历史上著名的"贞观之治"时期。

李白：唐朝诗人，伟大的浪漫主义诗人，被称为诗仙，存世诗文千余篇，代表作有《蜀道难》、《行路难》、《梦游天姥吟留别》、《将进酒》等诗篇。

李煜：五代十国时南唐国君，史称李后主。不通政治，十分具有艺术才华。精书法，善绘画，通音律，诗文创作均佳，尤以词的成就最高，被称为"千古词帝"。

李春：隋朝著名工匠，世界上保存完好、最古老的单孔大石桥赵州桥的设计者，开创了中国桥梁建造的崭新局面。

李煜创作诗词。

李广：西汉名将，多次参加反击匈奴的战争，以勇敢善战著称。在任右北平太守时，匈奴数年不敢攻扰，称之为"飞将军"。

李清照：南宋女词人。论词强调协律，崇尚典雅、情致，提出词"别是一家"之说。

李时珍：我国古代伟大的医学家、药物学家，历时二十七年编成《本草纲目》一书，是我国古代药物学的总结性巨著，被世人称为"药王神医"。

李自成：明朝末年的农民起义军领袖，杰出的军事家，率领起义军推翻明王朝，人称"李闯王"。

【姓氏名人故事】

李时珍与《本草纲目》

李时珍（1518~1593），字东璧，号濒湖，晚年自号濒湖山人。是明代著名的医学家、药物学家，著有古代药物学的总结性巨著《本草纲目》。

李时珍出生于行医世家，祖父是"铃医"，父亲李言闻也是当地的名医。当时民间医生的地位很低，父亲便让他从小读书，希望他有一天功成名就。李时珍自幼喜读医术，对八股文却不屑于学，遂向父亲表明了自己学医的决心。父亲答应了李时珍的请求，并悉心教导。自此，李时珍专心学医，很快成为了一个有名望的医生。在行医期间，他读书万卷，以不断提高自己的医术。后来他认识到"行万里路"的重要性，在徒弟庞宪、儿子建元的陪同下，开始出外采访。遍访名医，搜集民间药方；翻山越岭，采集药物标本。

李时珍参考历代有关医药及其学术书籍八百余种，对历代著作"取其精华，去其糟粕"，并结合自身经验和调查研究进行了精心的补充。历时27年，终于完成了《本草纲目》的写作。

《本草纲目》是到16世纪为止，中国最系统、最完整、最科学的一部医药学著作。不仅为中国药物学的发展作出了重大贡献，而且对世界药物学、自然科学的发展也起了巨大的推动作用，被誉为"东方医药巨典"。

zhōu

周

【姓氏来源】

周姓的起源主要有三：

其一：周姓的最早出现，可追溯到黄帝时期。据《姓氏考略》所载，黄帝时期就有一位名叫周昌的大将。到商朝，又有一名叫周任的太史，两人的后人均以周为姓氏，分散于各地。

其二：出自姬姓，为周文王之后。后稷因管理农业有功，帝尧封他为有邰氏的国君。夏朝末期，第十二代孙古公亶父，即周太王，为戎狄所逼，迁至周原，改国号为周，称为周氏。周武王时，推翻商朝建立周朝，其后人多以国名、以地名为姓，姬姓越来越少。等到秦国灭周后，周宗室子孙和周朝遗民纷纷以周为氏。

周太王为戎狄所逼，迁至周原，改国号为周，称为周氏。

如周平王少子烈，被封于汝川，人们谓之为周家，因以为氏；周赧王被秦国罢黜为庶人，迁至惮孤，称周赧王为周家，其后称周氏；周公旦被封周地，史称周公，其后人也以周为姓。

其三：出自他氏、他族改姓。如唐先天年间，唐玄宗名叫李隆基，有姬氏为避讳改为周氏。又如北魏孝文帝时期，将鲜卑族复姓贺鲁氏改汉字单姓周氏。

【郡望堂号】

周姓郡望主要有汝南郡、沛郡、陈留郡、浔阳郡等。

汝南郡：汉时置郡，治所在今河南上蔡西南。此支周氏，为周平王少子烈的后代，其开基始祖为周平王少子姬烈第十八代裔孙周邕。

沛郡：汉高帝时置郡，治所在今安徽省濉溪县。此支周氏，其开基始祖为汉代汾阴侯周昌。

陈留郡：秦时置郡。治所在今河南省开封地区。此支周氏，为汉代周仁之后，其开基始祖为晋代的周震。

周姓的堂号有"汝南"、"爱莲"、"浔江"等。

【繁衍变迁】

周姓起源于山西，秦汉时期，周姓人主要集中在河南和陕西两地，形成了河南郡和陈留郡等名门望族，后来周姓人逐渐向江苏、安徽、山东等地迁居。魏晋南北朝时期，因为常年战乱，大部分的周姓氏族开始向南迁徙，到湖北、江西、江苏等地。唐朝时，周姓人有徙居到福建、广东等沿海地区的。到了宋元时期，周姓人继续南迁。在这一时期，南方周姓氏族出现很多知名人士。明清时期是周姓发展的比较繁荣的时期，云南、贵州、四川等西南地区都有了周姓氏族。康乾时期，居住在广东、福建等东南沿海地区的周姓人开始向台湾、海外移居。

周姓在当代中国人口排行中排位第九。

【历史名人】

周公：周文王姬昌第四子。是西周初期杰出的政治家、军事家和思想家，被尊为儒学奠基人，孔子一生最崇敬的古代圣人之一。

周瑜：字公瑾，三国时期吴国名将，相貌英俊，有"周郎"之称。周瑜精通军事、善音律，率东吴军与刘备军联合，击败曹操南犯大军，以少胜多赢得赤壁之战。

周敦颐：北宋著名哲学家。理学大师朱熹曾推崇他为理学的开创人，著《太极图说》、《爱莲说》等。

周树人：即鲁迅，伟大的文学家、思想家、革命家，中国现代文学奠基人，著作有《狂人日记》、《呐喊》、《彷徨》等。

周恩来：中华人民共和国第一任总理，杰出的革命家、政治家、军事家和外交家。为了党和人民无私奉献，获得了中国人民和世界人民的爱戴和尊敬。

【姓氏名人故事】

周郎顾曲

周瑜是东汉末年东吴杰出军事家，他率军与刘备军队联合击败曹操，赢得了历史上著名的以少胜多的赤壁之战。陈寿称赞他"年少有美才"，文韬武略在万人之上。周瑜不但胆略过人，还气度恢宏，性度恢廓。程普曾评价周瑜，"与周公瑾交，若饮醇醪，不觉自醉。"与人相交如饮醇酒，可见周瑜与众不同的气度。

周瑜不但精通军事，还擅长音律。周瑜身长精壮，容貌俊朗，因此有"周郎"

之称。江东便有"曲有误，周郎顾"的说法。周瑜从小就爱好并精通音乐，薄酒三杯过后，有些醉意了，演奏的曲子中如果有错误，周瑜还是能听得出来，听出来一定会回头帮人改正过来。相传周瑜还创作《长河吟》，与著名的《广陵散》并称于世。

wú

吴

【姓氏来源】

吴姓的起源主要有二：

其一：出自姬姓，为黄帝轩辕氏之后裔。后稷的第十二代孙古公亶父有三个儿子，太伯、仲雍和季历，太伯和仲雍让贤后，到荆蛮之地。季历之子姬昌为振兴周族苦心经营，最终由其子周武王姬发一举灭商，建立起周王朝。继而周王朝封太伯、仲雍后裔受封于吴，建立起强大的吴国，后世吴姓子孙则多把太伯、仲雍尊为得姓始祖。到了春秋时期，吴国逐渐强盛起来，但因夫差骄傲自大，被越国勾践所灭。吴国被灭后，其子孙以国为氏，称吴氏。

其二：出自虞氏或者有虞氏。仲雍的后代受封于虞国，后被晋国所灭，其子孙以国为氏，称虞氏。又相传上古时期部落，称有虞氏，舜乃其领袖。因金文中，虞和吴相通，因而其子孙也有吴氏。

【郡望堂号】

吴姓郡望主要有延陵县、濮阳郡、渤海郡、陈留郡等。

延陵县：春秋时吴国贵族受封于此，治所在今江苏丹阳西南。

濮阳郡：晋时置郡，治所在濮阳（今河南濮阳县西南）。此支吴氏，属季札直系后裔，其开基始祖为广平侯吴汉的裔孙吴遵。

陈留郡：西汉时置郡，治所在陈留（今河南开封东南）。此支吴氏，亦为季札后裔，为东汉吴恢一族之所在。

吴姓堂号有"延陵"、"至德"、"濮阳"等。

【繁衍变迁】

吴姓起源于我国南方地区，战国时期，吴国被越国攻灭后，吴王夫差的后裔开始向江苏、浙江、安徽、山东、河南、山西等地迁居发展。秦汉时期，是吴姓第一个发展时期，吴姓人因参与秦末起义被封王，因此推动了吴姓的繁荣。南朝时，湖北地区的一部分吴姓人向四川迁徙。宋元时，吴姓在东南地区繁衍昌盛起来。明清及近现代，陆续有吴姓氏族向东南亚以及其他国家迁徙。

吴姓在当代中国人口排行中排位第十。

【历史名人】

吴起：战国初期著名的政治家、军事家，著有《吴子》，与孙武的《孙子》合称《孙吴兵法》，在中国古代军事典籍中占有重要地位。

吴起像。

吴广：秦末农民起义领袖。与陈胜一同发动反秦起义，建立张楚政权。

吴道子：唐代著名画家。他作品线条遒劲雄放，画风独特，被人们称为"吴带当风"。被后人尊为"画圣"。

吴承恩：字汝忠，是四大名著之一《西游记》的作者，明朝杰出小说家。

吴敬梓：字敏轩，清代著名批判现实主义小说家，著有《儒林外史》，是我国文学史上一部杰出的现实主义的章回体长篇讽刺小说。

【姓氏名人故事】

夫椒之战

吴王阖闾在与越国的槜李之战中战死，阖闾的儿子夫差发誓，一定要为父亲报仇。为了鞭策自己，他派人站在庭中，每次他经过庭院，那人就对他说："夫差！你忘了越王杀了你的父亲吗？！"夫差回答说："没有忘。"夫差拜伯嚭为太宰，与老将伍子胥日夜操练军队，准备报复越国。越王勾践听说夫差这一情况，就想先发制人，出其不意抢先攻吴。大夫范蠡劝谏，勾践不听，遂起兵攻吴。吴王夫差听闻这一消息，就征发全部水陆军迎战。吴越双方在夫椒展开激战，越军不敌训练有素的吴军，大败而逃。吴军乘胜追击，直捣越国都城会稽。越王只得率残兵退居会稽山，被吴军团团围住。勾践问范蠡该怎么办，范蠡建议勾践以卑微的姿态带着厚礼去向吴王请和，若是吴国人不答应，就举国降吴，自己追随侍奉吴王。勾践听从了这个计策，派文种去吴军求和。

夫差本来想答应越国的请求，但是伍子胥进言说，这是上天的安排，将越国赐给我们吴国了。便拒绝了越国的要求。文种将这个结果回报给勾践，勾践很生气，

夫椒之战吴王夫差大胜，但最终听信了太宰嚭的建议而同意了越王勾践的议和。

想破釜沉舟，战死沙场。文种知道吴国的太宰伯嚭向来跟伍子胥不和，就想利用这个矛盾，便劝阻勾践说，私下去贿赂伯嚭。勾践命文种带上美女和宝器，私下献给太宰嚭。太宰嚭接受贿赂，就领文种和西施去见夫差。太宰嚭劝吴王同意退兵。伍子胥再次反对。夫差觉得越国已经没有威胁性，又沉迷于西施的美色，便没有听伍子胥的，同意议和而退兵。

　　勾践带着妻子和范蠡在吴国侍奉吴王三年，终于取得吴王的信任被释放回国。后来卧薪尝胆，最后歼灭了吴国。夫椒之战本是吴灭越的最好时机，但是因夫差目光短浅，听信谗言，贪恋美色，为后来越国灭吴埋下了祸根。

zhèng
郑

【姓氏来源】

后稷像。

　　郑姓的起源比较纯正，出自姬姓，以国为氏，为黄帝裔孙后稷之后。黄帝之后，后稷继承姬姓，其后世周武王灭商建周。周宣王静将同父异母的少弟姬友封于郑地，称郑桓公。后平王东迁时，郑桓公之子郑武公借机占领了郐和东虢两国，在新政一带建立郑国。郑国在春秋初期为强国，后来日渐衰落，最终为韩国所灭。郑氏宗族纷纷外迁，以国为姓，称郑氏。

【郡望堂号】

　　郑姓的郡望主要有荥阳郡、洛阳郡、高密郡等。

荥阳郡：三国时置郡，治所在荥阳（今河南荥阳县东北）。

洛阳郡：战国时置县，南北朝时置郡，治所在洛阳（今河南洛阳白马寺东汉水北岸）。

高密郡：西汉时置郡，治所在高密（今山东高密县西南）。

郑姓的堂号有"荥阳"、"博经"、"安远"等。

【繁衍变迁】

郑姓发源于河南和陕西地区，春秋时，郑国灭亡，子孙后裔分布在河南、山东、山西、安徽、河北等地，还有少部分郑姓人迁居至四川。西汉时，因强宗大族不得聚居的政策，郑姓人南迁到浙江。西晋时，郑姓人因"永嘉之乱"而大规模南迁。

郑成功收复台湾。

唐朝时，郑姓人进入福建，在东南沿海地区集中发展。明朝时，郑成功收复台湾，郑姓人移居至台湾；清朝时，郑姓人逐渐移至海外。

郑姓在当代中国人口排行中排位第二十三，在浙江、福建、台湾地区最为昌盛。

【历史名人】

郑玄：字康成，东汉末年的经学大师。遍注群经，著有《天文七政论》、《中侯》等书，共百万余言，世称"郑学"，为汉代经学的集大成者。

郑和：原名马三宝。明朝著名航海家。

郑成功：字明俨，明末清初军事家，民族英雄。赶走荷兰殖民主义者、收复祖国领土台湾。有《延平王集》存世。

郑板桥：即郑燮，字克柔，清代官吏，著名书画家、文学家。其诗、书、画被称"三绝"。为"扬州八怪"之一。

【姓氏名人故事】

郑板桥与梁上君子

清朝"扬州八怪"之一的郑板桥,为人正直,因为看不惯官场上的尔虞我诈,便辞官回乡,过起了箪食瓢饮的清贫生活,陪伴在身边的,不过一只黄狗和一盆兰草而已。

一天晚上,天冷夜黑,风大雨急,郑板桥正辗转难眠,忽然听见屋中传来窸窸窣窣的声音。

郑板桥家中并没有其他人,他一思量,明白是小偷来了。郑板桥既没有惊慌失措,也没有厉声恫吓,他想自己一介书生,手无缚鸡之力,万一小偷动手,自己也无力对抗。

郑板桥为竹传神写影。

于是他翻身朝里,梦呓似的低吟道:"细雨蒙蒙夜沉沉,梁上君子进我门。"这时小偷已经走到郑板桥床边了,忽然听见郑板桥的低语,不仅一惊,而后又闻:"腹内诗书存千卷,床头金银无半文。"小偷借着月光环视四周,四壁空空,想着不偷也罢,就转身出门。

听着小偷动静的郑板桥又吟道:"出门休惊黄尾犬。"果见一大黄犬伏在门口,小偷便转身准备逾墙而出。

正打算上墙,又闻屋里传出:"越墙莫损兰花盆。"小偷一看,墙头果有一盆兰花,就细心避开,一跃而下。脚才刚刚着地,就听屋里又传出:"天寒不及披衣送,趁着月黑赶豪门。"小偷听完不也忍不住发笑,为郑板桥的镇定从容与诙谐幽默的处事态度所折服,再未来骚扰过。

wáng

王

【姓氏来源】

王姓的姓氏来源主要有五：

其一：出自姬姓，是周文王之后。据《通志氏族略》中所载，京兆郡、河间有王姓，为周文王十五子毕公高的后裔。毕公高被分封在毕地，为公爵，因而被称为毕公高。春秋时候，其子孙毕万去晋国当司徒，被分封于魏。到后来为秦所灭，子孙四散，因为是王者之后，而被称为王家，是为王姓。又有东周灵王太子晋，因直谏被废为庶民，由洛阳迁居于琅琊、太原，世人称其为"王"家，其后以"王"为姓，称为王氏。这一支王氏，后成为天下王氏最主要的支派。

其二：出自妫姓，为齐田和之后。周武王灭商后，追封帝舜的后裔妫满于陈。春秋时期，陈历公之子陈完，避难逃到齐国，为陈氏。其五世孙陈恒子在齐国做大夫，食于田，遂改姓为田。其后裔田和成为齐国国君，即历史上著名的"田氏代齐"。后来齐国为秦国所灭，到项羽反秦时，其裔田安被封为济北王，其后人为了纪念，便改"妫"姓为"王"姓，称为王氏。

其三：出自子姓，是殷商王子比干之后。商朝末期，商纣王昏庸无道，殷商王子比干因屡次直言进谏，被剖心而死。王子比干被杀后，就葬在当时的国都朝歌附近，他的子孙世世代代居于此处为他守灵，同时改姓为王，纪念为国献身的祖先。

其四：由少数民族改姓而来。据相关史料记载，鲜卑族的可频氏、西羌钳耳氏、高丽族、乌丸族均是北魏孝文帝时期，改复姓为汉字单姓时改为王姓的。

其五：出自赐姓或者冒姓的王姓。如《汉书》所载，西汉王莽新政时，赐姓战国燕王朱丹的玄孙喜为王姓；隋朝末年有王世充，本姓支氏。朱明王朝也赐许多蒙古人王姓，多为冒姓。

【郡望堂号】

王氏郡望主要有太原郡、琅邪郡、北海郡、东海郡等，其中以太原郡和琅邪郡最为名望，后发展成天下王姓最主要的支派。

太原郡：战国秦庄王置郡，治所在晋阳（今山西太原西南）。此支王氏，出自周灵王太子晋之后，分为祁县王氏和晋阳王氏两部分，祁县王氏以东汉司徒王允为开基始祖，晋阳王氏以魏司空王昶为开基始祖。

琅邪郡：秦始皇置。治所在琅琊（今山东胶南一带）。此支王氏，也出自周灵王太子晋之后，以西汉谏议大夫王吉为开基始祖。

王氏以太原、琅邪、京兆三郡及三槐最为名望，便以"三槐"、"槐阴"等为其堂号。

【繁衍变迁】

王姓起源于我国北方地区，早期主要在北方发展繁衍。秦时，周灵王的后裔为避战乱迁徙到山东地区。世居山西的王姓家族，辗转迁居到河南地区。西晋末年，王姓氏族开始向江南迁徙。唐朝时，原居于河南境内的王姓人进入福建，同时也有一支王姓人迁往四川、安徽、江西等地。北宋末期，开始有王姓在浙江、江苏一带定居。宋末元初，在福建地区的王姓人开始向两广地区迁徙。明朝末期，王姓氏族有向台湾迁居的；明清时期，王姓人

比干进谏遭拒悲愤难当。

向海外迁居，主要集中在欧美和东南亚等国家地区。

王姓在当代中国人口排行中排位第二。

【历史名人】

王诩：即鬼谷子，春秋战国时期纵横家的鼻祖，军事教育家，苏秦、张仪的老师。著有《鬼谷子兵法》。

王昭君：名嫱，字昭君，乳名皓月。西汉人。中国古代四大美女之一。是汉朝与少数民族的和平使者。

王羲之：字逸少。晋代著名书法家，有"书圣"之称。为会稽内史，领右将军，人称"王右军"。代表作品《兰亭序》。

王维，字摩诘。盛唐诗人、有"诗佛"之称。诗风独特，"诗中有画，画中有诗"，是田园诗派的代表诗人。精通诗画，佛学以及音乐。代表作品《使至塞上》、《九月九日忆山东兄弟》等。

王安石：字介甫，号半山，封荆国公。北宋杰出的政治家、思想家、文学家、改革家，唐宋八大家之一。

【姓氏名人故事】

王羲之入木三分

王羲之是东晋著名书法家，年少时跟随卫夫人学习书法。隶、草、正、行各体皆精，俱入神妙之境，被称为"书圣"，成为后人崇拜和学习的名家。

王羲之自幼喜欢书法，七岁就写得非常好了。王羲之十二岁时，在父亲的枕中看到前代的《笔说》，就偷偷拿来读。父亲发现后便问王羲之为何偷看，王羲之笑而不答。父亲觉得王羲之年纪小，看不懂书中奥秘，就对王羲之说：

书圣王羲之书法入木三分。

"等你长大后，我再传授给你。"王羲之立即跪下来请求父亲："现在就给我读吧。长大再看会埋没幼年的才华。"父亲很高兴，就将《笔说》给了王羲之。不到一个月，王羲之书法就大有长进。连卫夫人见了后，都感慨说："这孩子将来一定比我有名。"后来晋帝要去北郊祭祀，要王羲之将祝词先写在祝版上，再由工人雕刻出来。工匠发现王羲之笔力雄劲，字迹渗入木板三分。

féng

冯

【姓氏来源】

冯姓的起源主要有二：

其一：出自姬姓，为周文王之后。文王的第十五个儿子毕公高，因随其兄周武王伐商有功，周朝建立后被封于毕。其后裔毕万，于晋国做大夫，随献公四处征战，战功无数，被封于魏。春秋时期，与韩氏、赵氏"三家分晋"瓜分了晋国，建立魏国。后为周威烈王承认为诸侯，并封其子孙中的一支于冯城，其后世子孙便以邑为氏，称冯氏。

其二：出自归姓，为冯简子之后。春秋时期，郑国有大夫名为冯简子，因受封在冯地而得氏。后来冯邑被晋国所吞，成为魏氏子孙长卿的冯邑，因此，长卿的后裔也称冯姓。

毕万像。

38

【郡望堂号】

冯姓的郡望主要有始平郡、杜陵县、颍川郡、上党郡等，其中以始平郡和杜陵县为最望。

始平郡：晋时置郡，治所在槐里（今陕西兴平东南）。

杜陵县：西汉时置郡，治所在今陕西西安市东南。此支冯氏，其开基始祖为冯唐之弟冯骞。

上党郡：战国时置郡，治所在壶关（今山西长治市北）。此支冯氏，其开基始祖为战国时韩国上党太守冯亭。

冯氏的堂号有"同舆"、"始平"、"杜陵"等。

【繁衍变迁】

冯姓发源于河南，春秋战国时，韩国冯亭的后人散居在山西和河北境内，家族兴旺，在三国以前，冯姓人已经遍布山西、山东、陕西、四川以及河南等地。三国两晋南北朝时，冯姓人大量南迁至江苏、安徽、江西、浙江地区，并形成了一些颇有名望的大族。到唐宋时，冯姓人继续向南迁徙，并散布在江南各个地区。元明清时，冯姓人进入东南沿海、台湾，及海外地区。

冯姓在当代中国人口排行中排位第二十七。

【历史名人】

冯谖：战国时期齐国人，是孟尝君门下的食客之一，是一位高瞻远瞩战略家。有"狡兔三窟"的典故。

冯延巳：字正中，南唐时期著名词人，其词风恬淡优雅，对后世有巨大的影响。有《谒金门·风乍起》等脍炙人口的作品流传于世。

冯梦龙：字犹龙，明代文学家、戏曲家。著有"三言"，是中国白话短篇小说的经典代表。

冯玉祥：字焕章，民国时期著名军阀、爱国将领。

【姓氏名人故事】

冯谖市义

冯谖，战国时齐人，是薛国（今滕州市东南）国君孟尝君门下的食客之一，为战国时期一位高瞻远瞩、颇具深远眼光的战略家。

冯谖曾受孟尝君之命到薛地收债，可他到了薛地后，就派官吏把该还债务的百姓找来核验契据。核验完毕后，他当场就把债券烧掉。还不上钱的百姓都高呼着"万岁"。然后冯谖就马不停蹄地回到齐都，求见孟尝君。

孟尝君见冯谖回来得如此之快，感到非常奇怪，便问道："债都收完了吗？怎么回得这么快？"冯谖答道："都收了。""那买什么回来了？"孟尝君又问。冯谖回答说："我走之前您曾说'看我家缺什么'，我想了想，您宫中积满珍珠财宝，外面马房也有很多猎狗和骏马，也不缺少美女。我看您家里缺的是'仁义'，

冯谖烧券市义。

所以我用债款为您买了'仁义'回来。"孟尝君不解，问道："买仁义是怎么回事？"冯谖说："现在您只是有一块小小的薛地，如果不关爱当地的百姓，却用商贾之道向人民图利，这怎么行呢？所以我假造了您的命令，把债款赏赐给百姓，还顺便烧掉了契据，百姓们都欢呼'万岁'，这就是我为您买的'义'。"孟尝君听后虽然心里不快，但也无可奈何，只得挥挥手说："嗯，先生，算了吧。"

又过了一年，有人在齐湣王面前诋毁孟尝君，湣王对孟尝君说："我可不敢把先王的臣子当作我的臣子。"于是就罢了孟尝君的相位。孟尝君只得落寞地返回自己的领地。当离薛地还有百里之远时，只见薛地的人民纷纷扶老携幼，等在

路旁迎接孟尝君。孟尝君见此情景，极为感慨，信服地望着冯谖道："先生为我买的'义'，我今天见到了。"

冯谖为孟尝君立下了汗马功劳，使其政治事业久盛不衰。

chén
陈

【姓氏起源】

陈姓的主要来源有四：

其一：出自妫姓，为虞舜之后裔。相传帝尧为考验虞舜将两个女儿嫁给他，令其居住在妫汭河边，其后世子孙便以地为姓，称妫姓。武王灭商以后，追封虞舜后人妫满于陈地，妫满为陈侯，称胡公满。后陈国子孙争夺王位，胡公满第十世孙妫完出奔齐国报名，被齐桓公任命为工正，以国为氏，称陈氏。后改为田氏。"田氏代齐"后，齐国称为战国七雄之一。后来齐国为秦国所灭，子孙纷纷改姓避难，齐王之子田轸逃至楚国拜相，恢复陈姓。这一支陈氏家族兴旺，历代子孙有很多为朝廷重臣，是陈氏中最大的一支。这一支普遍被认为是陈姓氏族的共同祖先，史称陈姓正宗。

其二：出自陈国公族后裔。在陈国内乱至亡国期间，除陈完之外，还有三支陈国公族后裔避居他乡，亦以国为氏姓陈。一是居陈留者，出自陈哀公之子留；二是居阳武或颍川者，出自陈潜公之长子陈衍；三是居固始者，出自陈湣公次子

胡公满像。

41

温之后陈琏。

其三：出自他姓改姓。据《河南官氏志》所记载，隋朝初年，白永贵改姓为陈，其后裔也多改姓陈。又《通志氏族略》所载，广陵的陈姓，为刘矫之后裔。

其四：出自少数民族改姓。北魏孝文帝时期，实行汉化整层，改复姓侯莫陈氏为汉字单姓，称陈氏。

【郡望堂号】

陈姓郡望主要有颍川郡、汝南郡、下邳郡、广陵郡、东海郡、河南郡等，其中以颍川郡、汝南郡、下邳郡、广陵郡、东海郡最为名望，成为五大郡望。

颍川郡：秦时置郡，治所在阳翟（今河南禹县）。此支陈氏，其开基始祖为齐王建三子陈轸。

广陵郡：西汉置郡，治所在广陵（今江苏扬州）。此支陈氏，汉武帝之子广陵王刘胥之后改姓陈氏。

汝南郡：汉时置郡，治所在上蔡（今河南上蔡）。

陈氏堂号，有以郡名命堂号的，如"颍川"、"汝南"等。也有取其德泽传家或者勉励后世从武的，如"德聚"、"渑武"等。

【繁衍变迁】

陈姓发源于河南，在河南有"老陈户"的说法。春秋时期，陈国发生内乱，使陈姓氏族分散在河南各地。西晋末年，陈轸的后裔迁至江苏浙江等地。南朝时，陈霸先建立了陈国，使陈姓得到一定的发展。唐朝时，有陈姓人开始向福建徙居。南宋时，陈姓人开始进入广东。明朝初期，有陈姓人跨海向日本迁徙。明朝末期，居住在福建等地的陈姓人开始入住台湾；陈姓人迁居东南亚各国和欧美等国是在明清以后。

陈姓在当代中国人口排行中排位第五。

【历史名人】

陈胜：秦朝末年反秦义军的首领。与吴广联合反秦，不久后在陈郡称王，建立张楚政权。

陈琳：字孔璋，汉末文学家。广陵人，"建安七子"之一。陈琳诗、文、赋兼善。代表作《饮马长城窟行》、《武军赋》、《神武赋》等。

陈寿：字承祚，西晋史学家。《三国志》的作者。

陈子昂：字伯玉，唐代文学家。因曾任右拾遗，后世称陈拾遗。于诗标举汉魏风骨，是唐诗革新的前驱者，对唐代诗歌影响巨大。有《登幽州台歌》、《感遇》为后人千古传诵。

【姓氏名人故事】

燕雀安知鸿鹄之志哉

陈胜年轻的时候，曾经和别人一起被雇佣耕地，有一次他在田埂上休息，心里怨愤惆怅了很久，不甘心受人奴役，就对同伴说："如果以后我们中有谁富贵了，可千万不要忘了一块吃苦受累的穷兄弟。"同伴在旁笑着回答说："你被雇佣耕田，怎么可能富贵呢？"陈涉长叹一声说："唉！燕雀这种小鸟怎么能知道鸿鹄的远大志向呢！"

陈胜称王。

后来陈胜被征戍边，因下雨误了行程，就与吴广谋划举事。他先把写有"陈胜王"的帛放到鱼肚中，又让吴广模仿狐狸喊"大楚兴，陈胜王"，制造舆论。陈胜杀死了笞打他的将尉后，高呼"王侯将相宁有种乎"，揭竿而起，反抗暴秦，自立为王，国号称为"张楚"。

陈胜称王以后，有一个昔日的种田同伴跑去找他。陈胜见到他，十分高兴，就留他在宫中做客。但是，这位伙伴却口无遮拦，常常对陈胜的臣子讲述陈胜贫贱时候的事情。后来，有人将此事告诉陈胜，还对陈胜说："这人口无遮拦，会损害您的威望。"陈胜觉得有理，就杀死了这个同伴。

chǔ

褚

【姓氏来源】

褚姓的起源主要有二：

其一：出自子姓，以官名为氏，为春秋宋公恭之子公子段的后代。相关史料记载，春秋时期诸侯割据、各自为政，诸侯的管辖之下都设有"褚师"的官职，"褚师"是掌管市场的官员，又叫市令。担任"褚师"这一官职的后代以官名为姓，称褚氏。《通志·氏族略》上有"本自殷（商）后人宋恭公子段食采于褚，其德可师，号曰褚师，因而命氏"，大意是春秋时期，宋国有宋恭公之子名段，字子石，受封于褚地。因为宋恭段品德良好高尚，被人尊为"褚师"。褚师

公子段像。

的后人遂以之为姓，称褚师氏，后简化为褚氏。据史料记载，褚姓出自子姓，为殷商王族后裔。

其二：以地名为氏。据《姓氏寻源》上记载："周有褚地，居之者以为氏。"周朝时，有居住在褚地的人，有的以地名为姓，称褚氏。《左传》中提到过洛阳县南部有褚氏亭，《后汉书·郡国志》上也有记载，洛阳有褚氏渠。

【郡望堂号】

河南郡：西汉时置郡，治所在今河南洛阳东北。

【繁衍变迁】

褚姓的起源有两种说法，但是无论是以官职为姓，或是以地名为姓，其发源地都是今河南地区。目前为止，没有发现褚姓有被赐姓和冒姓的文字记载，因此褚姓的血统是十分单纯的，都是纯粹的汉族，历史上也名人辈出，如湖北应城的褚姓的始祖就是著名书法家褚遂良。褚姓的郡望是河南郡，汉时置郡，在今河南洛阳一带。宋朝时，褚姓人就已经分布在今河北、湖北、安徽、江苏、浙江等地。明朝时，褚姓人在今浙江、山西、河北境内比较集中。

褚姓在中国人口排名中排行二百二十二位，人口主要集中在江苏、浙江，以及渤海湾沿岸等地。

【历史名人】

褚少孙：号先生，西汉时期著名的经学家、史学家。褚少孙做过司马迁《史记》的修葺工作，《史记》中"褚先生曰"就是他的补作。

褚遂良：字登善，唐朝初期著名书法家，与欧阳询、虞世南、薛稷并称唐初四大书法家，代表作有《房玄龄碑》、《伊阙佛龛记》、《雁塔圣教序》等。

褚廷璋：字左莪，号筠心。清朝杰出学者、官员，精通等音字母之学，著有《西域图志》、《西域同文志》、《筠心书屋诗钞》等。

【姓氏名人故事】

褚遂良的故事

褚遂良是我国初唐时期著名的四大书法家之一。褚遂良出身于名门贵族，唐朝初年做了李世民的手下，做铠曹参军。后来李世民因战功名声大振，雄心勃勃的李世民组织了自己的文学馆，有十八名学士做李世民的国事顾问，褚遂良的父亲就是其中之一。

玄武门事变以后，李世民登基为唐太宗，任命褚遂良为起居郎一职，专门记载皇帝的一言一行。《汉书》中有记载，一次唐太宗问褚遂良："你每天记录我的一言一行，我也可以看吗？"褚遂良回答道："古时候之所以设立起居郎这个职位，就是要善恶皆记，让皇上引以为戒，不犯同样的错误。我倒是没听过有自己要看这些东西的皇帝。"

李世民听完又问："那我若是有不好的地方，你也一定要记下来吗？"褚遂良回答："我的职务就是要如实地记录您的一举一动，所以不好的地方也是要写下来的。"唐太宗心中明白褚遂良是忠心耿耿，敢于直言劝谏的臣子，自此将褚遂良视为心腹之臣，极为爱重。

唐太宗病重，弥留之际，曾将长孙无忌与褚遂良召入卧室，希望二人能够辅佐当时的太子李治。并且对天子李治说："有长孙无忌和褚遂良在的话，国家的事情你都可以不必忧愁。"可见唐太宗对褚遂良的信任。唐太宗死后，褚遂良帮助李治顺利登上王位，并成为执掌朝政大权的朝臣，取得了一些可观的成就。

wèi

卫

【姓氏起源】

卫姓的起源主要有二：

其一：出自姬姓，以国为氏，为周文王第九子、卫国国君康叔的后代。西周初年，周公旦平定武庚的反叛后，将原来商朝都城周围地区和殷民七族分封给弟弟康叔，建卫国，称卫康叔。后来秦国一统天下，卫国被秦国吞并。约定以国名为姓，子孙都姓卫，称卫氏。

其二：出自少数民族改姓。据《后燕录》记载，东汉时，昌黎鲜卑族有改为卫姓的；《后汉书》中记载，东汉时长水地区的卫姓是由匈奴人所改；《九国志》中，五代时期有卫姓，为吐谷浑族所改。

【郡望堂号】

卫姓的郡望主要有河东郡、陈留郡和辽东郡。

河东郡：秦时置郡，治所在今山西夏县西北。

辽东郡：战国时期燕国置郡，治所在襄平（今辽宁辽阳）。

卫姓的堂号主要有"陈留"、"光大"、"永世"等。

【繁衍变迁】

春秋时期，卫国作为周朝的诸侯国，其地域大致在黄河北岸，太行山脉东麓，即今河南省鹤壁、新乡附近。因此，卫姓起源于河南。等到秦朝时，因为各种原因，卫姓人已进入山西、河北、陕西、山东等地，秦二世时灭卫国以及秦末农民起义时期有卫姓后裔在朝鲜称王。汉朝及魏晋时期，卫姓子孙已经在河南、山西、山东、河北、江苏等地都有分布，并逐渐形成了陈留和河东两个重要的郡望。唐朝以后，卫姓人就开始广泛分布，今河南、山西、山东、浙江、上海、广东、东北等地都有卫姓人的聚集。清朝之后，卫姓人散布在全国各地。

【历史名人】

卫青：字仲卿，另曰仲青，西汉时期著名武将。他曾先后七次率骑兵抗击匈奴侵扰，屡建战功，是历史上出身最低，功劳最大，官位最高的代表人物。

卫瓘：字伯玉，西晋书法家，擅长隶书、章草，风格流便秀美。

卫玠：西晋时期著名的清谈名士和玄理学家，中国古代著名美男子之一。

卫夫人：名铄，字茂猗，晋代著名女书法家，"书圣"王羲之的书法老师。

【姓氏名人故事】

卫青的故事

卫青是汉武帝在位时著名的大司马大将军。卫青本是奴隶出身，经过不懈的努力和十年的戎马生活，最终成为大司马大将军，是皇帝之下最高的军政首脑。

卫青的姐姐卫子夫长得十分好看，被汉武帝相中，卫青也随着姐姐一同入宫，在建章宫当差。后来卫子夫有了身孕，汉武帝的皇后十分嫉妒，就派人抓住卫青，想把他杀掉。卫青的好友公孙敖听到消息后，及时过去营救。汉武帝得知这一事件，十分生气，即刻封赏了卫青一家人，并任命卫青为建章监、侍中，赐以千金。这件事情，改变了卫青一家人的命运。

后来卫青又被任命为太中大夫，出入皇帝左右，深得汉武帝喜欢。后来匈奴挥兵南下，汉武帝果断任命卫青为车骑将军，对抗匈奴。

卫青虽首次出征，因为在战法上有所革新，出其不意地攻破了敌人的祭天圣地龙城，取得了龙城大捷。龙城之战是汉朝和匈奴的战争史上十分具有意义的一战，可以说是汉匈战争的转折点，龙城大捷打破了汉初以来"匈奴不可战胜"的神话，鼓舞了汉军的士气，为后来汉军更进一步反击匈奴打下了良好的基础。

这之后，卫青又进一步收复了河朔地区，并于公元前119年，与外甥骠骑将军霍去病一同深入漠北地区，歼灭匈奴主力。汉军经过实战的锻炼和丰富的作战经验，加上卫青运用了车守骑攻、协同作战的新战术，使得汉军最终战胜了匈奴，歼灭了匈奴主力军，

卫青取得龙城大捷。

使其一时无力南下，基本解决了危害汉朝百余年的匈奴边患。

卫青位高权重，才干过人，对人仍然谦虚有礼，十分敬重贤才。卫青为将，号令十分严明，能与将士们同甘苦共患难，在军中威信很高，将士都愿意为之所用。

jiǎng
蒋

【姓氏来源】

蒋姓的起源比较纯正，主要出自姬姓，为周公后裔。周朝建立初期，武王去世，周成王即位，周公因成王年幼便摄政。其兄弟三监不服，联合商纣王之后武庚以及东方夷族反叛，周公出兵平定反叛。之后，周公创立典章制度，分封诸侯。其中，周公三子名叫伯龄，被封于蒋地，建蒋国。春秋时期，蒋国被楚国所灭，伯龄的子孙便以国名为姓，称蒋氏。

蒋伯龄像。

【郡望堂号】

蒋姓的郡望主要有东莱郡、乐安郡等。

东莱郡：西汉时置郡，治所在掖县（今山东莱州市）。

乐安郡：东汉时置国，治所在临济（今山东青县高苑镇西北），三国魏时改郡，移治所与高苑（今山东博兴西南）。

蒋姓的堂号主要有"居易"、"亦政"、"慎枢"、"乐安"等。

【繁衍变迁】

蒋姓发源于河南，春秋时，蒋国被楚国所灭，蒋国人大部分外迁。秦汉时，蒋姓人向西迁至陕西，向东迁至山东，在山东繁衍的十分兴盛。汉朝时，蒋姓人开始南迁。东汉时，有蒋横的九个儿子为避祸，分散在江苏、江西、浙江、四川、湖南、湖北等地，并成为当地蒋姓氏族的开基始祖。唐朝初期，蒋姓人开始进入福建。宋朝以后，福建和广东等地的蒋姓开始兴旺起来。明清时期，福建和广东等地的蒋姓人移居海外。

【历史名人】

蒋琬：字公琰，三国时期著名的政治家。诸葛亮逝后接替其为蜀汉宰相。

蒋防：字子徵，唐朝时期杰出文学家，著有唐传奇《霍小玉传》，被明代文学家胡应麟推崇为"唐人最精彩动人之传奇"。

蒋廷锡：字扬孙，清朝中期重要的宫廷画家，开创了"蒋派"花鸟画。传世作品有《竹石图》、《花卉图》卷等。

蒋介石：名中正，字介石，中国国民党当政时期的党、政、军主要领导人，国民革命军总司令。

【姓氏名人故事】

有宰相肚量的蒋琬

蒋琬是三国时期蜀国的大将军，受封安阳亭侯，在诸葛亮去世后辅佐刘禅，统领蜀国军政。他采取闭关免战，息民养国的政策，令蜀国的国力在几年之内大增。蒋琬不止治国有方而且胸襟宽广，行事大有宰相之风。

蜀国中有个臣子名叫杨戏，蒋琬认为他很有才干，于是一力举荐杨戏为东曹掾，并且对他极为看重，但是杨戏生性冷淡，蒋琬每次与他谈话，他经常充耳不闻，沉默不语。此时有小人便在蒋琬身边进言道："您对杨戏有知遇之恩，可是这杨戏竟然对您如此傲慢无礼，明明是不将您放在眼里，他这样地不知感恩，实在是太过分了。"

蒋琬听后一脸肃容地对此人道："人心各不相同，有人当面恭维背后非议，而杨戏为人坦诚不与小人行径，我与他交谈时，遇到与他意见相左的事情，他不肯当面赞同，又怕反驳我会令我尴尬，是以沉默不语，何错之有？"那人听完羞惭地离开了，事后蒋琬果然言行一致，自始至终对杨戏毫无成见。

蜀国有一人叫杨敏，他曾经直率地评论蒋琬做事过于小心谨慎，不及前人的胆魄。有人将杨敏的话上报官府，有官员觉得杨敏冒犯了蒋琬的威严，于是打算审讯处置杨敏。此事传到蒋琬耳中他立即反对道："我的确不如前人，此是实情，杨敏不过是说了句实话而已，为什么要治罪？"众人听后都认为蒋琬此时不好发作，只是隐忍，等杨敏有了行差言错的时候再重重惩罚他。

不久杨敏因事入狱，众人都想着蒋琬此时定会伺机报复，杨敏必死无疑，谁知蒋琬心中毫无芥蒂，只是治了杨敏自身的罪，并未在他身上多加丝毫刑罚，众人此时才知道，蒋琬确实有着常人没有的肚量。

正是蒋琬这种心存大局的胸襟，才使得蜀国在诸葛亮去世之后，依旧能保持着国家安定。

shěn

沈

【姓氏来源】

沈姓的起源主要有三：

其一：出自姬姓，以国为姓，为黄帝后裔。周王朝建立后不久，周武王驾崩。年幼的周成王即位，周公旦摄政。武王在位时分封的用以监察殷商遗民的三监：

霍叔、管叔和蔡叔，因为不服气周公旦的摄政，遂与武庚勾结，联合东方夷族反叛，后来为周公旦所灭。文王十子季载，因平叛有功，成王将其封于沈国，又称聃国。因此季载又称冉季载。聃又写作冉，古时，冉、沈读音相同。春秋时，沈国为蔡国所灭，季载的后裔子逞，逃奔楚国，其子孙后裔遂以国为氏，称沈氏。

其二：出自芈姓，为颛顼后裔。春秋时期，楚庄王之子公子贞被封于沈邑，其后世子孙以封邑名为姓，称沈氏。

其三：出自少昊金天氏。据《左传》和《姓氏考略》中所记载，沈、姒、蓐、黄四国皆为少昊裔孙台骀氏之后。春秋时期，沈国为晋国所灭，其子孙以国为氏，称沈氏。

【郡望堂号】

沈姓的郡望主要有吴兴郡、汝南郡等。

吴兴郡：三国时置郡，治所在乌程（今浙江吴兴南，晋义熙初移吴兴）。

汝南郡：汉时置郡，治所在上蔡（今河南上蔡西南）。

沈姓的堂号主要有"吴兴"、"梦溪"、"三善"、"六礼"等。

【繁衍变迁】

沈姓发源于河南，沈国被蔡国攻灭后，其子孙后代出奔到楚国，在河南定居。东汉时，沈姓人开始南迁，主要迁至浙江等地。沈姓人大举南迁，是从魏晋南北朝时期，到了唐朝时期，沈姓人就已经分布在江苏、浙江、江西、湖北、湖南、四川各地了。唐宋之际，中原地区的沈姓人开始进入东南沿海，如福建等地。明朝末期，福建以及广东地区的沈姓人渡海移居至台湾，也有向海外迁徙的。

【历史名人】

沈约：字休文，南北朝时期梁国文学家、史学家、声律学家。创作了《二十四史》中的《宋书》。并创有"四声"之说，在文学史上具有非常重要的作用。著有《晋书》、《四声谱》等书。

沈佺期：字云卿，唐代著名诗人，与宋之问齐名，并称"沈宋"。著有《独不见》、

《夜宿七盘岭》等诗歌。

沈既济：唐代文学家，长于史学，又善作小说。撰有《建中实录》十卷及传奇小说《枕中记》《任氏传》等。《枕中记》就是"黄粱梦"的出处。明代汤显祖写的杂剧《邯郸记》即以它为题材写成的。

沈括：字存中，号梦溪丈人，北宋科学家、改革家，是我国历史上最卓越的科学家之一。他精通天文、数学、物理学等各种自然科学，被誉为"中国科技史上的的里程碑"。

沈周：字启南，明代杰出书画家，为明代吴门画派四家之一。与文徵明、唐寅、仇英合称"明四家"。著有《石田集》、《江南春词》、《石田诗钞》、《石田杂记》等。

【姓氏名人故事】

沈郢的传说

沈郢是春秋时期的人，是沈姓的始祖聃季载的后裔。他品德高尚，智慧过人，为当时的人们所敬仰，其才智被广为传扬，秦国的国君也对其有所耳闻。

当时沈国已经灭亡，秦王想使秦国强盛，称霸天下，正是求贤若渴收拢人才之际。

秦王听到世人对沈郢的种种传闻，心中对这位有济世之才，能建国立业的能人极为思慕，很快派官员带上贵重的礼品来到沈郢的居所，转述自己想邀请他到秦国当宰相的心意。秦王原以为沈郢会欣然应邀，但是未料想沈郢为人清

沈郢志趣高尚，不为秦臣。

高，对富贵和名气完全不在乎，只爱读书；并明确向前来的官员表示，自己不愿与虎狼之国的秦国有来往，更不愿为虎作伥，辅助秦王。

为了表达自己的决心，沈郢在自己的家乡，颍河之滨建了一个亭子，名叫"沈亭"。沈郢经常与好友一同在此钓鱼游息，自得其乐，度过了悠闲的一生。他高洁的品格受到后世的称颂，为世人所敬仰，沈郢被人称为"高士"，意为志趣高尚，出尘脱俗之人，而他所建造的沈亭也因为这段典故而闻名天下，被世人津津乐道。

hán

韩

【姓氏来源】

韩姓的起源主要有二：

其一：出自姬姓，以邑为氏或以国为氏，为唐叔虞之后裔。西周初期，周公灭唐后，将唐国分封给虞，史称晋国，因都城在唐，所以虞又称为唐叔虞。到春秋初期，晋昭侯将曲沃分封给叔父成师，造成了晋国分裂的局面，后又由曲沃武公统一。曲沃武公统一晋国后，继而灭掉了韩国，并封其小叔姬万于韩，称韩武子。韩武子的子孙以封邑为氏，称韩氏。至战国初期，韩武子后裔韩虔与赵氏、魏氏"三家分晋"，建立韩国，并成为"战国七雄"之一。最后为秦国所灭，于是韩国的宗室子孙遂以国为姓，称韩氏。

韩非像。

其二：出自他族改姓。据《魏书》记载，后魏有复姓大汗氏，北魏孝文帝迁都洛阳后，改为汉字单姓韩姓。

【郡望堂号】

韩姓的郡望主要有颍川郡、南阳郡两处。

颍川郡：秦时置郡，治所在阳翟（今河南禹州）。

南阳郡：战国时置郡，治所在今河南南阳市。此支韩氏，其开基始祖为西汉末年韩骞。

韩姓的堂号主要也是"颍川"、"南阳"，还有"泣杖"和"昌黎"等。

【繁衍变迁】

韩姓发源于山西和陕西，战国时韩国建立，因三次迁都，使得韩姓在山西河南各地得到广泛的发展。等到秦国灭韩国后，河南颍川变成了河南韩姓氏族聚集的中心。秦汉时期，韩姓族人向浙江、四川、山东、甘肃、河北、北京等地移居。唐朝时，河南人韩愈被贬为潮州刺史，成为最早进入广东地区的韩姓人。唐朝末年，韩姓氏族大量进入福建地区。到了清康熙年间，韩姓人已经有渡海到台湾定居，或移居到东南亚各国以及欧美各国家的。

韩姓在当代中国人口排行中排位第二十五。

【历史名人】

韩非：战国末期著名的哲学家、政论家和散文家，是法家思想的集大成者，后世称之为"韩子"或"韩非子"，是我国古代著名法家思想的代表人物。

韩信：字重言，西汉开国功臣，中国历史上杰出的军事家。智勇双全，治军严明，有"韩信点兵，多多益善"的典故流传于世。与张良、萧何并称"汉初三杰"。著有《兵法》三篇。

韩愈：字退之，唐朝诗人，"唐宋八大家"之首，与柳宗元并称"韩柳"，是古文运动的倡导者。苏轼称他为"文起八代之衰"，有"百代文宗"之美誉。

韩世忠：字良臣，两宋时期的著名将领，与岳飞同是南宋抗金民族英雄。在抗金战争中立下了汗马功劳。

韩擒虎：东垣（今河南新安）人，隋朝大将，助隋文帝灭陈，有胆有识，闻名当世。

【姓氏名人故事】

百代文宗韩愈

韩愈是唐朝著名诗人、文学家，是唐宋八大家之首，古文运动的倡导者。宋朝的苏轼评价他为"文起八代之衰"。韩愈的散文内容丰富，形式多样，而且语言简明，新颖生动。内容方面他强调文以载道，文道合一，提出"不平则鸣"的论点。韩愈的诗歌讲求"以文为诗"，别开生面，用韵险怪，开创了"说理诗派"的诗风。政治方面韩愈主张天下统一，反对藩镇割据。韩愈的诗歌作品中常常有表现反对藩镇割据的内容，还有揭露统治阶级罪恶，抨击佛道二教危害，以及斥责当权者压制人才的作品。

韩愈为官清廉，敢于直言劝谏。唐宪宗时，凤翔法门寺里藏有一节佛骨，据说是佛教创始人释迦牟尼的遗骨。唐宪宗为祈求长寿，派人去凤翔迎佛骨进皇宫，京城顿时刮起一股信佛风潮，上自王公贵族，下到平民百姓都争先恐后地迎拜佛骨，向寺庙捐献财物，不少人因此倾家荡产。韩愈见此情此景，不顾个人安危，毅然上《论佛骨表》，痛斥佛教的不可信，要求将佛骨投到水火之中，杜绝这种事情的再次发生。唐宪宗看了之后勃然大怒，要对韩愈处以极刑。多亏宰相裴度连忙替他求情，说韩愈出言不逊应当责罚，但他是出自一片忠心，如果这样处以极刑，以后就没有人敢进谏了。朝中大臣也都纷纷向皇上求情，韩愈才免得一死，被贬往潮州。韩愈到潮州后，做了很多有利于潮州发展的措施，使潮州成为具有个性特色的文化名城。

yáng

杨

【姓氏来源】

杨姓的来源主要有四：

其一：出自姬姓。周成王封其弟叔虞于唐，为唐侯。又唐地临晋水，因而称晋国。春秋时期，晋国内乱，晋武公灭瑶侯统一晋国。长子晋献公灭包括杨国在内的周围诸小国。后晋献公封其二弟伯侨领地于杨，以地取姓为杨姓。伯侨遂为杨氏得姓始祖。

其二：出自赐姓。如三国时期，诸葛亮平定哀牢夷后，赐当地少数民族赵、张、杨、李等姓。又隋代杨义臣，本姓尉迟氏，因其父的功绩而被赐予皇室姓氏。

其三：出自他族改姓。北魏孝文帝时期，实行汉化政策，将原莫胡卢氏改汉字单姓，为杨姓。

其四：出自他姓改姓。据载，广东梅州有杨氏，原为林姓。

【郡望堂号】

杨姓郡望主要有弘农郡、天水郡、河内郡。

弘农郡：西汉时置郡，治所在弘农（今河南灵宝北），曾一再改名恒农郡。

天水郡：西汉时置郡，治所在平襄（今甘肃通渭西北）。西晋移治上邽（今甘肃天水市）。

河内郡：楚汉时置郡，治所在怀县（今河南武陟县西南）。西晋移治野王（今湖南沁阳）。此支杨氏，其开基始祖为韩襄王将领杨苞。

杨姓的堂号较多，主要有"四知"、"清白"、"衔善堂"等，其中以"四知堂"最为著名。

【繁衍变迁】

杨姓发源于山西，春秋时期，杨国被晋国所灭，杨国子孙向西迁移，陕西、河南等地都有杨姓人的分布。春秋战国时，有部分杨姓人已经迁至湖北等地，并进一步向东南方向迁至江西地区。另有一支杨姓人从山西向江苏、安徽等地区迁徙。秦汉时期，杨姓人就已经散布在四川。魏晋南北朝时，杨姓人继续向江南地区迁移。唐朝时，朝鲜半岛已经有了杨姓氏族的分布。及至宋朝时，杨姓已经以福建为中心，遍及江南各地。元朝末期以后，广东、福建等东南沿海地区的杨姓陆续向海外移民，主要迁至东南亚各国。

杨业抗击契丹。

杨姓在当代中国人口排行中排位第六。

【历史名人】

杨修：字德祖，东汉末期著名文学家、政治家，以学识渊博而著称。代表作有《答临淄侯笺》、《神女赋》、《孔雀赋》等。

杨坚：即隋文帝，隋朝的开国皇帝。

杨玉环：即杨贵妃，中国古代四大美女之一。

杨业：北宋名将，又叫杨继业。抗击契丹的战斗中骁勇善战，与儿孙杨延昭和杨文广等并称为"杨家将"。

杨万里：字廷秀，南宋时期著名诗人，与范成大、陆游、尤袤合称南宋"中兴四大诗人"。他的《晓出净慈寺送林子方》和《小池》至今被人吟咏传唱。

杨炯：弘农华阴人，初唐四杰排名第二，与王勃、卢照邻、骆宾王齐名，并称"初唐四杰"。其诗尤以描写军事题材的边塞诗影响最大，有《杨炯集》传世。

【姓氏名人故事】

"圣人可汗"杨坚

杨坚是隋朝的开国皇帝，他在位期间，结束了自魏晋南北朝以来长期分裂的局势，统一了分裂长达百年的中国，并创建了影响深远的科举制度，实现了传颂千古的"开皇之治"。

杨坚本是北周皇室的外戚，北周静帝宇文阐即位后，杨坚控制了朝政，并先后平定反杨叛军。杨坚受北周静帝禅让建立隋朝，定国号为"隋"，称隋文帝。杨坚倡导节俭，节省政府内开支，多次减税以减轻百姓负担。稳定了经济发展，促进国家农业生产，使得中国成为盛世之国。

南北朝时，北方最主要的游牧民族突厥时常侵扰内地。北周时期，杨坚一直采取和亲政策。杨坚统一中国，建立隋朝后，不再向突厥国赠送礼物，突厥怀恨在心，屡犯边境，大举南侵。隋文帝派兵将其击败，并大修长城加强防御。杨坚挑拨分化突厥势力，将其分为东西两部，致使突厥内乱不息。东突厥向隋朝称臣，尊杨坚为"圣人莫缘可汗"，即贤圣的君主，杨坚即为隋朝皇帝兼任突厥名义上的君主。杨坚北击突厥，打击了嚣张的外来势力，使北部边境逐渐趋于稳定，为隋朝以至于后朝各代的繁荣发展打下了坚实的基础。

zhū

朱

【姓氏来源】

朱姓的起源主要有四:

其一: 出自曹姓,为颛顼之后裔。古帝颛顼的玄孙陆终共有六子,第五子名安,封于曹,赐曹姓。周武王灭商建立周朝后,因封弟弟振铎在曹,所以改封曹安的后裔曹挟在邾,建立邾国,称邾子挟。到了战国时期,邾国为楚国所灭,邾国贵族以国为氏,即为邾氏。邾国君主的支庶子孙又去邑旁为朱姓。

其二: 出自朱虎之后裔。朱虎是舜时的大臣,其后裔便有以朱为氏。

其三: 出自宋微子启之后裔。后汉有朱晖,是宋国开国君主宋微子启(纣王的庶兄)的后裔,以国名为氏,称宋氏。春秋时期,诸侯灭宋,后裔子孙逃至砀地,改宋氏为朱氏。

其四: 出自他族改姓。北魏孝文帝时期,实行汉化政策,鲜卑族复姓浊浑氏、朱可浑氏改为汉字单姓朱氏。

【郡望堂号】

朱氏的郡望主要有吴郡、沛郡、河南郡、凤阳郡等。

沛郡: 西汉时置郡,治所在相县(今安徽濉溪)。此支朱氏,其开基始祖为西汉大司马朱诩。

吴郡: 东汉时置郡,治所在吴县(今江苏苏州)。此支朱氏,为沛郡世祖朱诩之后。

河南郡：西汉时置郡，治所在雒阳（今河南洛阳东北）。此支朱氏，主要为北魏时期浊浑氏、朱可浑氏所改的朱氏后裔。

朱氏的堂号主要有"白鹿"、"居敬"、"凤阳"等。

【繁衍变迁】

朱姓发源于河南、山东、江苏境内。先秦时期，包括河南、山东、河北、山西的中原地区为朱姓人的主要生活地区。秦汉时期，朱姓发展较为迅速，两汉时已经发展形成了很多名门望族。魏晋南北朝时期，时局动荡，朱姓人向南部徙居与当地的少数民族融合，更进一步扩大朱姓家族的势力。经隋唐、五代时期，朱姓人已经散布在安徽、广东、湖南各地。明朝时期，朱姓作为国姓得到了空前的发展繁衍，各地都出现了大家王族。在清朝时期，朱姓已经遍布全国各地。

邾子挟像。

朱姓在当代中国人口排行中排位第十四。

【历史名人】

朱亥：战国勇士，传闻他力大无穷，勇气过人，与"信陵君"魏无忌一同窃符救国，挽救了处在危急情境下的赵国。

朱熹：字元晦，南宋著名的理学家、思想家，是闽学派的代表人物，世称"朱子"，是孔子、孟子以后最为杰出的儒学大师。著有《四书章句集注》、《楚辞集注》，影响深远。

朱元璋：即明太祖，明朝开国皇帝。元末农民起义，统领红巾军推翻元朝，建立明朝，统治时期被称为"洪武之治"。

朱耷：字良月，明末清初著名画家、书法家。清初画坛"四僧"之一，绘画以大笔水墨写意著称，世称"八大山人"。

朱自清：字佩弦，现代著名作家、散文家、学者、民主战士。其散文文笔清丽，语言洗炼。主要作品有《背影》、《荷塘月色》，均为脍炙人口的名篇。

【姓氏名人故事】

布衣和尚朱元璋

朱元璋是明王朝的开国皇帝，在击破农民起义军和元朝的残余势力后，建立了全国统一的封建政权。朱元璋原名朱重八，出生在一个贫苦的农民家庭。朱元璋年幼时家庭环境非常贫苦，十六岁时，瘟疫、蝗灾和旱灾夺去了朱元璋父母和兄长的生命。孤苦无依的朱元璋入皇觉寺做起了小沙弥，每日兼做杂役。没过多久，寺主封仓遣散众僧，朱元璋只得离乡为游方僧。朱元璋在外流浪云游了三年，见识了各地风土人情，积累了社会经验后又回到了皇觉寺，勤学发奋，广泛交友。红巾起义后，朱元璋投奔了郭子兴的起义军，并将自己的名字改为朱元璋，意为诛灭蒙元的璋。

朱元璋入伍后，率兵出征，有攻必克，得到了郭子兴的赏识，将自己的养女马氏嫁给了朱元璋，就是著名的马皇后。朱元璋因其作战勇敢，屡获战功而升迁，被诸将奉为吴王。后来朱元璋与徐达、常遇春等著名将领挥军席卷而下，先取山东，再攻下汴梁，夺取潼关，进军大都，将元军驱逐出中原，于南京称帝，建立明王朝。

qín

秦

【姓氏来源】

秦姓的起源主要有三：

其一：出自嬴姓，以国为氏，为颛顼帝后裔。相传颛顼的有孙女名女修，因吃鸽子蛋而生皋陶。皋陶的儿子伯益因为帮助大禹治水有功，被赐为嬴姓，并将本族姚姓女子嫁给他为妻，生有二子。长子名大廉，承父亲技业，调训鸟兽，因而又称鸟俗氏。商朝时鸟俗氏被封为诸侯。到了周朝建立以后，鸟俗氏的后裔有叫大骆的，被周穆王封于犬丘。大骆的庶子非子，因善于畜牧，为周孝王养马，深得孝王喜爱，被封在陇西秦亭为附庸国，让他恢复嬴姓，称秦嬴。秦国传至秦襄公时，因保护周平王东迁有功，被升为诸侯。秦孝公时任用商鞅变法，使秦国成为战国七雄之首，并逐步攻灭六国，统一天下，成为中国历史上第一个统一的中央集权的封建王朝。后秦国被刘邦推翻，王族子孙以国名作为姓氏，称秦氏。

其二：出自姬姓，以邑为氏，为文王后裔。周武王建立周朝后，将少昊之墟曲阜封给其弟周公旦，为鲁公。后来武王去世，周公旦留在周都辅佐年幼的周成王，周公旦之子伯禽遂接封鲁国，食采于秦邑。伯禽后裔有的以邑为姓，称秦氏。

其三：古代大秦人来中国，其中有以"秦"为氏。大秦即罗马帝国。东汉时班超曾派遣甘英出使大秦。后大秦皇帝亦派使者前来中国。晋朝时大秦再次遣使来中国通好，有留居中国的人，以"秦"为姓。

【郡望堂号】

秦姓的郡望主要有天水郡和太原郡等。

天水郡：西汉时置郡，治所在平襄（今甘肃通渭西北）。

太原郡：战国时置郡，治所在晋阳（今山西太原市西南）。

秦姓的堂号亦有"天水"、"太原"、"三贤"等。

【繁衍变迁】

秦姓主要分为西北和东南两支，西北部发源于甘肃，东南部发源于山东、河南一带。先秦时期，秦姓人主要散居在河南、陕西、山东、湖北、河北等地。西汉初期，山东秦姓人徙居至陕西，这支秦姓人发展地十分兴旺，世号"万石秦氏"。两汉到南北朝时，秦姓人遍及甘肃、四川和山西等地区。历经宋、元、明三朝，秦姓人已经分布在广西、贵州、福建、北京、上海等地，并有秦姓人远渡重洋，移居海外。

【历史名人】

秦冉：字开，亦作子开，春秋时期蔡国人，唐代开元年间追封"彭衙伯"，宋封"新息侯"。

秦宓：字子勑，三国时期蜀汉著名谋臣，有辩才。

秦观：字少游，北宋著名婉约派词人。与黄庭坚、晁补之、张耒并称"苏门四学士"。

秦桧：字会之，南宋投降派代表人物，中国历史上十大奸臣之一，是南北宋期间的一个传奇人物。

【姓氏名人故事】

秦越人望而诊病

秦越人是春秋战国时期的名医，因为医术精湛，并且最擅长望、闻、问、切四诊术，所以百姓用轩辕时期神医扁鹊的名字来称呼他。

一次，扁鹊途经齐国，齐国的国君齐桓公因久闻扁鹊的大名特地将他请进宫中并将他奉为上宾，扁鹊进宫之后，恭敬地拜见齐桓公，起身之时扁鹊却忽然脸色一变。

他直言不讳地对齐桓公道："大王，你有病在肤表，若不速治，恐会加重。齐桓公听完大为不悦，断然道："我没病，你先退下吧。"

秦越人望而诊病。

扁鹊正待再劝，却见齐桓公一脸不屑，只得下殿而去。扁鹊走后，齐桓公不以为然地对其他大臣道："他们这些医生逢人就爱危言耸听，还不是为了沽名钓誉，我的身体毫无异状，这扁鹊简直是信口雌黄。"

过了几日，扁鹊又来拜见齐桓公，仔细查看了齐桓公的气色之后，神情凝重起来，他对齐桓公道："大王的病此时已经到了血脉之中，若还不诊治，便会更加严重。"齐桓王听了更为不悦，对扁鹊的劝说充耳不闻，扁鹊无奈地离开。

又过了五日，扁鹊求见齐桓公，见面之后，他忧虑地道："大王，您的病此时已经到了肺腑之中，病情危急，若再不诊治，恐怕没有机会了。"齐桓公听完，依然不信，不耐烦地将扁鹊逐开了。

几日后，当扁鹊第四次见到齐桓公时，忽然一语不发转身就走，齐桓公一见大为不解，上前叫住扁鹊询问，扁鹊无奈地回答道："病在肤表，施用熨烫之术可以医好；病入血脉，施用针灸之术可以治好；病至肺腑，施用酒剂也可治愈。而如今，大王之病已深入骨髓，药石无用，我已经无计可施，只得离开。"

齐桓公听完扁鹊的话也是一惊，但自觉身体毫无变化，所以依旧半信半疑，这样又拖了几日之后，齐桓公果然病入沉疴，他连忙派人去请扁鹊，然而此时扁鹊早已离开齐国。果然如扁鹊所言，齐桓公没过多久便因为贻误病情，不治而亡。

yóu

尤

【姓氏起源】

尤姓是一个比较年轻的姓氏，其起源主要有三：

其一：出自沈姓。周朝建立不久周武王就驾崩了，年幼的周成王在周公旦的辅佐下登上王位。但是霍叔、管叔和蔡叔不服气周公旦的摄政，遂与武庚勾结，联合东方夷族反叛，后来为周公旦所灭。文王的十子季载因平叛有功，被封于沈国，

尤侗像。

又称聃国。因此季载又称冉季载。聃又写作冉，古时，冉、沈读音相同。后来沈国被蔡国所灭，子孙后裔为了避难，就将沈字中的三点水旁去掉，改为尤姓，是周文王之子季载的后人。

另有出自沈姓一说，为五代时期，福建地区有闽国，闽王名为王审知。因此为避讳王审知的"审"的读音，福建地区沈姓的人就将去掉偏旁，改为尤姓。

其二：出自仇姓。仇、尤两个字古时发音相同，而且都有怨恨的意思，因此有些仇姓人将自己改为尤姓。

其三：出自少数民族改姓或固有姓氏。清朝时有赫哲族尤可勒氏，汉姓为尤；满族人中亦有尤姓。

【郡望堂号】

尤姓的郡望主要有吴兴郡和汝南郡。

吴兴郡：三国吴时置郡，治所在乌程（今浙江湖州吴兴区）。

汝南郡：汉高祖时置郡，治所在今河南颍河、淮河之间。

堂号主要有"树德"、"志清"、"吴兴"等。

【繁衍变迁】

尤姓因出自沈姓，因此起源于沈国的疆域——河南境内。东汉时期，有尤姓人分布在今陕西、江西等地。福建地区建立闽国后，尤姓开始兴盛起来，闽国被唐朝所灭，致使北宋之前尤姓人寥若晨星。南宋时期，由于仕宦等原因，浙江地区涌入大量的尤姓人民。到了宋末时期，广东、江西、湖北、湖南等地都有尤姓人的聚集，更有一些大胆的尤姓人迁至北方，生根立业。明朝初期，山西地区的尤姓人又被分迁于北京、江苏、安徽等地。福建沿海地区的尤姓人有渡海远去，在台湾或东南亚等地繁衍生息的。

【历史名人】

尤袤：字延之，号遂初居士，南宋著名诗人、大臣，与杨万里、范成大、陆游并称"南宋四大家"。

尤侗：字同人，号悔庵，晚号艮斋，明末清初文学家、戏曲家。曾参与修纂《明史》，被康熙称为"老名士"。代表作有《艮斋杂记》、《鹤栖堂文集》、《西堂杂俎》及传奇《钧天乐》、杂剧《读离骚》、《吊琵琶》等。

尤文献：又名鹅津。宋朝绍圣元年进士，官至兵部尚书，知枢密院事及观文殿大学士，因善于绘图，皇上曾题词"尤图"。

尤怡：清代医学家、诗人。医术益精，著有《伤寒贯珠集》、《金匮心典》、《医学读书》、《静香楼医案》等。

【姓氏名人故事】

嗜书珍书尤书橱

尤袤是我国南宋时期著名的诗人，他出生于书香门第，从小受家庭的熏陶，五岁能做诗句，十岁时就有神童的称号，十五岁时，尤袤在词赋方面的才华已经全郡皆知。

长大后，尤袤举进士，开始为官。尤袤勤于政事，忧国忧民，得到宋孝宗的赞赏。

他在做官的过程中，看到了百姓的痛苦，朝廷的昏暗，便极力劝谏皇上改革。但是新上任的宋光宗并没有听从他的建议，反而听信了奸臣的谗言，将尤袤贬为知府。宋光宗有时也会采纳

尤袤做官时极力劝谏皇上改革，但是不被采纳。

尤袤的建议，但有时会对尤袤的劝谏大发雷霆。面对这样朝令夕改、反复无常的君主，尤袤觉得十分不满，多次要求返乡归田。直到尤袤七十岁时，他才如愿以偿告老还乡，在家乡无锡的束带河旁建造了园圃题名乐溪。

尤袤最大的成就在于他的诗歌创作和大量的图书收藏。尤袤的诗歌平易自然，清新通畅，既没有华丽的辞藻罗列，也没有生动的典故堆积，却能够表达出诗人对山河破碎的忧愤，以及对百姓疾苦的关心，与杨万里、范成大、陆游并称为"南宋四大诗人"。

尤袤嗜书如命，有"尤书橱"之称，他对于图书已经到了"嗜好既笃，网罗斯备"的地步。据说凡是他没有读过的书，他都会想尽办法找来阅读，读完不但要做笔记，还要抄录收藏。尤袤因为爱好收藏图书，同时担任过国使馆编修等职务，因此他的藏书十分丰富，一生藏书三万多卷，其中不乏珍本、善本。陆游形容尤袤的藏书为"异书名刻堆满屋，欠身欲起遗书围"，可见尤袤藏书之多。尤袤还将家中的藏书汇编成一卷《遂初堂书目》，是我国最早的一部版本目录，在研究古籍方面相当具有参考价值。

可惜的是，尤袤的大量诗稿和三万多卷藏书在一次火灾中全部被毁，仅剩下一本《遂初堂书目》流传于世。

xǔ

许

【姓氏来源】

许姓的起源主要有二：

其一：帝尧时许由的后代。相传许由是尧舜时期的高士贤人，帝尧非常敬重他的德行，想把自己的帝位让给许由，但是许由坚持不答应。并且逃至箕山隐居，自己种田养活自己。后来帝尧又请许由做九州长官，许由就到颍水边洗耳，表示不愿听到。许由死后葬于箕山，后人也称为许由山。而颍水流域的箕山附近，正是后来许国建立的地方，因此后来许氏子孙多以许由作为始祖。

其二：出自姜姓，以国为氏，为炎帝神农氏的后裔。许氏与齐氏同祖，为上古四岳伯夷之后。"四岳"是由姜姓发展出来的四支胞族，他们和姬姓部落结成联盟，打败了商纣王，建立了周朝。周成王时，商的旧地分封给了一些姬姓诸侯国和姜姓诸侯国，许国正是被分封的姜姓诸侯国之一，其始祖为文叔，也称为许文叔。战国初期许国被楚国所灭，子孙后代遂以国为氏，称许氏。

【郡望堂号】

许姓的郡望主要有汝南郡、高阳郡、河南郡、太原郡、会稽郡等，其中以汝南郡为最望。

汝南郡：汉时置郡，治所在上蔡（今河南上蔡西南）。此支许氏，其开基始祖为秦末隐居不仕的高逸之士许猗。

高阳郡：东汉时置郡，治所在高阳（今河北高阳县东）。此支许氏，为汝南许氏分支，是十六国许据的五世孙高阳太守许茂之族所在。

许由像。

河南郡：汉时置郡，治所在雒阳（今河南洛阳市东北）。此支许氏，为许文叔直系后裔。

太原郡：战国时置郡，治所在晋阳（今山西太原西南）。此支许氏，为汝南平舆许氏分支，是东汉末年大名士许劭之后。

许姓的堂号主要有"洗耳"、"得仁"、"训诂"、"高阳"等。

【繁衍变迁】

许姓发源于河南，战国初期，许国被攻灭后，少数许姓人迁往湖南、湖北等地，大部分的许姓人则北上迁居至河北境内。秦汉以后，北方的许姓人大部分落籍于河北、河南、安徽、山西、陕西等地。到了魏晋南北朝时期，许姓开始南迁。唐朝初年，居住在河南的许姓人迁入福建地区，之后就出现了大规模的南迁，江苏、浙江、湖北、福建等地均有大量许姓氏族聚集。宋末元初，许姓人迁居广东。明朝时，则有定居在福建的许姓人渡海赴台，继而移居海外；也有一些许姓人向西南地区迁移，如广东三省和广西等地，与当地的少数民族融合在一起。

【历史名人】

许行：战国时期著名农学家、思想家。主张"贤者与民耕而食，饔飧而治"，是先秦时期农家的代表人物。

许褚：字仲康，三国时期魏国武将。忠心耿耿，勇猛非凡，有"虎痴"的绰号。

许慎：字叔重，东汉时期著名的经学家、文字学家，有"字圣"之称，是中国文字学的开拓者。所著的《说文解字》在世界范围内都有着深远的影响。

许浑：字用晦，晚唐时期最有影响力的诗人之一。其代表作《咸阳城东楼》中"山雨欲来风满楼"为后世千古传诵。

【姓氏名人故事】

许由洗耳

许由是尧舜时期的贤人，帝尧听说他非常地贤德，就想将自己的帝位让给许由，却遭到了他的严词拒绝，并且连夜逃进箕山，隐居不出，耕种而食。帝尧以为许由是谦虚，就又找到许由对他说："如果不愿意接受帝位，希望能出来担任'九州长'这个职位。"没想到，许由一听到这个消息，立即跑到山下的颖水边，掬起水开始洗自己的耳朵。

许由洗耳。

正巧，同样隐居在箕山上的许由的朋友巢父，牵着自己家的小牛来颍水边上喝水，见到许由便问他在做什么。许由把事情告诉了巢父，并说："我听了这样不干净的话，怎能不赶快洗洗我的耳朵呢！"不料，巢父听了不但没有认同许由的话，还冷笑一声，说道："哼，这都是你自讨的！谁让你在外面招摇，现在惹出麻烦来了，还说什么洗耳朵！算了吧，别弄脏这清溪，沾污了我小牛的嘴！"说罢，牵起小牛，向水流的上游走去了。

hé
何

【姓氏来源】

何氏的起源主要有三：

其一：出自姬姓，为周文王之后。周成王有一个弟弟名叫唐叔虞，其后裔被封于韩，称韩姓。春秋时期，韩国不断发展壮大，与赵、魏两国形成了"三家分晋"的局面。随后韩国为秦国所灭，韩姓子孙散居各地，其中一只逃难至江淮一带，因当地人"韩"、"何"不分，遂演变为何姓。

其二：唐代的"昭武九姓"之一为何氏。隋唐时期，西域地区，有月氏人建立的康居政权，被匈奴人打败，后建立了康国。西域的其他政权先后归附了康国，均以昭武为姓，史称"昭武九姓"，即康、史、安、曹、石、米、何、火寻和戊地。

其三：出自他族改姓、冒姓或赐姓。如南北朝时，北魏孝文帝迁都洛阳后，将鲜卑族复姓贺拔氏改为汉字单姓何氏。又有汉时有人名何苗，本姓朱，冒姓何。又如元末吐蕃宣慰使锁南，其子铭为河州卫指挥同知，被朝廷赐姓何氏，其后人有以何为氏的。

【郡望堂号】

何氏的郡望主要有庐江郡、东海郡、陈郡、扶风郡、郏县等。

庐江郡：西晋时置郡，治所在舒县（今安徽庐江县）。

东海郡：秦时置郡，治所在郯（今山东郯城北）。

陈郡：秦时置郡，治所在陈县（今河南淮阳）。此支何氏，开基始祖为东汉末年的何夔。

何氏的堂号主要有"水部"、"庐江"、"忠孝"等。

【繁衍变迁】

何姓发源于江淮流域以及江淮流域以北的地区，主要为江苏、安徽两地。两汉和魏晋南北朝时期，何姓人开始向北迁徙，至山东、河南、河北、山西、陕西等地，这些地区为何姓在北方地区主要繁衍发展的地域，并形成了庐江、陈、东海三大郡望，涌现出相当一部分文化和政治上的名人。晋朝时，何姓人开始南迁至福建等地，成为入闽八姓之一。隋唐时期，何姓在南北方都有所发展，南方地区更为繁盛。到了明清之际，何姓族人已经遍布全国各地。

何姓人在当代中国人口排行中排位第十七位。

【历史名人】

何晏：字平叔，三国时玄学家，为魏晋玄学的主要创始者之一。

何晏像。

何景明：字仲默，明朝文学家，是明朝"文坛四杰"中的重要人物，也是明代著名的"前七子"之一，与李梦阳并称文坛领袖。

何绍基：字子贞，晚清诗人、画家、书法家。何绍基兄弟四人均习文善书，人称"何氏四杰"。

何香凝：著名的国民党革命派代表、画家，民革主要创始人之一，是国民党左派领导人廖仲恺的革命伴侣，是中国现代杰出的妇女领袖。

【姓氏名人故事】

天才俊逸何景明

何景明是明朝杰出的文学家，是"文坛四杰"中的重要人物，也是明代著名的"前七子"之一，与李梦阳并称明初文坛领袖。

据说何景明出生的时候，他母亲李氏梦见太阳落到了自己怀里，所以取名景明。何景明自幼聪慧，六岁可以对对联，八岁可以写文章，十二岁时就能讲解《尚书》，十六岁时与二哥同时中举，第二年参加春试时，因为文中多奇字，主考官不欣赏而名落孙山。二十岁时考取了进士。

何景明是明朝的"前七子"之一，后人赞誉为"天下语诗文，必并称何、

何景明像。

李"。考中进士后，何景明与李梦阳等人合力倡导改革文风，以"文必秦汉，诗必盛唐"相号召，反对台阁体和八股文，具有积极意义。何景明勤奋好学，著有辞赋三十二篇、诗歌一千多首，被收录在《四库全书》里，流传至海外，在国外也有一定的影响。

何景明性格耿直，为官清廉，做钦差大臣时不收取当地官吏的一金一物。何景明痛恨当时政治黑暗，常常直言进谏。他的诗歌中也常揭露官军屠掠人民的罪行，讽刺皇室的奢欲和贼臣的专权，还有描绘百姓生活风土人情的作品，都具有一定的人文性。

lǚ

吕

【姓氏来源】

吕姓的起源主要有三：

其一：出自姜姓，以国为氏，为姜太公吕尚之后。相传，炎帝因居姜水流域，因而称姜姓。尧舜时，由姜姓发展出来的四支胞族即"四岳"，即齐、吕、申、许。四岳族首领伯夷，因协助大禹治水有功，其后人太岳又为大禹的重臣，故封之为吕侯。夏商周时期，吕国皆为诸候国。直到春秋战国时期，吕国东迁新蔡，后被田氏所篡失国，其后世子孙散居在韩、魏、齐、鲁各地，以国为氏，称吕氏。

姜太公吕尚像。

其二：出自姬姓魏氏。春秋时，有魏犨，又称魏武子在晋国公子重耳外逃的过程中，随同重耳。至重耳回国做国君后，遂封魏犨为大夫，封魏犨之子魏锜于吕地，魏锜又称吕锜。吕锜后裔以封地为氏，称吕氏。

其三：出自少数民族改姓。如南北朝时期，北魏孝文帝迁都洛阳，实行汉化政策，将鲜卑族复姓叱吕氏、叱丘氏改为汉字单姓吕氏。至五代后周时期，又将俟吕陵氏改为汉字单姓吕氏。

【郡望堂号】

吕姓的郡望主要有河东郡、东平郡、淮南郡、金华县等。

河东郡：秦时置郡，治所在安邑（今山西夏县西北）。此支吕氏，其开基始祖为春秋时期晋国大夫吕锜之后。

淮南郡：汉时置淮南国，治所在寿春（今安徽寿县）。三国魏时改淮南郡。此支吕氏，其开基始祖为吕谦。

东平郡：汉时置国，治所在无盐（今山东东平东），南朝时改为郡。此支吕氏，大概为吕尚十九世孙孙康公吕贷之后。

金华县：东汉时置县，治所在金华（今属浙江）。此支吕氏，为淮南郡吕氏分支，

吕姓的堂号主要有"河东"、"渭滨"、"东莱"、"锦上"等。

【繁衍变迁】

吕姓发源于河南，吕国灭亡后，遗民主要分散在河南、安徽、湖北等地。两汉时期，吕姓氏族散播到河北、山西、内蒙古等地，东汉末期有吕姓氏族向安徽和陕西迁入。吕姓进入浙江、江苏等地区，是在南北朝时期。北宋初年，许姓氏族南下移居到福建、广州地区。到了清朝康熙年间，福建、广州这两地的许姓人渡海向台湾徙居，并开始散播海外。

【历史名人】

吕不韦：战国末期卫国著名商人，杂家思想的代表人物。以"奇货可居"闻名于世，据传有门客三千。组织门客编写了《吕氏春秋》，又称《吕览》。"一字千金"这个成语正是与吕不韦有关。

吕雉：汉高祖皇后，人称吕后。曾辅佐刘邦平定天下，是中国历史上第一位有记载的皇后和皇太后，也是封建王朝第一个临朝称制的女子，掌握汉朝政权长达十六年。

吕蒙：字子明，三国时期东吴名将，鲁肃赞其为学识渊博，"非复吴下阿蒙"。

有"不探虎穴，安得虎子"的典故。

吕洞宾：原名吕岩，字洞宾，号纯阳子。唐朝八仙之一、全真道祖师，被道教全真派尊为北五祖之一。

吕向：字子同，唐代书法家、学者，能一笔环写百字，世称"连锦书"。

【姓氏名人故事】

士别三日当刮目相待

吕蒙是三国时期东吴孙权手下的名将，有勇有谋，以胆气著称。吕蒙十六岁就开始参战为将，后来孙权统事后，逐渐受到重用。孙权曾经对吕蒙说："你现在掌管军中各项事务，不能不学习。"但是吕蒙以军营中事务太多，没有时间看书为理由加以推辞。孙权反驳道："我又不是想要你成为那种传授经书的文官，只不过要你大略地阅读一下，简单地了解一下历史而已。"吕蒙还是有些不愿意。孙权又说道："再说，你说你事务多，难道有我事务多？我每每

士别三日当刮目相待。

读书，都能够有一些额外的收获。"于是吕蒙开始进行学习。

鲁肃从前见到吕蒙的时候，想他就是一介武夫，十分轻视他。后来在与吕蒙的交谈中发现他是一个十分有才识的人。于是鲁肃拜见吕蒙的母亲，与吕蒙结为朋友，然后告别而去。等到鲁肃来寻阳和吕蒙讨论议事的时候，见吕蒙的言行对答与往日不同，十分惊奇地说："以你现在的才略来看，你不再是当年的阿蒙了啊！"吕蒙说："分别数日，就应当以新的眼光去看待别人，大哥真是不称职啊！"而后，吕蒙为刚刚接替周瑜的鲁肃说了三条计策，鲁肃郑重地接受了。

shī

施

【姓氏起源】

施姓的起源主要有四:

其一:出自姬姓,为春秋时鲁惠公之子姬尾的后裔,以祖字为氏。据相关史料记载,春秋时期鲁国鲁惠公之子,名尾,字施父,人称施父尾。据说他擅长音律,通过别人赏乐姿态之变化,看人的生死。其后世子孙以其字施父为姓,为施姓。

其二:出自上古施国,以国名为氏。据《姓氏考略》所载,夏时诸侯有施氏,施国灭亡后,王族子孙就以国名为氏,称施氏。

另有一说出自子姓,为商民七族之一。《左传》上记载,周初,卫康叔管辖"殷民七族",即陶氏、施氏、繁氏、锜氏、饥氏、樊氏和终葵氏等。施氏主要为制旗帜的工匠,其后代遂称施氏。

其三:出自方姓,为避难改姓,为明朝方孝孺同族方氏。《姓氏词典》上记载,明朝名士方孝孺,因为拒绝为明成祖朱棣起草登基诏书,被诛十族。其同族外逃避难,改为施姓,因"施"字拆开为"方人也"。

其四:出自他族改姓。明清时期,云南土司有施姓;云南白族中有以海螺为图腾的氏族,其汉姓为施姓。

【郡望堂号】

吴兴郡:周朝始置县,三国时期吴国置郡,治所在乌程(今浙江吴兴)。

【繁衍变迁】

施姓主要起源于先秦时期的鲁国，即山东地区。因此，施姓最开始活动在山东、安徽地带。之后逐渐南下，一部分进入湖南、贵州，另有一部分迁徙至四川和云南等地，成为西南地区施姓的主要聚集地。唐朝时期，在浙江地区形成了施姓的郡望——吴兴郡。宋朝时，施姓就已经散播到江南各个地区，主要集中在浙江、江苏、安徽等地，并在西部川鄂和东方浙苏皖地区形成了两大聚集区。明朝以后，浙江成为施姓的第一大省，江西、福建、江苏都有分布。

【历史名人】

施之常：春秋时鲁国人，是鲁惠公第八世孙，孔门七十二贤之一。

西施：原名施夷光，居西村苎萝，故名西施，是中国古代四大美人之一，又称西子。

施耐庵：名子安，又名肇瑞，字彦端，号耐庵，明朝著名作家，中国古典四大名著之一《水浒传》的作者。

西施像。

施闰章：清代文学家，安徽宣城人，顺治年间进士，任山东学政，曾为蒲松龄的老师。博览群书，工诗善文，享有盛誉。著有《学余堂文集》二十八卷。

施琅：字尊侯，号琢公，明末清初著名将领，平字郑氏，收复了台湾。

【姓氏名人故事】

施全庙的由来

在杭州城十五奎巷中，有一座施将军庙，供奉的是南宋殿前司小校施全。

根据《汤阳县岳飞庙志》记载，岳飞被秦桧以"莫须有"的罪名杀害后，百姓都对秦桧恨之入骨。施全对秦桧的惑主误国、残害忠良也感到十分愤恨。因此在岳飞被害后的第九年，施全持刀藏身于众安桥下，等待着秦桧上朝路过时，上前行刺。施全斩断了秦桧轿子的一根立柱，却没能杀死秦桧，结果被秦桧手下逮捕。秦桧亲自审理施全，施全大骂秦桧道："全天下的人都想要杀敌御房，只有你不肯，那我就只好杀了你了！"秦桧听了非常生气，就下令将施全处以极刑，斩于市。

杭州城的百姓对施全的义举十分感动，就在岳飞庙山门对面，建立了施全祠，纪念这位忠心耿耿的施全。

zhāng

张

【姓氏来源】

张姓的主要来源有三：

其一：出自黄帝之后裔挥。据相关史料记载，黄帝后裔挥，因为受到太阳运行轨迹的启发，发明了弓。在以狩猎为生的时代，发明弓是非常了不起的事情，因此黄帝封挥为专门制造弓的官叫"弓正"，也称"弓长"，又将官名合二为一赐他"张"姓。

其二：出自姬姓，黄帝的后代。据《通志·氏族略》所记载，春秋时期，晋国有大夫解张，字张侯，其子孙以字命氏，称张氏。后来张氏子孙到晋国做官，三家分晋后，大部分张氏子孙迁移开来，使得张姓成员不断增加扩大。

其三：出自赐姓或他族改姓。据相关资料记载，三国时期，世居云南的南蛮酋长被蜀相诸葛亮赐姓张；元末有蒙古族将领伯颜帖木儿，归附明朝后，被明太祖赐予张姓。另有韩、姬等姓人士和乌桓、女真、羯、鲜卑、匈奴、契丹等少数民族分支改姓张姓。

【郡望堂号】

张氏的郡望主要有清河郡、范阳郡、太原郡、京兆郡等。

清河郡：汉时置郡，治所在清阳（今河北清河县东南）。此支张氏，其开基始祖为西汉留侯张良裔孙张歆。

范阳郡：三国时置郡，治所在涿县（今属河北省）。此支张氏，其开基始祖为东汉司空张皓之子张宇。

太原郡：战国时置郡，治所在晋阳（今山西太原市西南）。此支张氏，其开基始祖为北魏平东将军、营州刺史张伟。

张氏堂号有"清河"、"金鉴"、"孝友"、"亲睦"等。

【繁衍变迁】

张姓发源于河北、河南、山西地区。汉朝以前，张姓人就已经分布在陕西、河南、山东、河北等黄河流域地区。同一时期，也有张姓人向四川等地区迁徙。汉朝时，张姓氏族散播到江苏以及东北和西北等地。汉朝末期到西晋时期，张姓人在南部地区开始兴盛起来，以江苏的吴郡为首向我国东南沿海的各个地区扩展。到了唐宋时期，张姓人大规模地向南迁徙，使从宋朝一直到清朝，张姓人成为一个非常庞大的族群，分布在我国大江南北的各个地域。

【历史名人】

张良：字子房。汉初名臣，著名的政治家、谋略家，"汉初三杰"之一。协助汉高祖平定天下，被誉为"第一谋士"。

兴汉第一谋士张良。

张骞：字子文，西汉时期外交家。两次出使西域，开辟出丝绸之路，使汉朝能与中亚交流。

张衡：字平子，是东汉时期伟大的天文学家、发明家、地理学家、制图学家等，发明了浑天仪、地动仪、指南车。有"科圣"之称。

张仲景：东汉末年著名医学家，被称为"医圣"。著有《伤寒杂病论》，为后代历代医学家所推崇。

张飞：字翼德，三国时期蜀汉名将。有智有谋，嫉恶如仇，蜀汉三杰之一。

【姓氏名人故事】

天文学家张衡

张衡是我国东汉时期著名的天文学家、地理学家、发明家、文学家，为我国天文学、地震学等方面的发展作出了巨大的贡献。

张衡出生于一个破落的官宦人家，自小刻苦好学，富有文采，十六岁就离开家，孤身一人到外地求学。为人宁静淡泊，不因自己才华横溢就有骄傲之情。张衡在天文学、地震学、机械技术、数学乃至文学艺术等诸多领域都具

天文学家张衡。

有较高的才能。《灵宪》是张衡在天文学方面的一部代表作，集中体现了张衡在天文学上思想和成就。《灵宪》的内容就宇宙的起源、宇宙的无限性、月食的成因、五星的运动，以及流星和陨星的成因都进行了详细的说明。《灵宪》被后人赞誉为"天文之妙，冠绝一代"，说明了它在天文学史上的突出意义。

漏水转浑天仪，简称浑天仪，是张衡发明的一个极为复杂的天文仪器，它是世界上第一架，有明确史料记载的水力发动的天文仪器。

张衡发明了最早的地震仪，称为候风地动仪。这台地震仪在一千八百年前成功地测报了西部地区发生的一次地震。西方国家直到1880年才制成与此类似的

仪器，比起张衡的发明足足晚了一千多年。

张衡在其他方面也有很高的成就，张衡曾经被唐朝人看作是东汉时的大画家，他还研究文字训诂学，在辞赋上也有很高的造诣，不但文辞优美，而且具有较高的思想性。

由于张衡在天文学上的突出贡献，联合国天文组织将太阳系中的 1802 号小行星命名为"张衡星"。

kǒng
孔

【姓氏来源】

孔姓的主要来源有五：

其一：出自子姓，为商汤王后裔。相传上古时期，帝喾有一个妃子名叫简狄，因拣到一只燕子蛋，吃后生下契，赐子姓。后来契因辅助大禹治水有功，被封于商。传至第十代孙汤，因其祖先是吞乙卵而生，因而名履，字太乙。汤成为商族首领后，灭夏建立了商王朝。因为汤王是商朝的开国君主，深受百姓爱戴，因此其后代就把"子"和"乙"相拼，成孔字，是为孔氏。

其二：出自子姓，为春秋时宋国王族孔父嘉。商朝末年，纣王荒淫暴虐，最终为周武王姬发所灭，建立周朝。商纣王的庶兄微子启很顺从周氏王朝，遂封之以商都一带，建立宋国，命他管理商朝遗民。微子启死后由弟弟仲衍继位，仲衍的曾孙宋襄公有子名嘉，字孔父，又称孔父嘉，任宋国大司马。春秋时，孔父嘉的后代就以孔为氏。

其三：出自郑国姬姓。据史料记载，春秋时期，郑穆公有十三子，其中两个为孔氏。

其四：出自卫国姬姓。周公旦平定武庚的叛乱后，将原来商朝都城附近的地区和殷民七族分封自己的弟弟康叔，建立卫国。到了春秋时期，卫国有名臣孔悝，其后代子孙有以其先祖的字为氏的，称孔氏。

其五：出自陈国妫姓。周武王灭商后，建立周朝。周公旦追封帝舜的后裔妫满于陈地，建立陈国。到春秋时，陈国有大夫孔宁，以先祖名字为氏，称孔氏。

【郡望堂号】

孔姓的郡望主要有鲁郡、京兆郡、河南郡、会稽郡等。

鲁郡：西汉置鲁国，治所在鲁县（今山东曲阜）。晋时改为郡。

京兆郡：西汉时改右内史置京兆尹，治所在长安（今陕西西安市西北），三国魏时改称京兆尹郡。

河南郡：西汉时改秦三川置郡，治所在雒阳（今河南洛阳市东北）。

会稽郡：秦时置郡，治所在吴县（今江苏苏州市）。

孔姓的堂号有有"阙里"和"至圣"等。

【繁衍变迁】

孔姓发源于河南，孔父嘉的后人为避难，逃到位于今山东地区的鲁国境内，并定居下来。这次徙居，是孔姓氏族第一次进行东迁，并且使山东成为孔姓氏族的聚集地。汉朝时，因为战乱和官职的变动，有部分孔姓人纷纷向别处迁徙。孔姓人大举南迁到浙江、安徽等地，是在三国两晋南北朝时。唐朝时期，孔姓人发展繁盛，散播到江苏、江西等地。明朝时，山西、辽宁、云南、贵州、四川等地都有孔姓氏族的分布。清朝以后，孔姓人遍布全国，并开始有向海外地区迁徙的。

【历史名人】

孔子：名丘，字仲尼，春秋末期的思想家和教育家，儒家思想的创始人，被后世统治者尊为孔圣人、至圣先师等。

孔融：字文举，东汉文学家，"建安七子"之首。代表作是《荐祢衡表》。

孔颖达：字冲远，唐代著名经学家，著名的"十八学士"之一，所疏或正义的经书包括《周易》、《尚书》、《诗经》、《礼记》和《左传》等。

孔尚任：字聘之，号东塘，清朝初期诗人、戏曲作家。著名戏剧《桃花扇》的作者，时人将他与《长生殿》作者洪昇并论，称"南洪北孔"。

【姓氏名人故事】

孔子择人而礼

孔子是春秋末期的鲁国人，是历史上著名的思想家与教育家，而且是儒家思想的创始人，而儒家的思想最重"礼"与"仁"二字。

当时，楚国讨伐陈国，陈国被攻陷，城门损坏严重，于是楚国人命令投降的陈国民众去修缮城门。

孔子恰巧带着弟子经过这里，在过了城门之后，他的弟子自贡见一向注重礼仪的孔子一路上并未向任何人施礼，不禁疑惑不解，于是上前拉住马车问道："按着礼仪规定，从两个人身边过就要扶着车前的横木行礼，从三个人身边过去就应当下车行礼，刚才修城门的陈国人如此众多，夫子却为何不向他们行礼呢？"

孔子择人而礼。

孔子道："自己的国家就要灭亡了，却还懵懂无知，这是没有智慧；知道国家将亡，却不奋起全力保家卫国，这是没有忠心；国家已经被灭，却不能拼死抵抗为国雪耻，这是没有勇气。"

刚才我们所经之处虽然人数众多，但都是不智，不勇，不忠之人，这些人不值得尊重，所以无须行礼。

cáo

曹

【姓氏来源】

曹姓的起源主要有三：

其一：以国为氏，出自颛顼玄孙陆终之子安。相传，颛顼的玄孙陆终，其第五子曹安因为协助大禹治水有功，被封于曹国。到了周朝时，武王改封曹安的后裔曹挟于邾国。后邾国被楚国所灭。邾国人有以国为氏，改朱氏；有以曹为氏，称曹氏。

曹安像。

其二：出自姬姓，始祖为振铎。周朝建立后，周武王改封曹安的后裔于邾国，便封弟弟振铎于曹国。后曹国为宋国所灭，其后裔子孙便以国为氏，称曹氏。

其三：出自他姓、他族加入。如后汉有曹嵩，本姓夏侯，后改姓曹。另有突厥部建有康国，其分支有曹国，其中有以曹为姓的。以及西域阿姆河、锡尔河流域各民族的"昭武九姓"中，有曹姓。

【郡望堂号】

曹姓的郡望主要有谯郡、彭城郡、高平郡、巨野县等，以谯郡为最望。

谯郡：东汉时置郡。治所在亳州（今安徽亳州）。

彭城郡：西汉时置郡，治所在彭城（今江苏徐州市）。

高平郡：晋时置郡，治所在今山东金乡。

巨野县：西汉时置县，治所在今山东巨野。

曹姓的堂号主要有"清靖"、"谯国"、"敬思"、"崇孝"等。

【繁衍变迁】

曹姓发源于山东地区，先秦时期，曹姓主要聚集在山东、甘肃和江苏北部。秦汉之际，曹姓人已经在山东、安徽、河南、江苏等华东地区繁衍发展。唐朝时，因其初期末期的战乱，使得很大一部分中原人开始向南方移民，曹姓氏族也在其中。宋元明时期，北方战争不断，以中原地区为主要聚集地的曹姓氏族，开始向江南地区转移。宋朝初年，曹姓人徙居到广西和广东两个地区，清朝初期渡海向台湾迁徙，进而迁至海外。

曹姓在当代中国人口排行中排位第三十二位。

【历史名人】

曹刿：春秋时期鲁国著名的军事理论家。有"一鼓作气"的成语典故。

曹参：字敬伯，西汉开国功臣。秦末随刘邦起义，汉朝建立后，他被封为平阳侯，任宰相。

曹操：字孟德，三国时的著名政治家、军事家、诗人。三国中曹魏的奠基人和主要缔造者，其子曹丕称帝后，追尊他为魏武帝。善作诗歌，代表作品有《观沧海》、《龟虽寿》等。

曹雪芹：名霑，字梦阮，号雪芹，清代著名作家，所著《红楼梦》是中国古代四大名著之一。

【姓氏名人故事】

曹不兴误笔成蝇

曹不兴，是三国时期著名的画家，是有文献记载的最早的一位画家，被称为"佛画之祖"。

曹不兴画风写实，画面生动，栩栩如生，他画的龙最为生动，犹如腾云驾雾一般。

一次，孙权请曹不兴画屏风，曹不兴聚精会神地作画，正画到一篮子杨梅时，听到周围人不时发出的称赞声，一不小心将一滴墨水滴到了画面上。众人纷纷惋惜不已，但曹不兴站在屏风前端详了一会儿，泰然自若地拿起笔，将墨点画成了一只苍蝇。周围的人都被他的机敏和才能所深深折服。屏风画好后，被拿去给孙权看。孙权欣赏了半天，心里非常喜欢，忽然发现画面上的篮子边上

曹不兴误笔成蝇。

有一只苍蝇。孙权随手一挥，那苍蝇也一动不动。旁人见了就笑着对孙权说，那不是真的苍蝇，是画上去的。孙权仔细一看，才发现那苍蝇是画上去的。孙权大笑着称赞道："曹不兴真是画坛的圣手啊！"

曹不兴的画迹虽然没有流传，也没有有关的言论和著述，但他是中国绘画发展关键时期的重要人物，他状物手法与细微描绘，影响了整个社会的审美风气，曹不兴的绘画成就对于后世的影响巨大。

yán
严

【姓氏来源】

严姓的起源主要有四：

其一，出自芈姓，以谥号为氏，为战国时期楚庄王之后。传说颛顼的后裔陆

终之子季连，赐姓芈。季连的后裔熊绎在周康王时被封于荆山，建立荆国。后改国号为楚，为楚国。根据《元和姓纂》的记载，楚庄王的一部分子孙以其谥号为氏，称庄氏。汉朝时期，为避讳汉明帝刘庄的名讳，改庄姓为严姓。到了魏晋时期，有严姓恢复庄姓的，就形成了庄、严两家，因此有两家有"庄严不通婚"的古训。

其二：以邑名为氏，为战国时期秦孝公之子君疾的后裔。战国时期，秦孝公的儿子君疾，受封于严道县，以邑名为氏，故称严君疾，其子孙后代遂以严为姓，称严氏。

其三：据《姓考》所载，古时有严国，其国人以国为氏，为严姓。

其四：出自少数民族姓氏。据《晋书》记载，南北朝时，后燕慕容盛丁零族中有以严为氏的，称严姓。满、彝、土、锡伯、朝鲜等族都有严姓。

【郡望堂号】

严姓的郡望主要有天水郡、冯翊郡和华阴郡。

天水郡：西汉时置郡，治所在平襄（今甘肃通渭县西北）。东汉时改为汉阳郡，移治冀县（今甘肃甘谷东南），西晋移治上邽（今甘肃天水市）。

冯翊郡：汉武帝置左冯翊，三国魏改置冯翊郡，治所在临晋（今陕西大荔县一带）。

华阴郡：汉时置华阴县，治所在今陕西华阴县东，南朝时移治今陕西勉县西北。唐朝时改华州置华阴郡，治所在郑县（今陕西华县）。

严姓的堂号主要有"天水"、"富春"、"古秋"等。

【繁衍变迁】

严姓主要由庄姓改姓而来。因此在成姓之初分布就十分广泛。史料记载，东汉时，在山东、湖北、安徽、浙江一带均有分布，四川、云南等地也有严姓的聚集。魏晋南北朝时期，严姓多居住在陕西、山西等地区，以陕西和甘肃最旺，严姓的三大郡望就是出自这两个地方。后世战乱纷繁，严姓大批南迁，明清以后严姓大多居住在安徽、江苏、浙江、福建沿海等南部地区，云南、广东也有严姓的足迹。清朝康熙年间，开始有严姓人渡海入台。

【历史名人】

严忌：本姓庄，东汉时避讳明帝名讳，改为严姓，是西汉初期著名的辞赋家。严忌才识过人，人称"严夫子"。

严光：字子陵，东汉时期著名隐士。严光曾为汉光武帝刘秀的同学，积极帮助刘秀起义。刘秀即位后，他隐姓埋名，以"高风亮节"闻名于世。

严羽：字丹丘，一字仪卿，自号沧浪逋客，世称严沧浪，南宋杰出的诗论家、诗人，所著《沧浪诗话》是宋朝最负盛名、对后世影响最大的一部关于诗歌的理论批评著作。

严复：原名宗光，字又陵，后改名复，字几道，近代启蒙思想家、翻译家、教育家，是中国近代史上向西方国家寻找真理的"先进的中国人"之一。

【姓氏名人故事】

严光和刘秀

严光是东汉时期著名的隐士，年少的时候就因才华横溢而有高名，和光武帝刘秀一同游学。刘秀即位后，严光就隐姓埋名，隐居在杭州富春江畔，以钓鱼为乐，每日垂钓。

刘秀十分思念这位有贤才的旧友，希望他能入朝为官，辅佐自己，就绘下严光的样子，命人去寻找。不久，有人称见一男子披着羊裘在河边垂钓，刘秀觉得应该是严光，立即命人备车，带了聘礼亲自去严光家看望严光。严光正在家里躺着休息，知道光武帝刘秀来了，也不起身相迎。刘秀见他如此，

严光之风，山高水长。

也不生气，上前十分亲昵地坐到床边，说："哎，严光你这家伙，为什么就是不肯入朝为官，帮帮我呢？"严光也不回应他，过了很久，才睁开眼看着刘秀说："人各有志，你又为什么要逼迫我呢？"刘秀听后，叹了口气离开了。

后来光武帝邀请严光入官叙旧，并授之以谏议大臣的职位，严光不答应，回到富春山继续过着垂钓耕读的生活。严光后来又多次拒绝了刘秀的邀请，光武帝后来在《与子陵书》中写道："古大有为之君，必有不召之臣，朕何敢臣子陵哉。"

严光这种不为高官厚禄所收买，不与统治者合作的精神，受到后代知识分子的推崇。李白等诗人都曾在严光钓鱼的地方题诗，范仲淹在《严先生祠堂记》一文中赞扬严子陵的高风亮节："云山苍苍，江水泱泱。先生之风，山高水长。"

huà

华

【姓氏来源】

华姓的起源主要有二：

其一：出自子姓，以邑名为氏，为春秋时期宋戴公之孙督的后裔。周朝建立初期，商纣王的微子启被封以商都一带，建立宋国。据《名贤氏族言行类稿》、《广韵》和《辞源》等史料记载，宋戴公之孙子督，字华父，为宋国的公卿。其后人遂以先祖字为氏，称为华氏。

其二：出自少数民族改姓。元明清时期，蒙古部落有谟锡哷氏、扎拉尔氏等汉化改为华氏。明朝时，

华父像。

有回族以祖先名字汉化为氏，称华姓。满足和锡伯族有以部落名称汉化为氏的，称为华氏。

【郡望堂号】

华姓的郡望主要有平原郡、武陵郡和沛国。

平原郡：汉时置郡，治所在平原（今山东平原县西南）。

武陵郡：汉时置郡，治所在义陵（今湖南溆浦南）。

沛国，西汉时置沛郡，东汉时改为沛国，治所在相县（今安徽濉溪县西北）。

华姓的堂号主要有"武陵"、"华岳"、"平原"、"敦厚"等。

【繁衍变迁】

华姓起源于河南、陕西一带。春秋时期，华姓人已经散布到湖北、江苏、山东等地。汉朝初期，华氏家族中有人跟随刘邦征战有功被封为列侯，华姓在山东平原一带形成望族，在沛国地区也形成了大的华氏家族。王莽之乱时，北方华氏避乱向南迁徙，在湖南地区形成了武陵郡望。三国两晋南北朝时，华氏族人为避乱迁到江苏、浙江等地。隋唐时期，华氏族人有向福建迁入的。宋朝时期，华姓已经广布黄河、长江、珠江中下游地区。到了明朝时，江苏成为华姓的第一大省，形成了以江苏为中心的华姓聚集区。明清之后，华氏族人遍布西南、西北、东北和台湾各地。

【历史名人】

华佗：字元化，东汉末期医学家，与董奉、张仲景并称为"建安三神医"。华佗是世界医学史上最早使用全身麻醉进行手术治疗的人。

华歆：字子鱼，三国时魏国名士，以才华横溢著称，政治上主张重农非战，重视文教德化，为官清廉自奉，被陈寿评价为"清纯德素"。

华蘅芳：字若汀，清朝末期著名的数学家、翻译家和教育家，译有大量数学著作，对当时洋务运动的兴起有着巨大的影响。

华镇：会稽人，北宋官吏。神宗进士，官至朝奉大夫，知漳州军事。平生好读书，工诗文。有《扬子法言训解》、《云溪居士集》等。

外科鼻祖华佗

　　华佗是三国时期著名的医学家，他医术全面，尤其擅长外科，被后人称为"外科圣手"、"外科鼻祖"。华佗通过观察人在醉酒时的沉睡状态，以及总结前人对麻醉剂的研究，发明了麻沸散，用于医学，是世界上最早的麻醉剂。《后汉书·华佗传》中记载，若是疾病的发结于体内，针灸和入药都不能治愈，就应先用酒服用麻沸散，使患者没有知觉，再剖开病患处，取出肿块。麻沸散的运用，提高了外科手术的技术和疗效。

外科鼻祖华佗。

　　华佗不仅擅长外科手术，在针灸和中药方面也十分有研究，在医疗体育方面，他还创立了著名的五禽戏。华佗因其医术高明，且医德高尚，深受百姓的爱戴，名声也越来越大。

　　曹操有头疼之症，遍寻良医也没有成效，华歆向曹操推荐了华佗。华佗诊了曹操的病情，觉得曹操的病因是在脑中，药物难以根治，应该先服用麻沸散，再开颅取出"风涎"。但是曹操不相信，觉得开颅手术是不可能的。之前曹操曾要求华佗做自己的专门的侍医，华佗以妻子生病为由坚决不从，曹操怀恨在心，不顾谋士的一再求情，杀死了这位千古一人的名医。后来曹操的小儿子曹冲因病而死，曹操才十分后悔杀了华佗。

　　传统中国以儒学为主，主张"身体发肤，受之父母"，而外科手术的治疗方法违背了这一主张，因此在中医学中并没有大规模地发展起来。

jīn

金

【姓氏来源】

金姓的起源主要有四：

其一：出自少昊金天氏。相传少昊是东夷族的首领，上古五帝之一，为黄帝的己姓子孙。少昊死后被尊为西方大帝，因古人有五行的学说，西方属金，所以少昊又称金天氏。少昊的后裔中有以金为姓的，称金氏。

其二：出自匈奴休屠王太子金日磾之后。汉朝时，匈奴休屠王有子叫日磾，汉朝初年时，归顺汉武帝，后来是汉室非常重要的辅国大臣。他曾铸造过铜人像用以祭天，因铜像人又称金人，因此被赐姓"金"氏，称金日磾，其子孙后代遂也世世代代称金氏。

其三：为刘姓改姓为金氏。唐末五代时，十国之一的吴越国其开国之王叫钱镠，因"镠"与"刘"为同音字，为了避嫌，就将吴越国中的刘氏改为金氏。

其四：出自他族或改姓。如南北朝时，羌族中有金姓；唐朝时，新罗国有金姓；明朝永乐年间，蒙古归顺明朝，赐姓金氏；另元时有金覆祥，其先本为刘氏，后改为金氏，以及清代文学评论家金圣叹，本姓张，后改姓金氏。

【郡望堂号】

彭城郡：西汉时改楚国为彭城郡。东汉时又改为彭城国，治所在彭城（今江苏徐州市）。南朝时改为郡。

京兆郡：汉时置京兆尹，为三辅之一，治所在长安（今陕西西安市西北）。

三国辖区改为京兆郡。

金姓的堂号主要有"彭城"、"京兆"、"鸿文"等。

【繁衍变迁】

金姓发源地较多，少昊帝在山东曲阜登帝，其后代世居山东。新罗与高丽、百济三国国王均为金姓。汉朝时有金日磾家族居住陕西，世代为官。到了魏晋南北朝时，金姓人中有移居到甘肃的。唐朝，金姓已经成为山西、四川部分地区的大姓。宋朝到明朝这一时期，居住在南方的金姓人散居在浙江、江苏、江西、安徽、湖南、湖北、福建、广东等地区；居住在北方的金姓人，多聚集在河南、河北、辽宁等地。从清朝嘉庆年开始，福建、广东等东南沿海地区的金姓氏族陆续迁至台湾，继而远徙海外。

【历史名人】

金圣叹：名采，字若采，明末清初人，著名的文学家、文学批评家。主要成就在于文学批评，对《水浒传》、《西厢记》、《左传》等书都有评点。

金农：字寿门、司农、吉金，清朝著名书画家兼诗人，扬州八怪之一。

金岳霖：字龙荪，中国哲学家、逻辑学家，是最早把现代逻辑系统地介绍到中国来的逻辑学家之一。

【姓氏名人故事】

忠孝金日磾

金日磾是我国历史上杰出的少数民族政治家。西汉初期，霍去病将军出兵攻击匈奴，大获全胜。浑邪王便说服休屠王共同降汉，但是休屠王中途反悔，浑邪王便杀了休屠王，率领休屠王手下四万余人投降汉军，十四岁的金日磾因为父亲被杀无所依靠，只能和母亲弟弟一同沦为官奴，被安置在黄门署养马。

汉武帝宫中设宴，诏令阅马助兴，见金日磾体形魁伟、容貌威严地牵着马从殿上过时，汉武帝感到很惊讶，一问才得知金日磾是休屠王的后代，就拜他为马监。

又因为金日磾孝敬母亲，做事谨慎，从不越界，深受武帝信任，成为亲近侍臣。金日磾有两个儿子，聪明伶俐深受武帝的喜爱，常常留在身边嬉戏。长子因为与宫女嬉戏，被金日磾亲手所杀，武帝因此对金日磾更是敬重有加。

金日磾像。

后来江充因为巫蛊之祸被杀，江充的好友马何罗欲为江充报仇，便行刺武帝，早有警惕的金日磾擒住马何罗，保护了汉武帝的安全。汉武帝病重时，嘱托霍光和金日磾一同辅佐太子，并封其为秺侯，但金日磾坚决不受。一年后，金日磾也因病辞世，汉昭帝为他举行了隆重的葬礼，并赐谥号敬侯。金日磾在维护国家统一、社会安定、民族团结，以及巩固西汉政权方面作出了巨大的贡献。

wèi

魏

【姓氏来源】

魏姓的起源主要有二：

其一：出自姬姓，为周文王裔孙毕万之后，以邑为氏，或以国名为氏。周朝建立后，周文王的第十五个儿子毕公高受封于毕地，后毕国被西戎攻灭，毕公高的后裔毕万投奔晋国，做晋国大夫。后来，毕万因在晋国攻灭他国的战争中立下大功，晋献公便将魏地赐给他为邑，毕万的子孙后代便以邑为氏，称魏氏。后来，晋国发生内乱，晋公子重耳被迫出逃，毕万的孙子魏犨在重耳流亡的过程中始终陪伴。后晋公子重耳在秦穆公的帮助下成为晋国国君，即晋文公。晋文公封魏犨为大夫，世袭魏氏封邑。后来，毕万的后代魏斯联合韩、赵两家瓜分晋国，成立了魏国。战国末期，魏国被秦国攻灭，亡国后，魏国王族以国为氏，称魏氏。

其二：出自他姓改姓。据史料记载，战国时秦国有魏冉，本姓芈，后改姓魏。又南宋蒲江人有魏了翁，本姓高，后改姓魏。另明朝有昆山人魏校，本姓李，后改姓魏。

【郡望堂号】

魏姓的郡望主要有巨鹿郡和任城郡等，以巨鹿郡为最望。

巨鹿郡：秦时置郡，治所在巨鹿（今河北平乡西南）。

任城郡：夏商周时置国，秦后置县，东汉时分东平国置国，三国魏时置郡，治所在今山东微山县一带。西晋复任城国。北魏时，置任成郡。

晋献公将魏地赐给毕万为邑。

魏姓的堂号主要有"巨鹿"、"敬爱"、"治礼"、"十思"等。

【繁衍变迁】

魏姓发源于陕西、山西，成姓早期，大部分魏姓人繁衍于山西、陕西、河南、山东等中原地区，少部分魏姓人居住在湖北、湖南等两湖地区。西汉时，河北巨鹿地区形成了魏姓史上最为著名的郡望。同一时期，魏姓人开始迁徙至江浙、甘肃、宁夏等地。到了三国两晋南北朝时，因为连年战火，魏姓氏族大举南迁，至四川、江西、福建等地。魏姓人徙居福建、广东等地是始于唐朝。宋朝末年，魏姓人就已遍布江南大部分地区。经历元、明、清三朝，魏姓人远徙海外。

【历史名人】

魏无忌：号信陵君，与齐国孟尝君、赵国平原君、楚国春申君并称"战国四公子"。

魏延：字文长，三国时蜀汉名将。

魏徵：字玄成，唐代著名大臣、政治家，提出"水能载舟，亦能覆舟"等治世名言，是中国史上最负盛名的谏臣。著有《群书治要》等书。

魏源：原名远达，字默深，清代启蒙思想家、政治家、文学家，近代中国"睁眼看世界"的先行者之一。提出"师夷长技以制夷"的新思想。

【姓氏名人故事】

直谏敢言的魏徵

魏徵是我国唐朝时著名的政治家，他以直谏敢言著称，是我国历史上最负盛名的谏臣。

魏徵年少时父亲就去世了，生活窘迫的他仍然奋力读书，拥有远大的志向。后来隋末农民大起义，魏徵也参加过瓦岗寨起义。唐朝建国后，魏徵在李建成手下为官，玄武门事变后，唐太宗即位，太宗看中魏徵的才华，便命魏徵担任谏议大夫的职位。魏徵性格刚毅直率，而且才华横溢，常常犯颜进谏皇帝，即便惹怒了皇帝，魏徵也临危不惧，泰然自若。魏徵纠正了唐太宗很多的错误行为，是太宗重要的辅佐之臣。

直谏敢言的魏徵。

贞观之治中期，唐太宗日益怠惰，懒于政

事，追求玩乐享受，魏徵便上奏著名的《十渐不克终疏》，直接列举了太宗从执政当初一直到现在的十个变化，并像太宗提出了十条劝谏。在这篇文章中，魏徵向唐太宗论述了君和民的关系，就如同舟与水的关系，他认为民心才是事业成败的关键。

魏徵生活简朴，为官清廉。后来魏徵病重在床，太宗亲自去看望他，发现魏徵家无正寝，十分节俭。魏徵死后，唐太宗去吊唁他时，说："以铜作为镜子，可以端正衣冠；以历史作为镜子，可以明白国家兴亡的道理；以人作为镜子，可以知晓自己的得失。现在魏徵去世了，我失去了一面镜子！"

jiāng

姜

【姓氏来源】

姜姓的起源主要有二：

其一：出自炎帝神农氏的后裔。相传炎帝神农氏生于姜水，遂得姜姓。炎帝的裔孙有伯夷，因治四岳有功，被封于吕地，建吕国。后有吕尚，辅佐周室得天下有功，遂封于齐，建齐国。后吕国齐国纷纷亡国，后世子孙亦有以姜为姓的。

其二：出自桓氏改姓。据《通志·氏族略》所载，唐朝上元时，有桓姓者改为姜姓。

【郡望堂号】

姜姓的郡望主要有天水郡、广汉郡等。

天水郡：西汉时置郡，治所在平襄（今甘肃通渭西北），西晋移治上邽（今甘肃天水市）。

广汉郡：西汉时置郡，治所在乘乡（今四川金堂东），东汉移治雒县（今四川广汉北）。

姜姓的堂号主要有"天水"、"渭水"、"龙泰"等。

【繁衍变迁】

姜姓的发源于陕西、河南和山东一带。汉初，河南、山东的姜姓人向关中迁徙，落籍于甘肃地区，也有向南播迁至江苏、四川等地者。魏晋南北朝时，姜姓人为避战乱徙居至江南。唐朝时，姜姓人迁至福建。唐宋之际，河北、河南、浙江、江西、安徽、山东及广东等地均有姜姓人的分布。明清时期，姜姓人在山西、陕西、贵州、湖南、福建、湖北等省都有聚居。并有女真族的姜佳氏部族的姜氏后裔，在辽宁等地聚集。清乾隆年间，有姜姓人渡海赴台，进而远徙东南亚以及欧美各国。

【历史名人】

姜子牙：本名吕尚，名望，字子牙，中国历史上最负盛名的政治家、军事家和谋略家。

姜小白：即齐桓公，齐国君主，任管仲为相，在"尊王攘夷"的旗帜下，南征北战，最终使齐国成为"春秋五霸"之首。

姜维：字伯约，三国时期蜀汉著名军事家、军事统帅。

军事统帅姜维。

姜夔：字尧章，别号白石道人，南宋著名词人、文学家和音乐家。代表作有《扬州慢》、《暗香》等。

姜宸英：清初书画家、文学家，被誉为"江南三布衣"之一。有《湛园文稿》等。

【姓氏名人故事】

齐桓公庭燎求贤

齐桓公，姓姜，名小白，是春秋时期齐国的君主。在位期间任用管仲为相，选贤任能，使国富民强，最终成为春秋五霸之首。

齐桓公成为中原霸主后，为了表现自己求贤若渴，广纳贤士的决心，就在宫殿前燃起明亮的火炬，准备接待各地的人才。但火焰燃烧了很久也没有人上门求见，齐桓公为此非常苦恼。

这时候有一个来自东野的人前来求见。齐桓公听说有人来了非常高兴，立即到殿前召见这个人。齐桓公满心欢喜地询问东野之人有什么才能，对方却回答说会九九之术。齐桓公有点失望，在齐国会九九算术并不是十分稀奇的事情，齐桓公无奈地笑笑说："九九之术也能算是一技之长吗？"东野之人回答："大山不拒绝小石

齐桓公庭燎求贤。

头的填充，江海不拒绝细流的汇入。正是因为如此，它们才会成为大山、大江、大海。《诗经》中说：'先民有言，询于刍荛。'就是教导君主要广泛征询意见，即便是割草打柴的人。九九之术虽然不是高深的学问，但齐王您如果能以礼相待只会九九之术的人，还怕比我高明的人不来吗？"齐桓公觉得东野之人说得有理，就按照礼仪接待了他。一个月后，四面八方的贤士听说了东野之人的事情，纷纷而至。

齐桓公不但设立了庭燎之礼，还注意接待好各诸侯国的客人，自己也四处招揽人才使得齐国人才济济，最终完成霸业。

qī
戚

【姓氏来源】

戚姓的起源比较单一，出自姬姓，以封邑名为氏，为春秋时卫国大夫孙林父的后裔。周文王的小儿子康叔，因封于康，故称康叔。周公旦平定武庚叛乱后，将原来商都附近地区和殷民七族分封给康叔，即卫国。春秋时期，卫康叔的八世孙卫武公有子名惠孙，根据周制，惠孙的后代以祖父的字命氏，即为孙氏。惠孙的第七世孙孙林父在卫献公时任上卿，后因失宠先后去了晋国和齐国，卫殇公时回国被封于戚邑，孙林父的支庶子孙世居戚邑，遂以封邑名为氏，称戚姓。

【郡望堂号】

戚姓的郡望主要有东海郡等。

东海郡：秦时置郡，治所在郯城（今山东郯城北一带），东晋时移治海虞县（今江苏常熟）。

戚姓的主要堂号有"享伦"、"三礼"、"景文"等。

【繁衍变迁】

戚姓发源于河南地区。秦汉时期，卫国灭亡后，戚姓子孙有逃至山东、江苏等地避难的。南北朝在江苏和山东之间地形成了东海郡望，并以此为中心向安徽、浙江等地散播。唐五代时，战乱北方的戚姓族人向江南地区迁徙。两宋时，戚姓的繁衍中心移到浙江和江苏地区，元朝之后，戚姓人散居在华东、华南、西南各省。

明朝初期，山西境内的戚姓人分迁至河南、河北、山东、陕西、湖北等地。明朝末期，戚姓人开始渡海赴台。清康熙年间，山东地区的戚姓人开始向东北三省迁徙。

【历史名人】

戚同文：字文约，北宋初年著名的教育家，与范仲淹共创高平学派。

戚文秀：宋朝杰出画家，善画水，画有《清济灌河图》。

戚继光：字元敬，明朝抗倭名将，著名的军事家、民族英雄，著有《纪效新书》、《练兵纪实》、《莅戎要略》、《武备新书》等书。

【姓氏名人故事】

戚继光与戚家军

明朝时期，东南沿海地区经常受到来自日本的强盗的侵扰。古代时，日本被称为倭，因此从日本来的海盗就称为倭寇。倭寇以当地奸民为向导，以海螺号为联络方式，用武士刀埋伏偷袭，百姓深受其害。

戚继光出生在山东沿海地区的将门世家，受到父亲的影响，戚继光从小就喜欢军事游戏，在练习武艺的同时不忘读书识字，学习为人处世的道理，长大后考中武举。在蒙古兵围攻北京城时，戚继光担任京城九门守卫的工作。后来被提升都指挥金事，管理山东部分地区的卫所，防御山东沿海的倭寇。在戚继光的领导和训练下，山东沿海的防务有了很大的提高。几年后，戚继光被调往浙江，与倭寇作战，多次取得胜利。但是戚继光认为，明军缺乏作战训练，作战效率低，多次向上级提出练兵的建议。得到上

戚继光平息倭患。

司同意后，戚继光到义乌招募农民和矿工，最后从中招募了四千人，进行了严格的教导和训练。这支军队战绩辉煌，就是后来以纪律严明，能征善战著称的戚家军。

戚继光根据地形和倭寇的特点，创造了独特的"鸳鸯阵"战略，率领着戚家军以先后十三战十三捷的成绩，取得了重大的胜利，基本解决了浙江的倭患问题，其中台州大捷，使戚家军闻名天下。

后来，戚继光带领着戚家军，历时十余年，扫平浙、闽、粤沿海各地的倭患，是我国历史上著名的民族英雄。

xiè
谢

【姓氏来源】

谢姓的起源主要有三：

其一：出自姜姓，为炎帝后裔申伯之后。炎帝因居住在姜水流域，因此以姜为氏。传至商朝末年，有后裔孤竹君，其子伯夷和叔齐投奔周，后武王伐纣，伯夷和叔齐均反对这种诸侯伐君的不仁行为，极力劝谏。等到武王灭商后，两人隐居在首阳山，不食周粟而死。但二人子孙仍留在周朝，到武王去世，成王即位后，封伯夷的后裔为申侯，称申伯。厉王时娶申伯之女为妃子，生子为宣王。宣王即位后，封母舅申伯于谢国。后申国为楚国所灭，其子孙后代便以邑名为姓，称谢氏。

其二：出自任姓，为黄帝之后。据《左传》、《古今姓氏书辩证》等书记载，黄帝有子二十五人，得十二姓，其中第七为任姓。任姓建有十个小国，其中之一为谢国。后周宣王时，将谢国赐予申伯。谢已失国，子孙四散，遂以国为氏，称谢氏。

其三：为他族改姓。南北朝时鲜卑族直勒氏改为谢姓。

【郡望堂号】

谢姓的郡望主要有会稽郡、陈留郡、陈郡、下邳郡等。

陈留郡：西汉时置郡，治所在陈留（今河南开封县东南陈留镇）。

陈郡：秦时置郡，治所在陈县（今河南淮阳）。

下邳郡：东汉时置国，南宋改郡。治所在下邳（今江苏睢宁西北）。

谢姓的堂号有"陈留"、"会稽"、"威怀"等。

【繁衍变迁】

谢姓发源于河南。谢国被攻灭，有部分谢姓人迁至淮河中上游地区，而部分谢姓人则迁入湖北。战国末期，秦国灭楚后，谢姓人向南迁至重庆地区。到了汉魏时期，浙江地区的谢姓人开始兴旺发展起来。魏晋南北朝时，社会动荡，军阀混战，谢姓人为避战乱，一部分南迁至江西，一部分北上到陕西，一部分魏姓则向西，进入四川、云南等地。唐朝时，有谢姓氏族迁至江西。宋朝时，有谢姓人向福建迁居。历元、明、清三朝，谢姓人在南方的繁衍发展要超过北方。明朝末期，谢姓人开始渡海入台，并且远迁至菲律宾等东南亚地区。清朝早期，居住在广东境内的谢姓人迁至欧美等地。

【历史名人】

谢安：字安石，东晋著名政治家，一代名士和宰相，是著名以少胜多的淝水之战东晋方决策者。

谢玄：字幼度，东晋名将、文学家、军事家，指挥了著名战役淝水之战。

谢灵运：原名谢公义，字灵运，又称谢康乐，东晋末年著名的文学家、诗人，是山水诗派的开创者。

谢朓：字玄晖，南朝齐时著名的山水诗人。世称"小谢"，为"竟陵八友"之一。

【姓氏名人故事】

才高八斗

东晋时有著名的文人谢灵运，出身名门，是名臣谢玄的孙子。谢灵运是我国古代文学史上山水诗派的开创者。年少时就极为好学，文章意境新奇，辞章绚丽，还十分擅长诗文和书法。谢灵运年轻时常常游山玩水，并用笔将所见所感记录下来。他的山水诗深受人们喜爱，常常他写出一首，就马上被人争相传抄。宋文帝非常欣赏他的文学才能，将他的诗文和书法称为"二宝"。还经常要谢灵运侍宴，写作诗文。

一向自负的谢灵运因为受到皇帝的喜爱，更加骄傲。一次他与人喝酒时，说道："自从魏晋以来，这天下间的文学之才如果一共有一石的话，那么曹植独占了八斗，我得一斗，天底下其他人共分那剩下的一斗。"可以见出，除了曹植以外，其他的人的才华谢灵运通通没有放在眼里。后来，谢灵运的这句"才高八斗"就成了形容人才学出众的代名词了。

zōu

邹

【姓氏来源】

邹姓的起源主要有四：

其一：出自蚩尤之后，以地名为氏。相传黄帝和蚩尤曾在涿鹿展开了一场大战，后来黄帝将蚩尤部落打败。蚩尤部落的遗民迁至邹屠，以地名命族为邹屠氏，

叔梁纥像。

后分为邹氏和屠氏。

其二：出自曹姓，为颛顼帝后裔挟之后。古帝颛顼的玄孙陆终共有六子，第五子名安，封于曹，赐曹姓。周武王灭商建立周朝后，因封弟弟振铎在曹，所以改封曹安的后裔曹挟于邾，建立邾娄国。到了春秋时，邾娄国迁都成为鲁国的附属国，战国时被鲁穆公改为邹国。后来邹国被楚国所灭，邹国子孙有以国为姓的，称邹姓。

其三：出自子姓，为商纣王庶兄微子启之后。西周初期，周公旦平定武庚和东方夷族的反叛后，将商朝旧都周围的地区封给微子启，是为宋国。传至宋潘公时，有孙名考父，三朝采食于邹邑，到了他第五世孙叔梁纥时，以邑为姓，称邹氏。

其四：出自姒姓，为越王勾践之后。据《史记》所载，闽越王无诸以及越东海王摇，为越王勾践的后裔，为驺姓，驺亦作邹。

【郡望堂号】

邹姓的郡望主要有范阳郡、太原郡等。

范阳郡：三国魏时置郡，其治所在蓟县（今北京城西南）。

太原郡：秦汉时置郡，治所在晋阳（今山西太原市西南）。

【繁衍变迁】

邹姓发源于山东，秦汉之际，有一支邹姓徙居至河北，西汉后逐渐向河南迁徙，是邹姓家族中较为旺盛的一支。汉朝时，有河北的邹姓氏族迁往陕西、青海、甘肃和宁夏等地。东晋时，北方战乱，邹姓人向南迁徙，落籍在江苏、浙江、安徽、江西等地。唐朝初年时，已经有邹姓人定居到福建地区。北宋时期，邹姓人迁居至广东，并于南宋时，向广西散居。后来逐渐开始有广东、福建等东南沿海地区的邹姓人移居台湾，继而侨居新加坡等东南亚国家。

【历史名人】

邹衍：战国时期阴阳家学派创始者，著名的思想家。因他"尽言天事"，当时人们称他"谈天衍"，又称邹子。

邹亮：字克明，明朝杰出学者，为"景泰十才子"之一，著有《鸣珂》、《漱芳》等书。

【姓氏名人故事】

邹忌讽齐王纳谏

邹忌是战国时期齐国的大臣，齐威王招贤纳士之时鼓琴自荐，被任为相国。任职期间，劝说威王奖励群臣吏民进谏，修订法律，推行改革，使齐国国力增强。他不公才华横溢，还以相貌著称。

邹忌身高八尺，体态良好、容貌美丽。一日清晨，邹忌穿戴好衣帽站在镜子前，问妻子他和城北的徐公谁比较好看。妻子回答邹忌好看。邹忌又问自己的妾，妾也回答邹忌好看。而后邹忌又问了来拜访他的客人，客人也说邹忌好看。第二天，城北徐公来拜访邹忌，邹忌一见徐公，觉得自己和徐公相差甚远，当天晚上辗转反侧思考了很久。

第二天上朝拜见齐威王时，邹忌对齐威王说了这件事，他说："我知道自己不如城北徐公漂亮，但是我的妻子偏爱我，我的妾害怕我，我的客人有求于我，因而都说徐公没有我好看。陛下您坐拥齐国千里土地，您宫中的妃子没有不爱您的，朝堂的官员没有不害怕您的，全齐国的人也没有不有求于您的，所以陛下您受蒙蔽很深了！"

齐威王一听，觉得很有道理，于是就下发命令，鼓励全国人民进谏。命令刚一下发时，群臣进谏，门庭若市。几个月后还有几个人来进谏，一年以后，就算有人想进谏，也没什么可说的了。

邹忌劝说齐威王并不直抒其意，而是先从自己的切身体会谈感受。他层层设喻，让齐威王从类比中受到启迪，是一种非常高妙的进谏方法。

dòu

窦

【姓氏来源】

窦姓的起源主要有四：

其一：出自姒姓，以地名为氏，为夏帝少康之后。据《风俗演义》及《新唐书·宰相世系表》等所载，夏朝创建者夏启的儿子太康在位时，政事荒废，沉湎田猎享乐。

一次在去洛水南打猎的时候，有穷氏的首领后羿趁机起兵，夺取了夏朝的都城，并阻拦太康回国。最终太康因病而死。后来太康的妃子后缗怀孕临近产期，自窦逃出，投奔娘家有仍氏，生下遗腹子少康。后来少康成为夏朝的君主，为纪念这件事情，赐窦姓给自己留居有仍的儿子，世代相传，形成窦氏。

其二：出自古代氐族。今陕西、甘肃、四川一带，有古代氐族，据《魏志》记载，其中有窦氏，为氐王窦茂。

其三：出自少数民族改姓。魏晋南北朝时，北魏孝文帝将鲜卑族没鹿回氏、纥豆陵氏改为汉姓窦氏。

其四：战国时期，魏国有窦公，其后世子孙简改为窦氏。

少康像。

【郡望堂号】

窦姓的郡望主要有扶风郡、河南郡和清河郡等。

扶风郡：汉时置右扶风，为三辅之一。三国魏时改为扶风郡，治所在槐里（今陕西兴平东南）。

河南郡：汉时置郡，治所在雒阳（今河南洛阳市）。

清河郡：汉时置郡，治所在清阳（今河北清河东南）。

窦姓的主要堂号有"世和"、"承恩"等。

【繁衍变迁】

窦氏主要起源于今山东省地区，历商周两朝逐渐向外扩张，先秦时期，窦姓人又落籍到山西、河南地区。秦汉之际，窦姓人在山东、河北及陕西等地落户安家。汉末时期，有窦辅为避仇逃于至湖南地区，曹操平定荆州后，又徙至江苏。三国两晋南北朝时，窦姓人遍及黄河中下游地区，还有一部分窦姓人迁居到辽宁和北京一带。唐末五代时，窦姓人向南迁至安徽、江苏、浙江、湖北、湖南等地。南宋时，窦姓在南方各省分布区域渐广。明朝初期，山西地区窦姓人被分迁于山东、江苏、浙江、河北、河南、天津等地。清朝时，窦氏族人已经在全国分布广泛。

【历史名人】

窦太后：是西汉时期汉文帝刘恒的皇后，汉景帝的母亲。窦太后出身贫寒，由民女到宫女，最后成为辅佐文景武三位帝王治理大汉江山的杰出女性。

窦婴：字王孙，西汉著名大臣，推崇儒术，反对道表法里的黄老学说。

窦融：字周公，东汉时著名将领，从破隗嚣，被封为安丰侯。

【姓氏名人故事】

元朝名医窦默

窦默是元朝初年著名的学士，同时也是针灸名医。

窦默出生于名门望族，受到家庭的影响，年少时就很喜欢读书。但是金元混战，窦默的家乡河北因为战乱而一片萧条，窦默的家族也"亲属亡没，家业荡尽，惟余一人"。年轻的窦默远离家乡，开始了漂泊的生活。在漂泊过程中，窦默遇到了名医王氏，儒医王浩和名儒孝感县令谢宪子。窦默专心向他们学习医术，特别是针灸之法。同时，窦默还努力地研究儒学和理学，为以后的成功打下了良好的基础。

蒙古灭金后，窦默北归回乡，他设馆教学，同时还悬壶济世，一边行医一边讲学，受到了老百姓的爱戴。

后来元世祖听说了窦默的名声，就召入官邸，询问他治国之道。这之后，窦默就成为了忽必烈终身的国事顾问以及朝廷重臣。窦默为官清廉刚正，知人善任，为元朝推举了一批栋梁之才。同时建设学校，发展教育事业，加速了元朝封建化和汉化的进程。

窦默在中医方面的贡献，是他对针灸学的研究，著有《刺法论》一书，内中秉承与改良了宋朝之前各种刺法，再加上窦默多年的研究与归纳，总结出最规范的刺法，另外他所著的《针经指南》以及《流注指要赋》等针灸专著，具有极高的学术价值，对于后世针灸学的发展有着极为深远的影响。

zhāng

章

【姓氏来源】

章姓的起源主要有二：

其一：出自姜姓，以国名为氏，为炎帝神农氏的后裔，始祖为姜子牙。西周初，姜子牙受封于齐地，建立齐国，郭国为齐国的附庸国。后来姜子牙将郭国分封给自己的庶子，于是郭国为姜姓。后来春秋时郭国被齐国攻灭，郭国人以国名为氏，去掉表示国家的"阝"旁，意为国家已不复存在，成章姓。

其二：出自他姓改姓。汉朝时，章弇原姓仇，为避仇而改姓章；《元史·孝友传》上记载元朝时有章卿孙，原姓刘，由章姓人抚养成人，因此为章姓。

姜太公钓鱼。

【郡望堂号】

章姓的郡望主要有武都郡、京兆郡和豫章郡等。

武都郡：春秋时置郡。治所在今陕西省汉中东部，是章姓的第一个郡望。

京兆郡：汉朝前置郡，治所在今陕西中部、甘肃东南部及宁夏、青海各一部。

豫章郡：汉时置郡，治所在洪州（今江西南昌）。

章姓的堂号主要有："思绮"、"莱山"、"豫章"、"式训"等。

【繁衍变迁】

章姓发源于山东，春秋时期，郭国被其同宗齐国吞灭，章姓人散居在山东、河北的齐国境内。秦汉之际，章姓人向北进入蒙古，向西进入陕西，南至江西、江苏等地。魏晋南北朝时期，章姓在江西豫章已经形成名门望族。隋唐时期，江苏、浙江、江西、安徽、四川等地都有了章姓氏族的分布。章姓人徙居福建，是从五代十国开始的。到了两宋时期，章姓名家辈出，不过因为北方时局动荡，战争频繁，章姓氏族纷纷向南方迁徙。明朝初期，山西章姓人落籍于湖南、湖北、陕西、河北、北京等地。明清时期，章姓人在各地都有散播与发展，居住在沿海地区的章姓人渡海迁往台湾，以及东南亚和欧美等地。

【历史名人】

章邯：秦朝末期著名将领、军事支柱，是秦朝的最后一员大将。

章鉴：字公秉，号杭山，南宋大臣。累官至右丞相兼枢密使。其为政严谨，居官清廉，宽厚待人，人称"满朝欢"。

章学诚：字实斋，清朝史学家、文学家，诚倡"六经皆史"的论点，著有学术理论著作《文史通义》。

章太炎：名炳麟，字枚叔，清末民初民主革命家、思想家以及近代著名朴学大师。他与蔡元培等合作发起光复会，在文学、历史、哲学等方面都有较高的成就，著有《章氏丛书》等，人称"太炎先生"。

【姓氏名人故事】

识时务者为俊杰

章邯，秦末上将军。秦二世时任少府，为秦朝的军事支柱。后追随项羽，被封为雍王。

陈胜、吴广起义后，他受命讨伐，对朝廷忠心耿耿。因其性情直率，不喜谄媚，对当时掌控朝政的权臣赵高也不逢迎。赵高为了报复他，竟对他的大功视而不见，更无封赏之意。

章邯择明主成大事。

项羽崛起后，章邯多有败绩。不想赵高为置其于死地，不仅不派兵援助，还将告急文书一律扣压。秦二世昏庸无道，听信谗言，竟下诏对他大加指责，言辞甚厉。

章邯接诏，一时六神无主。从长史司马欣那里得知，赵高对他有心排斥。此时，赵将陈余派人送书前来，劝他反叛秦国。他见信落泪。皇上不识奸佞，反责忠臣，他不想反叛，可是不得不反。

于是，章邯向项羽投降，随项羽攻城略地，最后攻下咸阳，灭秦。后来，被项羽封为雍王。识时务者为俊杰，他的反叛加速了秦朝的灭亡和一个新朝代的建立。

"良禽择木而栖，贤臣择木而事。"做人要辨别是非曲直，做忠臣可以，但不要做愚忠之臣。遇到小人暗算而又无路可走时，最佳的办法便是弃暗投明，另择明主。

sū

苏

【姓氏来源】

苏姓的起源主要有三：

其一：出自己姓，为颛顼帝高阳氏后裔。传说，帝颛顼裔孙陆终有六子，长子名樊，赐己姓，封于昆吾，以封地名为姓，称昆吾氏。后分为四姓，分别为苏、顾、温、董。昆吾国夏朝时，为诸侯国。至周朝时，有司寇名忿生，因为能够教化百姓，被周公旦分封于苏，称苏忿生。春秋时期，苏国为狄人所灭，苏忿生后裔遂以国名为氏，称苏氏。

其二：出自少数民族姓氏。《汉书》上记载，辽东乌桓族在汉武帝时有改姓苏的。

其三：出自他族改姓。南北朝时期，北魏孝文帝迁都洛阳，实行汉化，改鲜卑族复姓跋略氏为汉字单姓苏氏。

【郡望堂号】

苏姓的郡望主要有武功郡、扶风郡、蓝田县、河南郡、河内郡等。

武功郡：战国时秦置县，治所在今陕西眉县东四十里、渭河北岸。

扶风郡：汉时置右扶风，三国魏时改为扶风郡，治所在槐里（今陕西兴平东南）。

河南郡：汉时置郡，治所在雒阳（今河南洛阳市东北）。

河内郡：楚汉之际置郡，治所在怀县（今河南武陟西南）。

苏姓的堂号主要有"芦山"、"忠孝"、"蓝田"等。

【繁衍变迁】

苏姓发源于河南，西周末期，周王室为犬戎所灭，周天子迁都洛阳，随行为官者中有苏姓。春秋时期，苏姓已经定居于湖北、湖南地区。汉朝初期，有苏姓氏族进入陕西地区。汉朝末期，有苏姓又迁至四川，之后大规模迁居江南。唐朝初年，苏姓人进入福建。北宋时，湖南等地的苏姓人因避难，逃至两广、云南地区，更远至越南、老挝、泰国等国家。南宋时，有居住在福建的苏姓人徙居广东。历宋、元、明三朝，苏姓人已经有渡海入台，继而移居海外的。清朝时，苏姓人遍布全国。

【历史名人】

苏秦：字季子，战国时期著名的纵横家。游说六国合纵抗秦，任六国宰相。成语"悬梁刺股"中的"刺骨"正是出自苏秦发奋读书的典故。

苏轼：字子瞻，号"东坡居士"，北宋著名文学家、书画家，豪放派词人代表。他和父亲苏洵、弟弟苏辙合称为"三苏"，是"唐宋八大家"之一。

苏武：字子卿，西汉时期著名使臣。出使匈奴时被扣留，留居匈奴十九年持节不屈，死后被列为"麒麟阁十一功臣"之一。

苏颂：字子容，宋朝出色的天文学家、药学家。以制作水运仪象台闻名于世。

【姓氏名人故事】

苏轼赴宴吟诗

苏轼二十岁的时候，去京师参加科举考试。当时同去应试的六个好事的举人听说苏轼特别有名，心里很不服气，决定备下酒菜邀请苏轼前来赴宴，然后在席间戏弄苏轼一番。

苏轼接到邀请后欣然前去。到了酒席，见桌上一共有六盘菜，苏轼刚刚入座，还未动筷子，一个举人便提议行酒令，但是酒令内容必须引用历史上的人物和事件，这样就能独吃一盘菜。另外五人纷纷表示同意。其中一个年纪长的说："姜子牙渭水钓鱼！"说罢便端走了一盘鱼。"秦叔宝长安卖马！"第二位也不甘示弱，立即端走了一盘马肉。"苏子卿贝湖牧羊！"第三位神气地拿走了一盘羊肉。"张翼德涿县卖肉！"第四个急不可待地伸手

苏轼赴宴吟诗。

把肉端了过来。"关云长荆州刮骨！"第五个抢走了骨头。"诸葛亮隆中种菜！"第六个端起了最后的一样青菜。眼看一桌子的菜都被端走了，六个举人正兴致勃勃地准备看苏轼的笑话的时候，就见苏轼却不慌不忙地吟道："秦始皇并吞六国！"说完将六盘菜全部端到自己面前，笑着说道："诸位兄台自便啊！"六个举人瞠目结舌都愣在一边，游戏规则本是六人事先商量好的，如今反被苏轼弄得不知如何应对，六人至此才信苏轼其名不虚，都被苏轼的才学与机智所折服。

pān
潘

【姓氏来源】

潘姓的起源主要有三：

其一：出自姬姓，以邑为姓或以国为姓。据史料记载，周文王的第十五个儿子名高，因封于毕地，称毕公高。毕公高有子叫伯季食采于潘地，因伯季治理潘地有功，因此又被加封为伯爵国。春秋时期，楚国军队进攻潘国，潘国不敌，为楚国所吞并，潘国子孙为纪念故国，遂以国为姓，称潘氏。

其二：出自芈姓，以字为氏。相传颛顼帝的后裔陆终有六子，其中小儿子叫季连，赐姓芈。季连的后裔鬻熊因做过周文王老师，在武王伐商建国后，封鬻熊的后代熊绎于荆山，建荆国。熊绎后代改国号为楚，称楚文王。楚国有大夫芈潘崇，协助楚穆王夺得王位。潘崇子孙以其字命氏，奉潘崇为潘姓始祖。

其三：出自他姓改姓。南北朝时期，北魏孝文帝南迁洛阳，将鲜卑族三字姓破多罗氏，改为汉字单姓潘氏。

【郡望堂号】

潘姓的郡望主要有、荥阳郡、广宗郡、河南郡、豫章郡等。

荥阳郡：三国时置郡，治所在荥阳（今河南荥阳县东北）。此支潘氏，为汉献帝时尚书左丞潘勖之族所在。

广宗郡：东汉时置县，治所在今河北威县东。此支潘氏，为潘勖之后，其开基始祖为晋代广宗太守潘才。

河南郡：汉时置郡，治所在雒阳（今河南省洛阳市）。此支潘氏，其开基始祖为潘威。

豫章郡：楚汉之际置郡，治所在南昌（今江西南昌市）。此支潘氏为潘崇之后。

潘姓的主要堂号有"荥阳"、"荣杨"、"承志"、"如在"等。

【繁衍变迁】

潘姓发源于湖北、陕西等地，早期发展在湖北地区，春秋战国后，开始向山东、山西、湖南移居。汉朝时，有潘姓氏族北迁至河南、江苏等地。三国以前，潘姓人中，已经有徙居到山东、湖南、浙江等地者。到了晋朝，有潘姓人落籍于河北，向南有播迁至广东者。唐朝初期，有河南的潘姓氏族进入福建地区。宋时，潘姓人向广东、云南等地迁居。元、明、清三朝，潘姓已经分布在全国各地。

【历史名人】

潘璋：字文珪，三国时期吴国将领。关公父子败走麦城后，即被潘璋所擒。

潘岳：字安仁，西晋文学家、名臣。以"美姿容"著称。代表作有《闲居赋》、《秋兴赋》、《悼亡诗》等。

潘平格：字用微，明清之际思想家。提出"浑然一体"、"见在真心"的理论，著有《求仁录》、《著道录》等。

潘季驯：字时良，明代著名水利家。嘉靖二十九年（1550）进士。四次担任治理黄河的官职，形成了"以河治河，以水攻沙"的思想，被誉为"千古治黄第一人"。著有《两河管见》、《宸断大工录》、《河防一览》等。

【姓氏名人故事】

掷果盈车

潘安是我国古代著名的美男子，相传他"姿容既好，神情亦佳"，而且文辞华美细致，多是清丽哀怨的悲情文章。潘安在结发妻子杨氏去世后，写了三首缠绵悱恻、情深意切的悼亡诗，表达了对杨氏的无限眷恋和一往情深，这三首悼亡诗也流传下来，在文学史中占有一席之地。

潘安年轻时，一次坐车到洛阳城外游玩赏景。街上的妙龄少女见到模样俊俏的潘安，无不怦然心

掷果盈车。

动，频频回头流连。有些姑娘甚至还会忘情地跟在潘安后面。潘安看这些热情的姑娘，心中十分担心，常常不敢出门。每每出门都会遭人围观，有时候不光是怀春的少女，一些年纪大的妇人见了潘安，也喜欢得不得了，便拿水果向潘安的车里投掷，车里都载满了水果。后来有个叫张孟阳的人，相貌丑陋，听说潘安郊游能满载而归，便也学着潘安的样子乘车出游，但是张孟阳一走到大街上，妇人就往他车上吐唾沫，扔石头，没有水果，倒落得个石头的满载而归。

gě
葛

【姓氏来源】

葛姓的起源主要有三：

其一：出自嬴姓，以封地名为氏，为黄帝后裔。《通志·氏族略》和《孟子·滕文公》上记载，夏朝时，黄帝的支庶子孙，颛顼的后裔伯益的次子飞廉，受封于

葛地，建立葛国，为葛伯。后来葛国被商汤攻灭，其后世子孙以国为氏，称葛姓。

其二：以部落名为氏。《风俗通义》中记载，远古时有名为葛天氏的部落，其后裔遂以葛为姓，称葛氏。

其三：出自他族改姓。魏晋南北朝时期，北魏孝文帝迁都洛阳，施行汉化政策，改鲜卑族复姓贺葛氏为汉字单姓葛；清朝时，满族八旗中有墨勒哲埒氏、格济勒氏改为葛姓；赫哲族中，葛依克勒氏

葛伯像。

的汉姓也为葛；鄂伦春族的葛瓦依尔氏，其汉字单姓亦为葛姓。

【郡望堂号】

葛姓的郡望主要有顿丘郡和颍川郡等。

顿丘郡：汉时置县，晋时改为郡，治所在今河南清丰西南。

颍川郡：战国秦时置郡，治所在阳翟（今河南禹州）。

葛姓的堂号主要有"清柳"、"梁国"、"余庆"、"崇德"等。

【繁衍变迁】

葛姓起源于河南，很长一段时间内，葛姓人一直在中原地区繁衍发展。西周时期，有葛姓人向四川迁徙。到了秦朝时，葛姓人有向安徽徙居的。两汉时，葛姓人开始在河南和山西两地兴旺起来，并有葛姓氏族迁居至江南一带，在吴中地区形成大家望族，繁衍得十分昌盛。魏晋南北朝时期，河南地区的葛姓人开始向江南迁徙，东晋时的葛洪就徙居至广东地区。隋唐时，葛姓人开始在山东、山西、安徽、江苏、浙江、江西、广东等地聚居。两宋时，在江苏和浙江一带的葛姓人发展得最为兴旺。明清时，葛姓已经分布在河南、陕西、江苏、山东、河北、天津、北京各地。从清朝开始，福建和广东的葛姓人开始向台湾以及海外播迁。

【历史名人】

葛玄：字孝先，又称葛天师，三国时期孙吴国道士，道教尊称其为太极仙翁。在部分道教流派中葛玄与张道陵、许逊、萨守坚共为四大天师。

葛洪：字稚川，自号抱朴子，东晋道教学者、著名炼丹家、医药学家，是葛玄的侄孙，人称小仙翁。代表作有《神仙传》、《抱朴子》、《肘后备急方》、《西京杂记》等。

【姓氏名人故事】

葛天氏的传说

上古时，部落首领的名号一般都与他的发明创造有关，发明种植五谷的神农氏、发明钻木取火的燧人氏、发明房屋建造的有巢氏，其名号中都隐含着他们的发明内容。葛天氏发明的，就是我们基本生活需求"衣食住行"中的"衣"。

葛天氏部落的首领利用葛这种植物，带领着人民用葛搓绳，编成篮筐、制成布料、做成鞋子，用来遮羞蔽体，防寒避暑，造福部落之民，因此后人称之为"葛天氏"。

葛天氏用葛做衣。

《诗经》中有关于用葛织布的内容。劳动者将葛藤采回去，砍砸后用水煮去外皮，提取其中纤维，捻成线绳，再编织成细麻布和粗麻布，细麻布称为"绨"，粗麻布为称"绤"。

葛天氏还是传说中的乐神，也是上古传说中十分具有贤能的首领。在葛天氏的统治下，人民安居稳定，是后人眼中的理想社会。葛天氏创制了"葛天氏之乐"，反映出古时劳动生产和宗教信仰。远古时代艺术的产生，多与生产生活有着密切的关系。根据《吕氏春秋》和《路史》等书的记载，"葛天氏之乐"又叫"广乐"，表演人数为三至八人，舞蹈者佩戴牛角头饰，手挥牛尾，其舞蹈是祭祀、劳动和捕猎等生活情境的再现。"葛天氏之乐"被认为是中国最早的歌舞。实际上是最初时劳动人民在集体劳作时，为了能够更好地相互协作、激发劳动热情而喊的号子，之后随着历史的发展演变，葛天乐逐渐完善成了一门艺术。

fàn

范

【姓氏来源】

范姓的起源主要有二：

其一：出自祁姓，是帝尧陶唐氏之后裔。相传帝尧出身在伊祁山，伊祁山就又叫作尧山，尧因地名而为祁姓。帝尧的后裔有一支以祁为姓，被封于刘国，其子孙遂以国名为氏，为刘氏。到了夏朝时，刘国有一个名字叫刘累的人，因善于养龙，被封为"御龙氏"。后来迁至鲁县，其子孙在商朝时因封于豕韦，遂更为豕韦氏。后又封于唐地，建唐国以唐为姓。周朝时期，唐国不服从号令，被周成王所灭，迁至杜地，更为杜氏，称唐杜氏。唐杜国君在桓在朝中任大夫一职，人称杜伯。因周宣王一妃子爱慕杜伯的英姿，遂百般勾引，杜伯不为所动，这个妃子气急败坏之下跟宣王告状，宣王便杀掉了杜伯，其子孙逃到晋

刘累像。

国，杜蒍在晋国担任士师，封于范，子孙遂以封邑范为姓，称范氏。

其二：出自南蛮林邑王范文。晋朝时期，南蛮有林邑王范文。范文原是日南郡西卷县元帅范稚的奴仆，后由林邑王范逸赐他名为范文，成为范逸的重要辅佐大臣。后来范逸逝世后，范文即其位，成为在历史上最著名的林邑王。

【郡望堂号】

范姓的郡望主要有南阳郡、高平郡、钱塘郡等。

南阳郡：战国秦时置郡，治所在宛县（今河南南阳市）。

高平郡：西汉时置县，治所在今宁夏固原县。北魏时改郡。

钱塘郡：秦置钱唐县，在灵隐山麓，隋移今浙江省杭州市。唐时将"溏"必加"土"偏旁为钱塘。民国与仁和县合并为杭县。治所在今浙江省杭州市。

范姓的主要堂号有"高平"、"后乐"、"芝堂"、"山阳"等。

【繁衍变迁】

范姓发源于河南，春秋末期，河南的范姓氏族定居到湖北。战国伊始，已经有范姓人迁居至河南、河北、山西等地。秦汉之际，安徽、四川、浙江、江西均有范姓人分布。西汉中期，范姓人中有迁至山东等地者。东汉末年，范姓人落籍于浙江和山西地区。西晋时期，范姓人迁往安徽、甘肃等地。唐朝时，河南的范姓氏族落居于浙江、江苏和福建各省。宋朝，福建境内的范姓人向广东迁徙。明朝初期，有范姓人北上迁至辽宁。清朝时，范姓人在北京繁衍得非常兴旺。

【历史名人】

范蠡：字少伯，又称范伯、陶朱公。春秋后期越国著名政治家、军事家、谋略家。

范增：著名秦末楚王重臣，政治家、谋略家，是秦末农民战争中项羽的主要谋士。被尊称他为"亚父"。

范晔：字蔚宗，南朝刘宋时期著名史学家、散文家。著《后汉书》。

范仲淹：字希文，北宋著名政治家、文学家、思想家和军事家。著有《范文正公集》。

范成大：字致能，号石湖居士，南宋著名大臣，"田园诗派"的集大成者。是著名的"中兴四大诗人"之一。

范仲淹"先天下之忧而忧，后天下之乐而乐"

范仲淹是我国北宋时期著名的政治家、文学家。范仲淹为官清廉，当时北宋政治腐败，便向皇帝提出减轻赋税、廉洁吏治、加强武备等共十条改革建议。范仲淹做宰相的时候，注重惩办贪官污吏，每当有贪官污吏被查出，他就将那人的姓名从班簿上勾掉。因此当时有一句话说，只要范仲淹的笔一勾，一个家庭就要痛哭流涕。但范仲淹却说，他宁愿让一个家庭痛哭流涕，不能让百姓痛哭流涕。

范仲淹雷厉风行的反贪污腐败的措施，遭到了保守派反击。保守派设计使范仲淹牵连一桩谋逆大案，宋仁宗也碍于压力将范仲淹贬职做知州，并且下诏废弃一切改革措施，范仲淹的心血付之东流。

范仲淹这时年纪已经很大了，身体不是很好，他昔日好

范仲淹"先天下之忧而忧，后天下之乐而乐"。

友滕子京来信，要他为重新修竣的岳阳楼作记，并附上一张《洞庭晚秋图》。范仲淹看着《洞庭晚秋图》，写下了被人千古传诵的《岳阳楼记》，提出士大夫立身于朝堂的准则，即"先天下之忧而忧，后天下之乐而乐"。同时他认为个人的荣辱应置之度外，提出了"不以物喜，不以已悲"的观点。"先天下之忧而忧，后天下之乐而乐"也成了千年来，知识分子勉励自己的格言。

péng

彭

【姓氏来源】

彭姓的起源主要有二：

其一：为颛顼帝后裔，以国为氏，始祖为彭祖。相传，颛顼帝有玄孙陆终，陆终有子名篯铿，被封于大彭，建彭国，为商朝的诸侯国。因此篯铿又称彭铿。相传彭铿长寿，活了八百多岁，因而被称为彭祖。其子孙后代以国为姓，称彭氏。

其二，出自他族加入。汉朝以后，胡、西羌、南蛮均有彭氏；清朝时满、蒙、回、苗等民族也有彭姓。

【郡望堂号】

彭姓的郡望主要有陇西郡、淮阳郡、宜春县等，其中以陇西郡最为名望。

陇西郡：秦时置郡，治所在狄道（今甘肃临洮南）。

淮阳郡：汉时置国，都城在陈（今河南淮阳），隋时改为郡。

宜春县：西汉时置县，隋唐时设州，治所在宜春（今江西西部）。

彭姓的堂号主要有"长寿"、"可祖"、"彭城"、"陇西"、"淮阳"等。

【繁衍变迁】

彭姓发源于江苏。商朝末期，有彭姓人迁至河南、湖北。秦末，有彭姓人徙居甘肃地区。汉朝时，有河南的彭姓氏族迁居到河南。魏晋时，社会动乱，北方的彭姓人大规模地迁至山东、陕西、甘肃、江西、四川、福建等省。北朝时，有彭姓人迁居河北。唐初，彭姓人在江西发展得十分兴盛，并自江西向福建、湖南迁徙。宋朝时有彭姓氏族迁入广东，又向福建地区扩散，并逐渐成为当地的望族。明朝时，山西彭姓作为迁民之一，分迁至河南、甘肃、山东、河北、湖北、湖南等地。清朝伊始，东南沿海地区的彭姓人徙居台湾，进一步向东南亚和欧美各国迁移。

【历史名人】

彭咸：字福康，商朝末期著名贤大夫。因直谏纣王而不被纳，投江而死，后人赞称彭咸为"天下第一谏"。

彭越：字仲，楚汉战争时汉军著名将领，西汉开国功臣，与韩信、英布并称汉初三大名将。

彭孙贻：字仲谋，清代诗画家。与吴蕃昌创"瞻社"，时人称他们为"武原二仲"。著有《茗斋集》、《五言妙境》等作品。

彭玉麟：字雪琴，清朝著名政治家、军事家。与曾国藩、左宗棠并称"大清三杰"，又与曾国藩、左宗棠、胡林翼并称大清"中兴四大名臣"，是中国近代海军奠基人。

彭湃：原名彭汉育，是中国无产阶级革命家，中国共产党早期农民运动的主要领导人之一，海陆丰农民运动和革命根据地的创始人。被毛泽东称之为"中国农民运动大王"。

【姓氏名人故事】

彭越的故事

彭越是楚汉之战时汉军的著名将领，后成为西汉的开国功臣。彭越还没有参战的时候，曾经做过强盗，在钜野湖泽中打鱼为生。秦朝末期，陈胜、项梁揭竿而起，同伙中有跃跃欲试的，就对彭越说："现在很多豪杰都争相树起旗号，咱们也效仿他们那样干吧。"彭越摇摇头说道："如今两条龙才刚开始搏斗，我们还是再等一等吧。"

一年后，泽中地区想要揭竿而起的年轻人聚集了有一百多人，大家都要追随

彭越号令严明，勇敢善战。

彭越，让彭越做他们的首领，彭越拒绝了。这些年轻人又再三请求，彭越才勉强答应。双方约定第二天太阳一升起就集合，迟到的人杀头。第二天太阳升起的时候，有十多个人迟到了，最后一个人甚至中午才来。彭越看到这样的情境，说道："我年纪大了，本不想当首领，你们执意要求，我才来当首领的。但是，在约定好的时间却有这么多人迟到，按照约定，迟到是要杀头的，但是不能这么多人都杀头，没办法，只杀了最后到的那个人吧。"于是命令校长杀掉他。大家都以为他是开玩笑，就说道："何必这么严格呢，今后都不会再迟到就是了。"彭越没有回答，只是拉过最后那个人就杀掉了。其他人见此景都目瞪口呆。于是彭越设置了一个土坛，以刚刚砍下的人头做祭奠，号令众人出发夺取土地，收集逃散的士兵。后来队伍的数量越来越庞大，但是一直都纪律严明，跟彭越之前的作为有关。

wéi

韦

【姓氏来源】

韦姓的起源主要有三：

其一：出自彭姓，以国为姓。颛顼的后裔大彭是夏朝的诸侯，夏朝中兴少康当政时，封大彭氏的后裔于豕韦，豕韦国又称韦国，商时称韦伯。周襄王时始失国，迁居彭城，其子孙遂以国名为姓，称为韦氏。史称韦氏正宗。

韩信像。

其二：出自韩氏。西汉初年，韩信为吕后所杀，韩信一族险遭灭门，萧何派人将韩信的儿子暗中送往南粤避难。韩信子孙为避仇，便去了"韩"字的半边，以"韦"为姓氏。

其三：出自少数民族姓氏。据《汉书》所载，汉朝西北少数民族中疏勒国有韦姓。

【郡望堂号】

韦姓的郡望主要有京兆郡。

京兆郡：秦时设置内史官，三国魏时改称京兆郡，治所在长安（今陕西西安市西北）。

韦姓也以"京兆"为其堂号，另有"扶阳"、"传经"和"一经"等。

【繁衍变迁】

韦姓发源于河南。豕韦国被灭后，韦姓人一部分北迁至东北地区，一部分西迁，散居在陕西、甘肃各地。汉朝时，河南、山东、陕西、山西、河北各地均有韦姓人的分布。到了三国两晋南北朝时，除少部分到南方躲避战乱的韦姓人外，大部于韦姓人在北方繁衍生息。隋唐之际，韦姓人在陕西繁衍得最为旺盛，并有南迁到江苏、四川、安徽等地的。历五代十国到宋、元、明、清时期，韦姓人虽有南迁者，但北方的数量仍为多数。

【历史名人】

韦应物：唐代著名诗人，善于描写田园景物。因做过苏州刺史，人称"韦苏州"。代表作为《滁州西涧》等。

韦庄：字端己，唐朝花间派词人，与温庭筠齐名，并成为"温韦"。其代表

127

作为《秦妇吟》。

韦昌辉：太平天国前期领导人之一，官封北王。

【姓氏名人故事】

山水诗人韦应物

韦应物是唐朝山水田园诗派诗人，后人常常将他与王维、孟浩然、柳宗元并称为"王孟韦柳"。

韦应物出生于京兆杜陵韦氏，是关中的世家大族。十五岁的时候就担任三卫郎，在玄宗身边做近侍，出入官闱之地，以此自傲，性格豪放不羁。

安史之乱后，唐玄宗怆惶出长安，南下至蜀地。韦应物流落失职，才痛改前非，立志读书，从富贵子弟变为忠厚仁爱的儒者，并开始了诗歌创作。韦应物的诗歌中描写田园风光的诗篇最为著名。他的山水诗也因景致优美、情感细腻，清新自然没有娇弱造作之意，而受到世人的称赞。他的"春潮带雨晚来急，野渡无人舟自横"，写景如画，是韦应物最负盛名的佳句。

韦应物多在外地为官，也有短期时间在长安故园闲居。闲居时，他少食寡欲，

山水诗人韦应物。

常"焚香扫地而坐"。在地方担任官吏时，勤政爱民，常常为自己没有尽到责任而反省自责。他的田园诗中也渐渐有一些反映民间记录的内容，富于同情心。

韦应物退职后，幽居山林，心安理得地享受自然之景物，过起了隐逸的生活。

mǎ

马

【姓氏来源】

马姓的起源主要有三：

其一：出自嬴姓，为帝颛顼裔孙伯益之后，其始祖为赵奢。伯益有子孙，名叫造父，善于驯马和驾车，深得周穆王的喜爱，因及时护送穆王回国都，平定徐偃王之乱，被周穆王封于赵城，称为赵氏。后来赵国日渐强大，成为战国七雄之一。当时赵王有一子名叫赵奢，因善于用兵，大破秦兵，被赵惠文王封于马服，称为马服君。其后世子孙最初以国为氏，称马服氏，后省去"服"字，遂为马氏。

马致远像。

其二：出自他姓改姓。如汉代有戚人叫马宫，本姓马矢，后因仕学显于朝野，遂改姓马。

其三：出自他族改姓。如西域人马庆祥，因居住在临洮狄道，遂以马为姓。又有元朝礼部尚书月乃和，本为蒙古人，因祖父曾任金朝的兵马判官，改姓为"马"，名祖常。其后人亦为马氏。

【郡望堂号】

马姓的郡望主要有扶风郡、京兆郡、广陵郡、华阴郡等，其中扶风郡最有名望。

扶风郡：西汉时置郡，治所在槐里（今陕西兴平东南）。

广陵郡：秦时置郡，治所在广陵（今江苏扬州西北）。

华阴郡：汉时置郡，治所在郑县（今陕西华县）。

马姓的堂号主要有"扶风"、"驷德"、"回升"等。

【繁衍变迁】

马姓发源于河北。战国末期，有马姓迁居陕西，并使当地发展为繁衍中心。两汉至南北朝，马姓人分布在河南、河北、山东、湖北、四川、甘肃、江苏、浙江等地，同时，有马姓人大规模西迁到西北地区，以及东迁至黄淮地区的。唐朝末期，河南的马姓人进入福建落居。五代十国时，楚国的建立，使马姓人得以分布于湖南、广西、广东、贵州等地区。宋朝以后，福建、广东地区定居的马姓人逐渐增多，到了清代，开始渡海移居至台湾地区，并远徙东南亚及欧美各国。

【历史名人】

马融：字季长，东汉儒家学者，著名经学家。注有《老子》、《淮南子》，世称"通儒"。

马超：字孟起，三国时期蜀汉名将。诸葛亮称他文武全才，勇猛过人。

马皇后：名秀英，明太祖朱元璋的皇后。

马致远：字千里，元代著名的杂剧和散曲作家，与关汉卿、白朴、郑光祖被誉为"元曲四大家"。代表作有《汉宫秋》、《天净沙·秋思》等。

马建忠：字眉叔，清末语言学家，精通多国语言，著有《马氏文通》，为中国第一部较全面系统的语法著作。

神技通天的马钧

马钧是三国时期的魏国人，他是我国古代科技史上最负盛名的机械发明家之一。有"天下明巧"之称。他自幼不善言谈，却精于思考，注重实践，年纪轻轻就制造出了新式的织绫机。新织绫机简化了踏具，改造了桄运动机件，使织工的工作效率提高了数倍。

马钧在京城洛阳为官之时，一次偶然看见一大块坡地土壤肥沃，却无人耕种。他很奇怪，于是向当地的百姓问询原因，百姓无奈地道："这块地的地势又高又陡，我们无法将水引上去浇灌庄稼，提水上去又太费人工，所以就将它废弃了。"

马钧眼见像这样的坡地很多，不忍好好的田地白白荒废，于是回家潜心研究，终于做出了一架木质的翻水

马钧的发明龙骨水车极大地提高了灌溉效率。

车，其形状酷似龙骨，因而取名龙骨水车。

龙骨水车不止可以浇灌田地，遇到雨水过多庄稼出现涝情之时，还可以翻转将水排引出来，一物两用非常便利。水车做好之时，马钧将龙骨水车放在坡地之下，请农民去试用，大家看见水车颇为庞大，认为肯定很耗费力气，于是迟迟没人去试，

马钧笑着环顾四周后，忽然指着一个小孩子道："你上去试试。"小孩依言而去，没想到很轻易地就将水车转动了起来，清凉的水一时间源源不断地流向那块坡地，很快将干裂的田地浇灌得湿润起来。百姓们看到此情景，都兴奋地称赞马钧的龙骨水车是巧夺天工之作。

马钧后来又制作出了很多精妙的东西，他成功地将原本无法动弹的木偶百戏，

以水力推动，驱使所有陈设的木人都动起来。变化无穷，奇妙有趣。尤其他曾制作出一辆能辨别方向的指南车，不管战车如何翻动，车上木头人的手始终指南，受到了满朝大臣的赞扬。

马钧因此而被人们称为是神技通天的第一巧匠。

huā

花

【姓氏来源】

花姓的起源主要有四：

其一，出自何姓。根据《通志·氏族略》的记载，花姓由何姓所分，原因已不可考，有说法认为古时"花"字与"何"字读音相近，因此改姓。

花用吉像。

其二，出自华姓。据《姓氏考略》记载，花姓出自华氏，古时没有花字，都通作华字。唐朝时，花字专门用来指花草之花，因此华姓有改为花姓的。

其三：出自他姓改姓。金朝时，有范用吉改姓花，人称花将军，其后代子孙遂称花氏。

其四：出自他族改姓。金朝时，有女真人孛术鲁氏改汉姓为花；清朝时满洲八旗姓博都哩氏后改为花姓；蒙古族的伯颜氏，其汉姓为花。

【郡望堂号】

花姓的郡望主要有东平郡和开封府。

东平郡：汉时置东平国，南朝改置郡，治所在无盐（今天山东泰安市东平一带）。

开封府：汉时置县，五代十国时后梁建国，以汴州为开封府（今河南开封市）。

花姓的主要堂号为"东平"、"紫云"、"珠树"等。

【繁衍变迁】

花姓的发源不详，最早出现在正史中是在唐朝时期。唐末五代时期，北方各国纷战，动乱不堪，北方的花姓人开始向南方迁徙，播迁到四川、安徽、江苏、浙江、江西等地。宋元时期，花姓在江南的分布已经相当广泛，福建、广东、湖南、湖北等地都有花姓落籍。明朝初期，山西境内的花姓人，分迁于山东、河北、河南、安徽、江苏等地，继而又传播到贵州、云南、广西，东北地区也开始有花姓氏族的分布，东南沿海地区开始有花姓人向台湾迁入。清朝康乾年间，"闯关东"的风潮使得山东的花姓开始向东北三省和内蒙古的东北地区徙居。

【历史名人】

花云：明朝初期杰出将领，骁勇善战，追随朱元璋征战屡建奇功，是明朝的开国元勋。

花润生：字蕴玉，号介轩，明朝官吏，永乐年间进士，善诗文，著有《介轩集》。

【姓氏名人故事】

黑将军花云

花云是朱元璋麾下一名勇将，相传他面相粗黑、身材奇伟，骁勇善战。朱元璋初见花云时，就觉得他有异于常人的才能，后来派他带兵攻打城池，他也总是能够得胜而归。一次朱元璋攻取滁州，花云随之前往。途中忽然遇上几千名敌军，

黑将军花云。

花云当即拔剑策马，冲向敌军阵营，将敌军杀得一阵混乱，纷纷大惊道："这个黑将军真是太勇猛了！锐气不可挡啊！"

朱元璋的军队很快就攻下了滁州，花云凭借其勇猛和忠诚，升任为禁军总管。朱元璋军队又继而攻下镇江、丹阳、丹徒、金坛等地。在路过马驮沙的时候，有几百名强盗拦路，花云一边赶路一边与强盗开战，战斗了三天三夜，强盗们全部被杀或被擒。

朱元璋在太平建立了行枢密院，并提拔了花云做枢密院的院判。这时陈友谅的军队进犯当涂，当涂是南京的屏障，地理位置十分重要。但是朱元璋的大军远在扬子江，面对十分严峻的形式，花云挺身上阵，打算背水一战。陈友谅的军队，趁着河水涨水，利用大船攻陷了城池。花云被擒后挣断绳子，夺下看守者的刀，大叫着砍杀陈军，最终被乱箭射死，年龄只有三十九岁。

当涂的人民修建了"忠烈祠"来纪念花云将军的功绩和忠烈，还编了一首"花将军歌"在民间广为传唱。

fāng
方

【姓氏来源】

方姓的起源主要有三：

其一：出自姬姓，以祖字为氏。据《元和姓纂》及《通志·氏族略》等记载，西周后期，周宣王有大夫姬方叔，姓姬，字方叔，多次奉命征伐淮夷、北方民族玁狁和南方荆蛮，立下赫赫战功。为表彰其功劳，周宣王遂封方叔于洛，其子孙以他的字为氏，称方氏。

方叔像。

其二：出自方雷氏及方相氏之后裔。相传炎帝神农氏的后裔有雷姓，至八代帝榆罔有子叫雷。在黄帝伐蚩尤时，雷因功被封于方山，称方雷氏。后分为雷姓和方姓。又有方相氏，相传为黄帝的次妃嫫母的后裔，后分为方姓和相姓。

其三：出自姬姓，为翁氏所分。西周初期，周昭王的庶子，被封于翁山，其后遂以邑名为姓，称翁氏。据《六桂堂丛刊》所载，宋朝初年，福建有翁乾度，生有六子，分姓洪、江、翁、方、龚、汪。其中四子分得方姓，其子孙后裔遂称方氏。

【郡望堂号】

方姓的郡望主要有河南郡等。

河南郡：治所在雒阳（今河南洛阳市东北），汉高祖二年（前205）改秦三川郡置郡。

新安郡：西晋时置郡，治所在始新（今浙江淳安），后移治安徽歙县一带。

方姓的堂号有"河南"、"敦叙"、"六桂"、"立本"等。

【繁衍变迁】

方姓发源于河南。西汉末年，就有方姓人迁居到安徽、江西、福建等地。隋唐以前，山东、山西等北方地区均有方姓人分布。唐朝初年，有河南方姓人落籍于福建。宋元之际，为避乱，有方姓人徙居海南。明朝初期，山西地区的方姓迁至河南、河北、山东、安徽、陕西等地。清朝初期，福建、广东境内的方姓人渡海赴台，进而远播海外。

【历史名人】

方干：字雄飞，号玄英，唐朝才子诗人。生前无人赏识，死后却扬名立万，人称"身无一寸禄，名传千万里"。成语"身后识方干"与之相关。

方腊：北宋末年农民起义领袖，建立政权称帝，号"圣公"。"方腊起义"是影响中国历史的一百个重大事件之一。

方孝孺：字希直，一字希古，明朝著名思想家、文学家，人称"正学先生"。著有《方正学先生集》《逊志斋集》等。

方苞：字灵皋，清朝散文家，桐城派的创始人。与姚鼐、刘大櫆合称"桐城三祖"。著有《狱中杂记》、《左忠毅公逸事》等。

【姓氏名人故事】

方苞开创"桐城派"

方苞，字灵皋，一字凤九，晚年号望溪，安徽桐城人。清代散文家，桐城派散文创始人，与姚鼐、刘大櫆合称"桐城三祖"。

方苞自幼聪明，四岁能作对联，五岁能背诵经文章句。六岁随家迁到江宁，仍保留桐城籍。十六岁随父回桐城参加科举考试。二十四岁至京城，入国子监。以文会友，名声大振，被称为"江南第一"。笃修内行，擅治古文，当他还是诸生时，已经声名远扬了。康熙素来赏识方苞的文

桐城派创始人方苞。

采，曾亲笔批示"方苞学问天下莫不闻"，大学士李光地称赞其文章是"韩欧复出，北宋后无此作也"。

方苞治学严谨，以儒家经典为基础，尤其致力于《春秋》、《礼记》。尊奉程朱理学，日常生活都遵循古礼。论文提倡"义法"，认为义即《易》之所谓言有物也，法即《易》之所谓言有序也。义以为经，而法以纬之，然后为成体之文。方苞为文，章法严谨、风格朴素，皆以扶道教、裨风化为己任。尤其是严于义法，为古文正宗。

雍正十一年（1733），方苞编成《古文约选》，为"义法"说提供了示范，自此"义法"受到重视。后桐城派的文论，以此为纲领加以补充发展，形成了主盟清代文坛的桐城派。桐城派影响深远，至今仍为全国学术界重视，方苞也因此被称为桐城派的鼻祖。

桐城派是清代文坛最大散文流派，亦称"桐城古文派"。其理论体系完整，创作特色鲜明，作家众多，作品丰富，传播地域广，持续时间久。桐城派文统源远流长、文论博大精深、著述丰厚清正，在中国古代文学史上占有显赫地位。

yú

俞

【姓氏来源】

俞姓的起源主要有三：

其一：出自黄帝时期的名医跗之后，以物事为氏。据《通志·氏族略》和《史记》等史料记载，上古黄帝时期，有医术精湛高超的医生，叫跗，他精于脉经之术，而古

俞跗像。

时"俞"字与"腧"字相通，腧是"脉之所注"的意思，"俞"和"痊愈"的"愈"字同音。因此，这个人又被称为俞跗。俞跗的后人以物事为姓，彰显先人医术技艺，遂称俞氏。

其二：出自春秋时郑、楚两国的公族。《路史》中记载，春秋时期，郑国和楚国两个诸侯国的公族中，都有俞姓。

其三：出自少数民族或他族改姓。如清朝时，满族人中就有姓氏为俞的；而满洲八旗中有尼玛哈氏，后改为俞姓。

【郡望堂号】

俞姓的郡望主要有河东郡、河内郡、河间郡和江陵郡等。

河东郡：秦时置郡，治所在安邑（今山西夏县西北），东晋时移治蒲坂（今山西永济蒲州镇）。

河内郡：楚汉之际置郡，治所在怀县（今河南武陟西南），西晋时移治野王（今河南沁阳）。

河间郡：汉有河间郡，治所在乐城（今河北献县东南），北魏时置郡，移治今河北河间。

江陵郡：汉时置县，治所在南郡。南朝齐时改置江陵郡，治所在今湖北江陵。

俞姓主要堂号有"流水"、"江陵"、"高山"、"春在"、"正气"、"思本"等。

【繁衍变迁】

俞姓得姓于五千多年前的黄帝时期，春秋时有郑、楚两国公族加入俞姓。但是隋唐以前，能够在史册中查到的俞姓人少之又少。隋唐之前，湖北地区有俞姓的族人发展繁衍，并跨过了长江继续向南散播。隋唐之际，俞姓人已经在山西、河南、河北等地发展得十分兴旺；武则天在位时，有俞文俊激怒了武则天，而被流放到岭南地区，因此部分俞姓人迁居到了两广地区。宋朝时，俞姓人已经分布在浙江、安徽、福建、江苏、江西等地区，并出现了很多知名人士，在《中国历代人名大辞典》中，宋朝时期入载的俞姓人一共四十四人。明朝初期，俞姓人从

山西迁居到了陕西、甘肃、河北、天津等地。到了明末清初，俞姓人大多还是定居在华东地区，其他地区散居的俞姓也开始增加了

俞姓在当代中国人口排行中排名第一百一十七位。

【历史名人】

俞跗：黄帝时期著名的医学家，擅长外科手术。在上古黄帝时期，他与雷公和岐伯为公认的三位名医。

俞琰：字玉吾，号全阳子、林屋山人、石涧道人，宋末元初著名思想家、文学家，擅长词赋，精通《周易》，著有《周易集说》、《易图纂要》等。

俞樾：字荫甫，自号曲园居士，清朝时期著名文学家、教育家、书法家。注重教育，诲人不倦，求学者络绎不绝，号称"门秀三千"。工于治经，著述甚丰，有《群经平议》、《诸子平议》、《春在堂随笔》、《茶香室丛钞》、《宾萌集》、《春在堂诗编》等，声名远播日本。

俞宗礼：字人仪，号凡在，清朝杰出画家。善画山水及写真，笔法精湛，有"龙眼复生"的美誉。

【姓氏名人故事】

抗倭名将俞大猷

俞大猷是明朝时期的抗倭名将，在明朝三朝为官司，戎马生涯四十七年。身经百战，战功卓绝，所带领的俞家军也是名声显赫，与戚继光并称为"俞龙戚虎"。

俞大猷出生在一个下级军官家庭，从他的祖先到他父亲五代，均是军官出身。俞大猷自幼家贫却勤学不辍，十五岁的时候就进文秀才，为"十才子"之一。俞大猷后拜王宣及林福、军事家赵本学等人为师，融汇了三位老师的思想，打下了扎实的儒学理论基础。同时，他有具有军事家的天赋，以及政治家的远见。

后来俞大猷参加了武举考试，获得了第五名武进士。后来，福建地区的将领无能，难平当地倭患，朱执便举荐俞大猷为抗倭指挥。但是明朝重文轻武，加上俞大猷为人正直，不会迎合权贵、讨好上司，因此常常遭人排挤，多次痛击倭寇

抗倭名将俞大猷。

的功劳都被人冒领。

倭寇得知戚继光在福建平倭胜利后返回浙江，又卷土重犯福建，联合广东等地的倭寇围攻兴化城，不久就攻陷，掳掠居民三千，杀掠凌辱百姓。这时戚继光的军队仍在义乌，倭寇气焰十分嚣张，而俞大猷却按兵不动。诸将都以为俞大猷是有畏敌之心，事实上，俞大猷是觉得时机尚未成熟，于是忍辱负重地进行着部署。终于戚继光的军队到达，根据战略部署，分三路全面攻击，最终打垮了倭寇军队，取得兴化平倭大捷，收复平海卫和兴化府城，解救了三千多名被掳的百姓。

兴化平倭是福建抗倭斗争的最大胜利，俞大猷在战前力排众议和周密部署有着不可磨灭的功劳。但是嘉靖帝听信谗言，只奖给俞大猷"赍币银四十两"。俞大猷对立功却没有受到公正的待遇的事也不抱怨，足见他不计得失，以平倭为重的襟怀。

rén

任

【姓氏来源】

任姓的起源主要有六：

其一：由远古妊姓衍传，与女性妊娠有关，可认为是母系氏族社会产生的古姓之一。姓起源于母系社会时期，因生得姓，从女从生，为妊姓，后传为任姓。

其二：出自黄帝的后代，为天子赐姓。相传黄帝有二十五个儿子，共十二姓。其中被赐予任姓的儿子，他的后裔就以任为姓，称任氏。

其三：出自黄帝少子禹阳的后裔，以国为氏。相传禹阳被封于任国，其后裔遂以国为姓，称任氏。

其四：出自风姓，为伏羲之后。据《通志·氏族略》所载，任国本是风姓之国，相传为伏羲帝太昊之后。战国时期，任国灭亡，其后代子孙遂以国名为姓，称任氏。

其五：出自南方少数民族。历史上，我国南方少数民族中亦有任姓，如西夏、明代哈尼族有任姓。

其六：出自他姓改姓。如元代王倍之子宣，为避难改任姓，其后代遂为任姓。

【郡望堂号】

任姓的郡望主要有乐安郡、东安县等。

乐安郡：东汉时改千乘郡治国，治所在临济（今山东高清县高苑镇西北）。三国魏时改为郡，移治高苑（今山东博兴西南）。南朝宋时移治千乘（今山东广饶北）。

东安县：今浙江富春县。

任姓的主要堂号有"玉知"、"乐安"、"叙伦"等。

【繁衍变迁】

任姓发源于山东，先秦时期，已散居在湖北、山西、陕西等地。秦朝，任姓人已经迁至广东等地。汉朝时，山东、山西、河南、陕西、四川、江苏、广东等地均有任姓人落居。魏晋南北朝时，为避战乱，任姓人大规模迁往江苏、安徽、浙江、湖北等地，并进入福建。南宋末年，任姓人繁衍于南方各省。明朝初年，山西的任姓人作为迁民之一，迁播到山东、河南、河北、江苏、陕西等地。清朝起，福建、广东的任姓人开始向海外徙居。

【历史名人】

任不齐：字子选，春秋时期楚国人，孔子七十二贤弟子之一。

任光：字伯卿，东汉时期著名将领，为"云台二十八将"之一。

任昉：字彦升，南朝梁国著名文学家、散文家。"竟陵八友"之一，擅长多种文体，与诗坛圣手沈约并称"任笔沈诗"。

任仁发：字子明，号月山道人，元朝杰出的画家、水利家。传世作品有《张果见明皇》、《二骏图》等。

【姓氏名人故事】

置水之情

任棠是后汉时期著名的隐士，他德行美好，志向高远，隐居于民间，以教书为业。汉朝时期，汉阳太守庞参，刚刚上任，听说任棠有才能，便亲自前去拜访，请任棠出山辅佐自己。

庞参到了任棠家，说明来意后在门前恭候。很久过去了，任棠始终对站在门外的庞参不加理会，庞参心中疑惑不解。又过了许久，任棠终于自屋中出来。庞参急忙迎上去，任棠依旧对其视若无睹，一句不发地将旁边地里拔出的一筐薤菜和一盆清水摆放到门前，随后把门帘打开，自己抱着孙子蹲伏在门帘之下。

任棠置水迎庞参。

庞参的手下见太守苦等良久，任棠丝毫没有招待的意思，相反还自顾自地做些莫名其妙的举动，只当他是对新来的太守无礼，想要上前去斥责他。这时庞参将手下拦住了，手下十分不解，庞参便说道："这是任棠给我设的一道哑谜。"然后庞参仔细地思索了一下，笑着说道："他这是在告诉我怎么做个好太守呢。拔出一盆薤菜是要我拔出豪强贵族，水是要我为官清廉，把门帘打开，抱着小孩儿蹲伏门下，是要我开门怜恤孤儿。"庞参上任后，按照任棠的指点，扶贫抑强，清廉为政，将汉阳郡治理得有声有色，受到当地人民的爱戴。

yuán
袁

【姓氏来源】

袁姓的起源比较单一，主要出自妫姓，为虞舜的后代。相传舜是颛顼的后代，因为生在姚墟，因此得姚姓。又因为他们曾经住在妫汭河，所以后代又有妫姓。周朝建立后，帝舜的后裔妫满封于陈，称陈胡满。陈胡满十一世孙名诸，字伯爰，伯爰的孙子涛涂以祖父字"爰"为氏，称爰氏。春秋时期爰氏子孙世袭陈国上卿。因为当时"爰"字和"袁、辕、榬、溒、援"等字音同，于是后来的子孙就分别以这六个字为姓。到秦朝末年，辕涛涂的后裔辕告有少子名政，以袁为氏，称袁氏。

【郡望堂号】

袁姓的郡望主要有陈郡、汝南郡、河南郡、东光县等，其中以陈郡和汝南郡为最望。

陈郡：秦时置郡，治所在陈县（今河南省淮阳）。此支袁氏，为涛涂裔孙直系地望。

汝南郡：汉时置郡，治所在上蔡（今属河南省上蔡西北）。此支袁氏，为陈郡袁氏分支，其开基始祖为后汉司徒袁安。

彭城郡：西汉时置郡，治所在彭城（今江苏省徐州）。此支袁氏，为陈郡袁氏分支，为袁生之后。

东光县：汉时置县，治所在今河北东光。此支袁氏，出自汝南袁氏，为袁绍之后。

袁姓的堂号主要有"卧雪"、"陈郡"、"汝南"、"彭城"等。

【繁衍变迁】

袁姓发源于河南，早期以河南、安徽为发展中心。秦汉以后向外播迁，分布在江苏、山西、河北等地，江淮地区以及陕西等地也均有分布。南宋以前，袁氏人迁徙至福建、广东。清朝时，居住在福建、广东的袁姓人开始渡海赴台，继而徙居新加坡、印尼。

【历史名人】

袁绍：字本初，东汉末年群雄之一，是三国时代前期势力最强的诸侯，官渡之战中为曹操所败。

袁枚：字子才，清代诗人、散文家，乾嘉时期代表诗人之一，与赵翼、蒋士铨合称"乾隆三大家"。

袁崇焕：字元素，明末著名政治人物、文官将领。他曾击退清军，毙伤努尔哈赤。

袁世凯：字慰亭，是北洋军阀首领，在辛亥革命后当选为中华民国第一任大总统，是我国历史上颇具争议的人物。

【姓氏名人故事】

公安三袁

明朝后期时，湖北有一户姓袁的人家，家有兄弟三人，分别是袁宗道、袁宏道、袁中道。兄弟三人自小聪明机敏、勤奋好学，对人也是彬彬有礼，深受大家喜爱。后来，兄弟三人都成了中国杰出的大学问家，因为他们都是湖北公安人，史称"公安三袁"。

这一年，袁家三兄弟都考中了进士，袁家决定设盛宴庆贺。兄弟三人将老师们都请来，一同庆贺。酒席上，三兄弟对老师们表达了感谢之情，老师们看着自己的学生能够有好的成就也都很高兴。然而他们却忘了请老三的启蒙老师刘福锦，刘福锦没有被邀请，不是很高兴，而且有人还借机挖苦他，一气之下，他便在一张白纸上写了"高塔入云有一层"，命人交给老三，意思是提醒老三，有了今天的成绩不能忘记老师。

老三一看字条，恍然大悟，急忙去找两位哥哥商量。兄弟三人商定专门请刘福锦先生一次。在请帖上，老三就刘老师的原话作了一首诗："高塔入云有一层，孔明不能自通神，一日为师终生父，谨请先生谅晚生。"老三借诗表达了自己的歉意。后兄弟三人一起恭恭敬敬地抬着轿子邀请刘福锦，刘福锦先生大为感动，上轿前去赴宴。

公安三袁。

liǔ

柳

【姓氏来源】

柳姓的起源主要有三：

其一：出自姬姓，以邑名为氏，为春秋时期鲁国展禽的后裔。据《广韵》和《元和姓纂》上记载，春秋时期，鲁国鲁孝公有儿子姬展，姬展的孙子无骇，按周礼以祖父字为姓，为展姓。后来传到了展禽的时候，因为食采于柳下，于是展禽的后人就以柳为姓，称柳氏。

柳下惠像。

其二：出自芈姓，以城市名为氏，是春秋时期楚怀王的孙子心的后裔。秦朝末年，楚怀王之孙心，在秦末大起义时被推为起义军的首领，号义帝，建都于柳地。心的子孙中有的以都城名为氏的，称柳姓。

其三：出自他姓改柳姓，以及少数民族固有姓氏。明朝末年，著名说书人柳敬亭，原名曹逢春；明末著名女诗人柳如是，本名杨爱，后改名柳隐，字如是；满、蒙、彝、苗、水等少数民族中都有柳姓。

【郡望堂号】

柳姓的郡望以河东郡为主。

河东郡：秦时置郡，治所在今山西黄河以东的夏县一带，东晋时移治蒲坂（今山西永济蒲州镇）。

柳姓堂号主要有"河东"、"愈思"等。

【繁衍变迁】

柳姓发源于河南和山东，春秋时期，鲁国被楚国攻灭，鲁国中的柳姓人有随之入居楚地的，即今湖北、河南、安徽、江西、山东、四川和江苏、浙江的部分地区。秦始皇灭六国统一天下后，有柳姓氏族进入山西地区，并发展为大家望族。从秦朝一直到唐朝这一段时间，柳姓家族一直都在北方地区活跃，有部分支派进入了四川、广西、福建等地区。柳姓开始在南方散播，是在唐朝以后，在唐高宗时进入到了福建地域。明朝时期，山西地区的柳姓人迁到山东、河北、河南等地。清朝时，居住在福建、广东等东南沿海地区的柳姓人开始渡海赴台，并向海外迁徙。

柳姓在当代中国人口排行中排名第一百三十位。

【历史名人】

柳公权：字诚悬，唐朝著名书法家，工于楷书，有"颜筋柳骨"之称。传世

碑刻有《送梨帖跋》、《玄秘塔》、《金刚经》、《神
策军碑》。

柳宗元：字子厚，唐朝著名的文学家和哲学家，
"唐宋八大家"之一，与韩愈齐名，并称"韩柳"，
诗文均佳，散文蕴意深刻。传世作品有《柳河东集》，
也称《唐柳先生集》。

柳冲冲：唐朝初期人。著名姓氏学鼻祖。唐太宗
命诸儒撰《氏族志》，柳冲冲在此期间撰有《大唐姓

柳公权像。

系录》二百卷，并与柳芳合撰有《永泰谱》，从此开创了中国各姓氏研究和家谱
创建之先河。

柳永：原名三变，字耆卿，北宋著名词人，是婉约词派的代表人物。代表作有《乐
章集》、《雨霖铃》等。

【姓氏名人故事】

柳宗元和古文运动

柳宗元是唐朝时期著名的文学家、思想家，与韩愈共同倡导古文运动，合称
为"韩柳"，并为"唐宋八大家"之一，"千古文章四大家"之一。

柳宗元出身于官宦世家，柳氏在北朝时是十分著名的门阀士族。但是到柳宗
元这一代已经家道中落，安史之乱更是加重了生活的艰难。柳宗元的母亲为了供
养子女，常常自己挨饿，因此柳宗元也自小就立下大志，年纪轻轻就已颇有才名。

柳宗元小时候生活在长安，见到了安史之乱后唐朝由盛转衰，政治黑暗、官
场腐败的场景。同时，年幼时的柳宗元因避战乱辗转各地，也让他目睹了社会的
动荡，因此逐渐萌发了要求改革的愿望。于是，年轻的柳宗元刚刚走上政治舞台，
就投入了一场尖锐的政治斗争，参加了王叔文发起的永贞革新。

可惜革新失败，柳宗元被贬为永州司马。当时永州地区人烟稀少，十分荒僻。
柳宗元一家生活得非常艰苦，柳宗元的身体受到了严重的损害，柳宗元的母亲不
久便离开了人世。但这样的打击并没有使柳宗元就此消沉，柳宗元的斗争由政治

柳宗元主张"文以明道"。

转向了思想文化。在永州任司马这十年，柳宗元广泛研究了文学、政治、哲学、历史等方面的问题，撰文著书，写下了很多著名的作品，如《封建论》、《六道论》、《天照》等。

韩愈在长安倡导古文运动时，偏居南方的柳宗元也积极响应。柳宗元主张"文以明道"，注重文学的社会功能，认为文必须利国利民、有益于世。同时他也批判自六朝以来，讲究排偶、辞藻、音律、典故的骈文文体；提倡先秦和秦汉时期的散文特点，不受格式拘束，反映现实生活的古文。而与韩愈不同的是，柳宗元的生活经历让他的散文中多了一份深沉含蓄，少了力度气势，因此柳宗元的文风更加清新自然，通晓流畅，能令读者回味无穷。

柳宗元注重文章的内容与社会功能，他的诗文理论，显示着当时的文学运动积极向上的趋势。

bào

鲍

【姓氏来源】

鲍姓的起源主要有三：

其一：出自姒姓，以邑名为氏，为春秋时期，夏禹的裔孙敬叔之后。根据《姓苑》、《通志·氏族略》、《元和姓纂》等相关史料记载，杞国是夏朝的诸侯国，为夏禹的后裔。春秋时期，杞国公子敬叔在齐国做官，食采于鲍邑。敬叔的后人就以邑名为氏，称鲍姓。

其二，出自庖牺氏，即伏羲氏的后裔，其后有鲍姓。

其三：出自他族改姓。《魏书》上记载，魏晋南北朝时，北魏孝文帝迁都洛阳，实行汉化政策，积极与汉民族融合，将俟力伐氏和鲍俎氏改为汉字单姓鲍氏；清朝时，满洲八旗中有保佳氏、瓜尔佳氏等，有改为鲍姓的；内蒙古蒙古孛儿只斤氏，有改为汉字单姓鲍姓的；景颇族金别氏和佤族羊布拉氏，其汉姓均为鲍姓。

【郡望堂号】

鲍姓的郡望主要有上党郡、泰山郡和东海郡等。

上党郡：战国韩时置郡，西汉移治长子（今山西长子西南），东汉移治壶关（今山西长治北）。

泰山郡：西汉时置郡，治所在博地（今山东泰安东南）。

东海郡：秦汉时置郡，治所在郯地（今山东郯城北）。

鲍姓主要堂号有"清望"、"东海"、"亦政"、"上党"等。

【繁衍变迁】

鲍姓发源于山东，春秋时期，鲍姓人多在河南地区定居。到了战国初期，发生了著名的田氏代齐，鲍姓子孙有逃往今河北、河南、山东、江苏等地者。秦汉之际，鲍姓人遍布黄河中下游地区，并留居安徽。鲍姓人迁入浙江和湖北等地，是魏晋南北朝时期。唐朝到五代时期，鲍姓人已经分散在江西、湖南、四川等地。两宋时期，在山东、安徽、江苏、浙江等地的鲍姓氏族发展得十分兴旺。鲍姓氏族在元朝时开始向福建和两广地区迁徙。明朝初期，山西的鲍姓家族迁居到安徽、江苏、河北、河南等地。明朝中期，鲍姓人赴台定居。清朝时，鲍姓的分布已经十分广泛，遍布我国大江南北。

【历史名人】

鲍叔牙：亦称"鲍叔"、"鲍子"，是春秋时期齐国的大夫，协助齐桓公当上齐国的君主，并举荐管仲为相，以知人著称。

鲍姑：名潜光，晋朝著名炼丹术家，是东晋医学家葛洪的妻子，也是我国医学史上第一位女针灸学家。

鲍敬言：两晋时期著名的思想家，主张"无君论"思想，具有朴素唯物主义的思想。

鲍照：字明远，南朝宋文学家，与颜延之、谢灵运合称"元嘉三大家"。擅长乐府诗，对后世，尤其是唐朝时期的诗歌发展有着重要的意义，著有《鲍参军集》。

【姓氏名人故事】

管鲍之交

"管鲍之交"这个成语说的是春秋时期，齐国的管仲和鲍叔牙之间深厚的友谊。现在，人们经常用管鲍之交来形容朋友之间亲密无间、交情深厚的友谊关系。

鲍叔牙是齐国的大夫，以知人著称。管仲在年轻的时候就经常和鲍叔牙交往，鲍叔牙看得出管仲有贤才，一直待他很好。两个人一起做买卖，管仲出的钱少，拿的钱多，鲍叔牙也从来不计较。管仲有一次替鲍叔牙办事，结果事情变得无法收拾，鲍叔牙也不生气，认为并不是管仲的计策不好，而是时机不对。

后来管仲辅佐齐国的公子纠，而鲍叔牙服侍公子小白。纠和小白争夺齐国的王位，最终公子小白登上王位，成为齐桓公，公子纠被杀死，管仲也被

管鲍之交。

囚禁。这时，鲍叔牙就向齐桓公推荐管仲为相，他对齐桓公说："如果您只是想要治理齐国，那么有我和高傒就足够了，但是您要是想称霸天下，那么非管仲不可。"齐桓公后来拜管仲为相，而鲍叔牙也甘心位居管仲之下。在管仲和鲍叔牙的合理治理下，齐国终于成为诸侯国中实力最强的国家，而齐桓公也得到了霸主的地位。

鲍叔牙死后，管仲在他的墓碑前痛哭不止，他想起从前鲍叔牙对他的理解和支持，感慨道："生我者父母，知我者鲍子也。"

管仲和鲍叔牙之间深厚的友谊，被传为佳话，流传至今。

shǐ
史

【姓氏来源】

史姓的起源主要有四：

其一：出自黄帝时创造文字的"史皇"仓颉。相传仓颉是黄帝时期造字的史官，原姓侯冈，名颉，号史皇氏，因造"鸟迹书"，黄帝赐以仓姓。仓颉的后人衍生了仓氏、史氏、侯氏、侯冈氏、夷门氏、仓颉氏。其后裔有以官为氏的，称史氏。

其二：出自周太史佚之后。西周初年有太史史佚，为人严正，后人皆称赞他为后世史官的楷模，与太公、周公、召公并称为"四圣"。他在周朝任太史，其子孙遂以官名为氏。春秋

仓颉像。

时期，列国的他姓史官多以官为氏。

其三：出自隋唐时代"昭武九姓"之一。汉唐时期，西域地区，有月氏人建立的康居政权，后被匈奴人打败，建立了康国。西域的其他政权先后归附了康国，均以昭武为姓，史称"昭武九姓"，即康、史、安、曹、石、米、何、火寻和戊地。史国有人来中原居住者，以国名为氏，称史氏。

其四：出自他族改姓。北魏时期，突厥族有阿史那部，后有归附唐朝者，改姓史氏。

【郡望堂号】

史姓的郡望主要有建康郡、宣城郡、高密郡、京兆郡和河南郡等。

建康郡：十六国前凉时置郡，治所在今甘肃高台西南。北朝魏废。

宣城郡：晋时置郡，治所在宛陵（今安徽宣城）。

高密郡：西汉时改胶西郡置国，治所在高密（今山东高密县西南）。西晋复置国，南朝宋改为郡，治所在桑犊城（今山东潍坊市东）。

京兆郡：汉时改内右史置京兆尹，为三辅之一。治所在长安（今陕西西安市西北）。

史姓的堂号有"忠烈堂"等。

【繁衍变迁】

史姓发源于陕西一带，东周时，以官名为史氏者众多，因此各地均有史姓。先秦时期，史姓人遍布黄河流域和长江流域。西汉时，两广地区也有史姓人的分布。东汉时，有史姓人落籍于四川。汉到魏晋南北朝这一时期，六大史姓郡望形成，后又有史姓人迁至甘肃、江苏、山东等地。隋唐之际，有少数民族加入史姓。宋元时期，史姓人大规模南迁。明朝时，山西史姓人迁往河南、山东、陕西、安徽、湖北各地。清朝以后，开始有史姓人迁至海外、侨居新加坡等国。

【历史名人】

史佚：原名尹佚，尹逸，西周初年太史，为人正直，有"君无戏言"的典故。

史思明: 初名崒干, 唐玄宗李隆基赐名思明, 唐朝叛将, "安史之乱"祸首之一。

史达祖: 字邦卿, 号梅溪, 著名南宋词人。

史可法: 字宪之, 明末政治家、军事统帅、抗清名将, 是我国著名的民族英雄。

【姓氏名人故事】

爱民如子的史天泽

史天泽是元朝的名将, 不仅战功卓著, 并且心地善良, 治民有方。当武仙二次占据真定城被击退后, 蒙军的主帅因为恼恨城中百姓反复无常, 为了以儆效尤决定将城中的居民尽数驱逐, 不止如此还打算杀多人示威。

史天泽听说后当即反对道: "城中百姓都在胁迫之下被逼无奈, 何罪之有?"在他的一力劝说下城中百姓才都安然无恙。随后史天泽又修缮城池, 积极为荒年备粮, 抚慰战后的民众。几年之间, 战事中损坏的房屋相继修复, 百姓安居乐业, 此城竟成了周边百姓的向往之地。

很多年后, 史天泽又回到真定城, 发现这里赋税过重, 很多穷苦的百姓因为交不上赋税不得不向商人借债银, 年年翻倍的加利, 成为"羊羔利"。借债的百姓苦不堪言, 史天泽当即奏明朝廷, 替百姓偿还本息。他的提议得到中书令耶律楚材的支持, 百姓身上沉重的负担才得以解脱。

不久后因为真定遭遇蝗灾, 百姓不得已大批借债贡赋, 积至一万三千余银锭。

为解民忧, 史天泽不惜倾尽家财代偿债银, 当地百姓感激涕零。

史天泽的政绩为宪宗皇帝所赞赏, 这之后哪里难以治理, 宪宗就会派遣史天泽前去, 史天泽不负所望, 所经之处, 选贤才, 置提领, 察奸弊, 均赋税, 肃官吏;

史天泽政绩为元宪宗赞赏。

管辖之地民安商乐，军精粮足。

史天泽智勇双全，谋略过人，且每逢征战之时都会身先士卒，在将士们中威望极高，他器量宽宏，识虑明哲，能审时度势，应变处置军务得当。因其功绩卓著，后来被宪宗任命中书右丞相，其宽厚的治民之道也为世人所称颂。

táng

唐

【姓氏来源】

唐姓的来源主要有二：

其一：出自祁姓和姬姓，为黄帝轩辕氏之后。相传帝尧是黄帝轩辕氏的玄孙，姓伊祁，名放郧，因被封于陶，后来迁至唐，因而称陶唐氏。尧成为天子后，以"唐"为国号，故又称唐尧。后尧让位给舜，帝舜封尧的儿子丹朱于唐，为唐侯。到周武王时，唐侯作乱为周成王所灭，唐国被封给成王之弟唐叔虞，原帝尧后裔则被迁往杜国，称唐杜氏。唐杜氏的后裔有以国为氏的，称唐氏。唐叔虞的子孙也以国为氏，为唐姓。到周昭王时，又封丹朱之后刘累裔孙为唐侯，后为楚所灭，其子孙亦姓唐。春秋时，也有一支姬姓唐诸侯国，被楚昭王灭后，其后也称为唐氏。

其二：出自他族加入。据相关史料所载，南方白狼王有唐姓，陇西羌族亦有唐姓。畏兀人有唐仁祖，其子孙以唐为姓。

【郡望堂号】

唐姓的郡望主要有晋昌郡、北海郡、鲁国、晋阳县等，其中以晋昌县为最名望。

晋昌郡：晋时置郡，治所在长乐（今陕西石泉县）。此支唐氏，其开基始祖为十六国前凉凌江将军唐郓。

北海郡：汉时置郡，治所在营陵（今山东昌乐东南）。

鲁国：西汉时置鲁国，治所在鲁县（今山东曲阜）。晋改为郡。

唐姓的堂号主要有"晋阳"、"晋昌"、"北海"、"移风"等。

【繁衍变迁】

唐姓发源于陕西、山西、河南、湖北等地。秦汉时，唐姓人已经散布在山东、江苏、江西、四川、广东、安徽等地。魏晋南北朝时，唐姓人在南方分布得更加广泛，并在湖南成为大姓，在浙江、甘肃等地也形成了较大规模的聚居点。隋唐时期，河南的唐姓人移居福建。宋元时期，北方唐姓大举南迁，定居于南方。明清之际，唐姓人移居至台湾，进而远徙海外。

【历史名人】

唐昧：战国时期楚国著名将领。

唐婉：字蕙仙，南宋才女，南宋著名诗人陆游的第一任妻子，代表作《钗头凤·世情薄》千古流传。

唐寅：字伯虎，明朝著名画家、文学家、书法家。善诗文，与祝允明、文徵明、徐祯卿并称"江南四才子"；其画更著，与沈周、文徵明、仇英并称"吴门四家"。

唐赛儿：明朝著名女英雄，是明朝初年起兵反朝廷的白莲教首领。

唐鉴：字镜海，清末理学家，是当时义理学派的巨擘之一，有"理学大师"之美誉。

【姓氏名人故事】

唐伯虎学画

唐寅小时候在绘画方面就显示出超人的才华，富人家常请他作画，唐寅也就骄傲起来了。唐寅的母亲便让他去向当时著名的画家沈周学习绘画。唐寅知道沈周的画很出名，便欢欢喜喜上路拜师去了。一年之后，在沈周的指点下，唐寅的

唐伯虎学画。

画技很有长进。唐寅拿出自己的画和师傅的画比了比，觉得已经不相上下了，不禁暗暗自喜觉得出师的时候到了。沈周看出了他的心思，就备了饭菜为唐寅饯行。

饭菜摆在后花园角落的一间小屋里。这间小屋平时紧锁着，谁也不让进去。唐寅一进屋就四处张望，只见有四个门，却没有一扇窗子。他顺着门向外望去，只见一道门外姹紫嫣红，一道门外莺歌燕舞，一道门外流水潺潺。他想：这么好的风景，师傅平时不让我进来，大概是怕徒弟从这里出去游山逛水，无心学画了。唐寅正看得如痴如醉，听到师傅说话了："你的画本来不错，又学了一年，现在可以出师了。你想到后花园痛痛快快地玩玩吗？"唐寅顾不上满桌的饭菜，站起来就去开门，却"砰"地撞在门上；他便去开另一个门，又撞在了门上；再去开第三个门，结果又撞在了门上。原来这三个"门"都是沈周画在壁上的！唐寅从兴奋中醒悟过来，他转身扑通一声，双膝跪在师傅面前，说："师傅，我不想出师了！让我继续跟你学画吧！"从此以后，唐寅专心致志地跟师傅学画，再也不提出师回家的事了。

转眼多年过去了。一日，唐寅为感谢师傅的教育，亲自动手烧菜，宴请师傅。当他把烧好的鱼端上桌时，一只大猫从门外呼呼地跑进来，跳上桌子就想吃。唐寅急了，骂道："大胆畜牲，师傅还没品尝，哪里轮得到你呀！""啪"的就是一掌，那大猫"呼"的一声就往窗上跳，跳了一个窗户又一个窗户，就是跳不出去，最后"呜呜"地叫着从门口逃出去了。原来，那窗户是唐寅画在墙上的。

师傅见了这情景，哈哈大笑起来："唐寅啊，你可以出师了！回家去吧！"

fèi

费

【姓氏来源】

费姓的起源主要有六：

其一：出自嬴姓，以祖名为氏，为颛顼帝裔孙伯益的次子若木的后人。相传颛顼是黄帝孙，有裔孙伯益，伯益又称为大费。伯益因协助大禹治水有功，帝舜除了赐他嬴姓以外，还将本族姚姓女子嫁给他。姚女为他诞下二子，小儿子便是若木。若木及其后人以父亲的名字为氏，是为费姓。

其二：出自姒姓，以祖名为氏，为夏禹后裔费昌、费仲之后。根据《姓纂》、《轩辕黄帝传》等相关

若木像。

史料记载，夏禹（姒姓）的后裔费昌、费仲的子孙，以祖名为氏，称费氏。

其三：出自姬姓，以国名为氏，为春秋时期鲁国大夫费序父的后人。春秋时期，鲁国有大夫费序父，食采于费地，其后世子孙遂以封地名为姓，称费氏。

其四：出自姬姓，以邑名为氏，为春秋时期楚国大夫费无极的后裔。据《姓纂》记载，春秋时期，鲁国鲁懿公的孙子，大夫无极被封于费县，故称费无极。费无极的后人就以封邑名为姓，称费氏。

其五：出自他族改姓。如，魏晋南北朝时期，北魏孝文帝改革迁都，施行汉化，将鲜卑族原费连氏改为汉字单姓费姓；清朝时，满族中有复姓开头为"富"、"费"的人，后来多取单字汉族"费"为氏。

其六：出自姬姓，以邑名为氏，为鲁恒公之子季友的后人。据《梁相费泛碑》上记载，春秋时期，春秋时期鲁国鲁恒公的儿子季友，因为有功，被鲁僖公封与费地，其后人遂以封邑名为姓，称费氏。这里的费字读"bì"音。

【繁衍变迁】

费姓发源于山东，春秋时期，鲁大夫费父、季友、楚大夫费无极分别封于费地，费姓家族不断壮大，扩展到了湖北境域。两汉时期，费姓人有迁居至云南、贵州等西南地区，以及江苏、浙江等地的。魏晋南北朝时，随着北魏孝文帝的改革，鲜卑族的一些姓氏也改为费姓，在河南、山西、河北等地形成了新的费姓氏族。唐末五代时期，中原地区连年征战，费姓人也随之逃难，迁居安徽、江苏、浙江，并有一支费姓氏族进入福建地区。南宋末年，江浙地区也变成了硝烟弥漫的战场，费姓人继续向南迁徙，到两广地区繁衍生息。明朝初年，山西地区的费姓人分迁于山东、江苏、天津、河北、河南等地。明清时期，费姓人又有北上落户于北京的。清朝中叶，费姓人分布在我国各地，并开始跨越海峡定居台湾。

费姓在当代中国人口中排行第一百五十六位。

【郡望堂号】

费姓的郡望主要有江夏郡和琅玡郡。

江夏郡：西汉时置郡，治所在安陆（今湖北云梦），南北朝时期宋国移治到夏口（今湖北武昌）。

琅玡郡：又称琅琊国、琅琊郡。秦时置郡，治所均在琅玡（今山东胶南市琅玡镇夏河城），西汉时期移治东武（今山东诸城）。琅玡郡为费（bì）氏郡望。

费姓的堂号主要有江夏、衍庆、念本等。

【历史名人】

费直：字长翁，西汉古文易学"费氏学"的开创者。费直依古文古字本汉《易》，称《古文易》。

费缉：晋朝四川南安人，清俭有治干，举秀才，南安五费（费赆、费诗、费立、费缉、费求，均为乐山历史上清廉有气节的人物）之一。

费信：字公晓，明朝著名航海家、外交家，曾四次随郑和下西洋，担任翻译。在我国南沙群岛中，有个岛被称为"费信岛"，就是为纪念费信而命名的。其所著《星槎胜览》，是现在研究郑和下西洋的重要资料。

费杰：字世彦，浙江绍兴人，明朝著名医家。凡遇重疾者求治，虽百里外，亦赴不辞，且投剂辄效，著有《名医抄》、《经验良方》等。

费丹旭：字子苕，号晓楼，别号环溪生，清朝著名画家。善于画群像，人物形象生动。有《东轩吟诗图》、《姚燮纤绮图像》、《果园感旧图》等传世，著有《依旧草堂遗稿》等。

【姓氏名人故事】

蜀汉名相费祎

费祎是三国时期蜀汉势力的名臣，秉性宽厚仁和，少时曾经游学蜀中，才德兼备。他与诸葛亮、蒋琬、董允并称为蜀汉四相。

费祎才华横溢，而且遇事晏然自若，深为诸葛亮所欣赏，并得到其重用。在那篇著名的《出师表》中，诸葛亮曾向后主刘禅说，费祎为人十分忠诚，思虑严谨慎重，宫中的大事小事都可以先向他咨询，然后再施行。

诸葛亮南征返回时，百官纷纷前去夹道欢迎，而诸葛亮唯独邀请了费祎上车，与之同载，可见诸葛亮对他的信任与喜欢。

诸葛亮曾经派费祎出使东吴。费祎见到孙权后，以其得当的言行和能言善辩的口才，赢得了孙权的喜爱。孙权设宴招待费祎，想故意把费祎灌醉，再与他商谈国事。费祎也担心自己酒后失言，就立即表示自

蜀汉名相费祎。

己醉了，起身拜辞。离开之后，费祎将孙权之前提的问题逐条写下来。孙权十分感叹地对费祎说道："像费祎你这么贤德的人，一定是蜀国的肱骨之臣，天下间也再难找出跟您一样的人了！"费祎完成任务后，回到蜀国。

当时军师魏延和长史杨仪之间相看两相厌，每次两人遇到一起必会吵架。这时费祎就会坐到两人中间，调和魏延和杨仪的矛盾。诸葛亮死后，费祎和蒋琬两人一同辅佐后主刘禅，使蜀国和平稳定的时期延续了多年。费祎虽然身居要职，位高权重，却始终谦逊谨慎，出入从简，家不积财，他与家人皆穿布衣。费祎可说是三国后期，才智出众、德行兼备的人才。

xuē

薛

【姓氏来源】

薛姓的起源主要有三：

其一：出自任姓，以国为氏，为黄帝裔孙奚仲之后。传说黄帝有二十五个儿子，分别得十二个姓。其中有一个儿子名叫禹阳，被封于任地，遂得任姓。夏禹时，禹阳的第十二世孙奚仲为车正，相传是车的制造者。因居于薛地，遂称薛侯。后迁至邳。至奚仲十二世孙仲虺，复居薛。其裔孙成，迁于挚，改号为挚国。商朝末期，周伯季历娶了挚国女太任为妻，生姬昌，即周文王。武王灭商后，复封成的后裔为薛侯。战国时为齐国所灭，其后人遂以国为姓，称薛氏。

奚仲造车。

其二：出自妫姓，以邑为氏，为孟尝君之后。相传帝舜因生在姚墟，因而得姚姓。又因住在妫汭河，又有妫姓。武王灭商建立周朝，封千代圣王的后人妫满于陈。陈侯的第十世孙妫完因内乱逃出陈国，投奔齐国，称陈氏。后陈完有后裔陈恒子，因食于田，称田和，改田氏，并夺取了齐国大权。战国时期，田和后裔田文，即"战国四公子"之一的孟尝君，因其父田婴被封于薛，遂袭其父封爵，称薛公。至秦灭六国，子孙分散，以封邑命氏，称薛氏。

其三：出自他姓或他族改姓。南北朝时期，北魏孝文帝迁都洛阳后，实行汉化，将鲜卑的复姓叱干氏改汉字单姓薛氏。有出自周文王的姬姓冯氏之后，如唐朝有薛怀义，本姓冯，后改为薛姓。又据《通志·氏族略》所载，辽西有薛姓。

【郡望堂号】

薛姓的郡望主要河东郡、新蔡郡、沛郡、高平郡等。

河东郡：秦时置郡，治所在安邑县（今山西夏县西北）。此支薛氏，其开基始祖为魏时光禄大夫薛齐。

新蔡郡：晋时置郡，治所在今河南新蔡县。

沛郡：汉时置郡，治所在今安徽濉溪县西北。

高平郡：晋时置郡，治所在昌邑（今山东省巨野南）。

薛姓的堂号主要有"河东"、"新蔡"、"沛国"、"高平"等。

【繁衍变迁】

薛姓发源于今山东，后向江苏迁徙。战国时，已经有薛姓人迁至今湖北、湖南、江苏、河南、河北等省。三国时期，薛姓人迁居至甘肃。到了南朝，已经有薛姓人落籍于福建。北宋初期，居住在安徽的薛姓氏族迁往湖南、广东等地，并成为当地薛姓人的始祖。明朝初年，山西薛姓人迁往江苏、河南、陕西、山东、北京等地。明清时期，开始有薛姓人渡海赴台，继而远播海外。

【历史名人】

薛稷：字嗣通，唐朝著名书画家。他的书法与欧阳询、虞世南、褚遂良并称"唐初四大家"。

薛涛: 字洪度, 唐朝女诗人, 与刘采春, 鱼玄机, 李冶, 并称唐朝"四大女诗人"。

薛礼: 字仁贵, 唐朝名将, 著名军事家、政治家。骁勇善战, "良策息干戈"、"三箭定天山"、"神勇收辽东"等薛仁贵的故事在民间广为流传。

【姓氏名人故事】

薛仁贵三箭定江山

薛仁贵是唐朝时期名将, 著名的军事家, 追随李世民征打天下, 立下赫赫战功。

薛仁贵自幼家贫, 父亲早丧, 但是薛仁贵仍然刻苦学习, 习文练武。薛仁贵以务农为生, 三十岁时仍贫困不得志, 就想迁移祖坟以带来好运。但是他的妻子柳氏阻止了他, 对他说: "现在皇帝征讨辽东, 正是用人之时, 你何不参军入伍立个功名?" 薛仁贵觉得柳氏说的有道理, 就告别妻子参军入伍, 开始了他四十年驰骋沙场的生涯。

参军后, 薛仁贵因其杀敌勇猛, 臂力过人, 善射弓箭而屡获战功, 被拜为将军。后来与唐朝交好的回纥首领过世, 继位的新首领转而与唐为敌, 屡屡进犯唐朝边境, 唐高宗便下诏命郑仁泰为主将, 薛仁贵为副将, 挥师天山攻击回纥。

出发前唐高宗宴请众将士, 唐高宗对薛仁贵说: "古代善于射箭的人射得箭

能穿透七层盔甲, 爱卿你试试五层盔甲吧。" 薛仁贵领命。只听见弓弦拉响的声音, 箭已穿过五甲飞了出去, 唐高宗大为吃惊, 立即命人取更加坚固的铠甲赏赐薛仁贵。

回纥听闻唐军要来攻打自己, 便集结了

薛仁贵三箭定江山。

十万士兵，凭借天山的有利地形，阻击唐军。两军交战，回纥多员大将前来挑战，薛仁贵应战，独挑几十人。薛仁贵连射三箭，便使敌方三员大将坠马而亡。回纥的士兵看到这种情况，立刻混乱起来。薛仁贵趁机指挥大军一鼓作气。没过多久，回纥大军就投降了。之后唐军继续北进，将回纥部落的首领伪叶护三兄弟生擒，唐军大胜。士兵们在班师回朝的时候，一路走着一路唱着歌，表达自己的喜悦之情。之后，世间便流传着"将军三箭定天山，战士长歌入汉关"的歌谣。

léi

雷

【姓氏来源】

雷姓的起源主要有三：

其一：出自方雷氏，炎帝神农氏的九世孙方雷之后，以国名为氏。据《元和姓纂》及《通志·氏族略》所载，相传方雷氏是炎帝神农氏的九世孙，因战功被黄帝封于方山（在河南省中北部嵩山一带），建立诸侯国。其子孙以国名为氏，为复姓方雷氏，后又分为两支，一支姓方氏，一支姓雷氏。

其二：出自黄帝有臣子名雷公，其后以祖名为氏。据《姓苑》所载，雷姓是个古老的姓氏。相传黄帝有大臣雷公，是个名医，精通医术，曾与黄帝讨论医学理论。据《素问·著至教书论》说："黄帝坐明堂，召雷公问之。"殷纣王有宠臣雷开，其后子孙以雷为氏。

其三：出自他族改姓。东汉末期以及南北朝时期，南方蛮族和西南的羌族中就有以雷为姓的人，据史料记载，"潳山蛮"和"南安羌"后都改为雷姓。

【郡望堂号】

雷姓的郡望主要有冯翊郡、豫章郡等。

冯翊郡：西汉时设置"左冯翊"，为三辅之一。三国改左冯翊置郡，治所在临晋（今陕西大荔）。北魏移治高陆（今陕西高陵）。此支雷氏，其开基始祖为西晋雷焕一族的后裔。

豫章郡：汉时置郡，治所在南昌（今江西南昌）。

雷姓的主要堂号有"冯翊"、"豫章"、"精易"、"亦山"等。

【繁衍变迁】

雷姓发源于以河南为主的中原地区，东汉至三国时，雷姓人迁徙至江西、湖北、安徽、四川等地。晋朝时，江西的雷姓人向陕西迁徙。唐宋之后，广东、陕西、四川、江西、湖南、山西、内蒙和广西均有雷姓人的分布，其中江南、两广地区的部分雷姓人融入苗、瑶、彝、侗、畲、壮、黎、布依等族。明朝初期，山西雷姓人作为迁民之一，分迁至今陕西、甘肃、湖南、山东、河南、河北等地。清朝中期，有雷姓人开始移居海外。

【历史名人】

雷义：字仲公，东汉时名臣，与陈重情笃，被誉为交友的典范，人称"胶漆自谓坚，不如雷与陈。"成语"胶漆相投"正是由其而来。

雷敩：南朝宋时著名药物学家，以著《雷公炮炙论》三卷著称。著有《论合药分剂料理法则》等。

雷焕：字孔章，晋代天文学家。

雷发达：字明所，明末清初建筑工匠。曾参与过北京故宫太和殿等工程的重建，圆明园和颐和园中大部分建筑均为雷氏设计，有"样式雷"之称。

【姓氏名人故事】

雷义拒银

雷义是东汉时期鄱阳县人，他为官公正清廉，刚正不阿，在雷义任郡里功曹期间，他经常为了查案而不辞辛苦地奔走于街头巷尾，四处查找蛛丝马迹。

一次雷义查到一个被判处了极刑的犯人，犯罪的原因是偶然失手，而此人并不是一个罪大恶极之人，于是酌情上奏。看过雷义言辞恳切的奏折之后，皇上也觉得此人情有可原，当即赦免这个人的死罪。

那个犯人原本以为自己必死无疑，突然间死里逃生，不禁又惊又喜。他得知自己能够活命，全都

雷义拒银。

因为雷义的明察秋毫，心中对雷义感激不尽，于是竟拿了大笔银两登门到雷义的家中致谢。雷义执意不收，只淡然地道："当官为民，理应如此。"命此人将银子带回。

这人心中大为感动，觉得救命之恩不能不报，他见雷义不肯受，于是趁雷义外出之时，偷偷爬上雷义家的房梁，将银子放在了梁上。

此事隔了很久，直到有一次，雷义对年久失修的住房进行修缮，忽然发现了这包银子。雷义忆及前事，明白是那名死里逃生的囚犯所放，于是拿了银子打算还给此人。谁知他四处查访之后，发现这个人已经不在人世了，于是他毫不迟疑地把这包银子原封不动地上缴县曹。

雷义后来官至尚书侍郎，他一生明镜高悬、不徇私情、克己奉公、敢于直言，惩处了不少枉法的贪官，他清廉的事迹也广为流传。

hè
贺

【姓氏来源】

贺姓的起源主要有二：

其一：出自姜姓，为避讳改姓。春秋时期，齐桓公有个孙子叫公孙庆克，他的儿子庆封因以父名命氏，故称庆氏。庆封在齐灵公在位时任大夫，后在庄公时为上卿，执掌国政。再升为相国。后来庆封把政事交给儿子庆舍处理，自己耽于酒色，遭到亲信的反对。亲信趁庆封外出之机，杀死了庆舍，庆封得知后逃到吴国。吴王将朱方封给庆封，庆氏宗族闻讯赶来相聚。东汉时，有裔孙庆纯官拜侍中，为避汉安帝的父亲刘庆的名讳，"庆"字改为同义的"贺"字。庆纯改为贺纯，称贺氏。

贺纯像。

其二：出自他族改姓。南北朝时，北魏孝文帝迁都洛阳后，实行汉化，将贺兰氏、贺拔氏、贺狄氏、贺赖氏、贺敦氏等鲜卑族复姓，皆改为东汉字单姓贺氏。

【郡望堂号】

贺姓的郡望主要有会稽郡、河南郡、广平郡等。

会稽郡：秦时置郡，治所在吴县（今江苏苏州市）。此支贺氏，其开基始祖为汉庆纯。

河南郡: 西汉时改秦三川郡置郡, 治所在雒阳(今河南洛阳市东北)。此支贺氏, 其开基始祖为后魏贺兰氏、贺赖氏改贺氏之后裔。

广平郡: 汉时置郡, 治所在广平(今河北鸡泽东南)。此支贺氏, 其开基始祖有二说, 其一为汉庆纯之后, 其二为北魏贺兰氏、贺赖氏改贺氏之后裔。

贺氏以"会稽"、"四明"、"河南"为其堂号。

【繁衍变迁】

贺姓发源于江苏, 得姓之初就在当地形成贺姓望族。到了魏晋南北朝时, 北方战火不断, 各民族大举南迁, 使得南方贺姓人分布范围更加广泛。北魏汉文帝迁都后, 鲜卑族的贺姓家族与贺姓家族融合, 在河南、河北地区形成了两大郡望。唐朝时, 世居南方的贺姓人开始大规模北上。唐宋之际, 东部地区均有贺姓人分布, 在河南、河北、山西、山东、陕西分布最为集中。明初, 山西贺姓人迁往江苏、河南、山东、湖北、河北等地。明清以后, 贺姓人遍及大江南北, 并远徙到海外。

【历史名人】

贺知章: 字季真, 唐朝著名诗人、书法家。所著《回乡偶书》、《咏柳》等传诵颇广。

贺铸: 字方回, 号庆湖遗老, 北宋杰出词人, 代表作有《青玉案·横塘路》、《鹧鸪天·半死桐》、《芳心苦(踏莎行·杨柳回塘)》, 至今为后人传诵。

贺岳: 明朝著名医学家, 著有《明医会要》、《医经大旨》、《药性准绳》等。

【姓氏名人故事】

为民请命的贺知章

贺知章, 字季真, 越州永兴(今浙江萧山)人, 自号"四明狂客"。武后证圣元年(695)登进士第。他是唐代著名的诗人, 深受唐玄宗器重, 先后官至礼部侍郎、秘书监、太子宾客等。晚年告老还乡之时, 唐玄宗御赐鉴湖中的一曲, 作为他的放生池。并且亲自赋诗赠别, 还特意下旨命地方官建造一座"一曲亭",

贺知章为民请命。

供贺知章归乡后游憩。

这鉴湖共分三曲，第一曲就是那会稽著名的"十里湖塘"这一段江面。西起山阴湖塘古城江口，东到莲花庵桥，有十里之长，百米宽阔，两旁都是民居。"一曲亭"动工兴建于"十里湖塘"的东首，莲花庵桥之旁，耗费了一月，终于在贺知章回乡之前完工。

贺知章回家之后兴致盎然地带着几位挚友一起驾船来到御赐的一曲亭中，他与众人坐在亭内，一边欣赏着亭外的风光，一边饮酒论诗。兴致正高之际，忽然看见不远处的湖面上划来了十几只小渔舟。

那些渔舟停在了一曲亭前，舟上尽是些白发苍苍的老渔民，一个个双眉紧锁对着亭中的贺知章道："我等今天前来请贺大人给条生路。"

贺知章不解道："各位乡亲，此话是从何说起？"

众渔民行礼道："贺大人，我们都是这湖塘边的渔民，世代在湖中以捕鱼为生，但是自从圣上将鉴湖一曲赐与大人之后，官府就贴出了禁渔的布告。因为怕打扰了大人的游兴，所以不许我们在湖中捕鱼，可是我们除了捕鱼之外再无养家糊口的本事，求大人通融，取消禁令吧。"

贺知章闻言大惊道："怎会有这样的事，实在是得罪了众位乡亲。"他也顾不上吟诗作对了，立即来到县衙让县令收回了禁渔令。众渔民大喜过望，纷纷来到贺府拜谢，贺知章一一还礼道歉。

不久之后山阴县恰逢旱灾，田地颗粒无收，但是官府却日日进村逼租逼税。众山民因听说贺知章谦和爱民，于是一起上门来求。

贺知章眼见这些百姓确实难以活命，于是召来职任越州司马的儿子；父子共同修书一封，送达钱塘郡守，请求免除山阴县一年钱粮，以安民生。

郡守览信之后，不敢怠慢，立即逐级申报朝廷；皇帝果然准奏，免征了当年钱粮。消息传来山阴县百姓奔走相告，人人称颂。

后来，百姓们集资在十里湖塘边立了一座"贺监祠"，以示不忘贺知章为民请命的功德。

tāng
汤

【姓氏来源】

汤姓的起源主要有三：

其一：源出子姓。帝喾之子契，其十四代孙名履、字汤，其后人以他的名字为氏。

其二：以谥号为氏。契第十四世孙汤，姓子，名履。夏朝末年，夏君桀暴虐无道，汤灭夏建商，定都于亳。汤死后，谥号为"成汤"。其子孙中有以谥号命氏的，称汤氏。

成汤像。

其三：因避祸改姓。西周初期，周公旦平定反叛后，将商朝旧都周围的地区封给商纣王庶兄微子启，建立宋国。传至秦朝时，秦始皇焚书坑儒，子孙后裔遂因畏祸将子姓改为汤姓。

【郡望堂号】

汤姓的郡望主要有中山郡、范阳郡等，以中山郡为最望。

中山郡：西汉时置郡，景帝改为国，治所在卢奴（今河北定县）。

范阳郡：三国魏时置郡，治所在涿县（今河北涿州）。

汤姓的堂号有"中山"、"范阳"、"临川"、"义士"、"叙睦"等。

【繁衍变迁】

汤姓发源于河南，商朝自建立一直到亡国，前后七次迁都，因此汤姓在商朝时就已经遍布河南、山西、河北等地区。秦汉之际，汤姓在河北地区比较兴旺，形成了中山和范阳两个重要的汤姓聚集地，期间，也有汤姓人向南迁到今越南地区。汤姓大举南迁，始于魏晋南北朝。唐末五代，中原的汤姓又进一步向南部迁居到湖南、江苏、浙江等地。汤姓也开始成为南方姓氏，在北方较为少见。两宋时期，汤姓人主要散布在江苏、浙江、江西、安徽、湖南、福建、四川等省。明朝初期，山西汤姓徙居到河南、河北、山东、江苏等地，又逐渐有汤姓人向两广地区迁居。清朝康熙年间，居住在广东的汤姓人开始渡海赴台，继而迁徙到东南亚地区。

【历史名人】

汤和：字鼎臣，明朝开国功臣，著名军事家。

汤显祖：字义仍，号海若，明朝戏曲作家、文学家。所著《紫钗记》、《还魂记》、《南柯记》、《邯郸记》，合称"临川四梦"，其中尤以《还魂记》最负盛名。

汤应曾：明朝末期琵琶演奏家，人称"汤琵琶"。

汤球：字伯玕，清朝著名学者、史学家。

【姓氏名人故事】

东方莎士比亚——汤显祖

汤显祖是明朝时期著名的戏剧家，在戏剧史上，他与关汉卿、王实甫齐名，在中国甚至是世界文学史上都占据非常重要的地位，被誉为东方的莎士比亚。

汤显祖出生在一个书香世家，从小受到家庭环境的良好熏陶，早早就显露了他过人的才华。十二岁时，汤显祖的诗作就已经名扬乡里，二十一岁时中举，二十六岁时就已经刊印了第一部诗集。汤显祖不仅精通古文诗词，对天文地理和医药卜筮等方面也十分有研究。

东方莎士比亚汤显祖。

汤显祖三十四岁的时候中进士，继而入朝为官。然而官场的黑暗和官僚的腐败，让汤显祖非常失望，他所希望的"朝廷有威风之臣，郡邑无饿虎之吏"是没有办法实现的。因此他打消了仕进的念头，在家潜心创作戏剧和诗歌。

汤显祖在文学上的成就当以戏剧为最，他的戏剧中最著名的是"临川四梦"，也叫"玉茗堂四梦"，分别为《还魂记》（又名《牡丹亭》）、《紫钗记》、《南柯记》和《邯郸记》。这些戏剧不但被百姓所喜欢，甚至传播到海外，成为世界戏剧艺术的珍品。汤显祖戏剧中的女性表现出的对爱情的追求，对自由的向往，摆脱了传统观念的束缚，十分具有个性解放的思想。

汤显祖不仅精于戏剧，对戏剧理论和批评也有自己的见解，认为内容要高于形式，强调以感情感动观众。在古文诗词方面，他刊印了《红泉逸草》、《雍藻》以及《问棘邮草》三本诗集。

luó

罗

【姓氏来源】

罗姓的起源主要有二：

其一：出自妘姓，为颛顼帝之孙祝融氏之后裔。传说在帝喾时，有掌管民事

火神祝融。

的火官重黎，是颛顼的后裔，因为广大黎民服务，当火官有功，帝喾便赐以他"祝融"的封号。祝融的后裔，分为八姓，即己、董、彭、秃、妘、曹、斟、芈等，史书上称之为"祝融八姓"。周朝初期，祝融的子孙被封于宜城，称为罗国。春秋时，罗国为楚国所灭，祝融氏的子孙遂迁移，以原国名罗为氏，繁衍生息。

其二：出自他族、他姓改姓。如南北朝时，北魏孝文帝实行汉化政策，将鲜卑族复姓多罗氏和叱罗氏改为汉字单姓罗。又有唐朝时，西突厥可汗斛瑟罗归附李唐，其子孙以"斛瑟罗"为氏，后简称罗氏，定居中国。据相关史料记载，有部分赖氏族人，春秋战国时期为楚灵王所害，改为罗、傅二氏避难。另清代爱新觉罗氏中有也改罗氏的。

【郡望堂号】

罗姓的郡望主要有豫章郡、长沙郡、襄阳郡等。

豫章郡：楚汉之际置郡，治所在南昌（今江西南昌市）。

长沙郡：秦时置郡，治所在临湘（今湖南长沙市）。

襄阳郡：东汉时置郡，治所在襄阳（今湖北襄樊市）。

罗姓的堂号主要有"豫章"、"尊尧"等。

【繁衍变迁】

罗姓起源于湖北，春秋战国时期，罗国为楚国所灭，罗姓人向南迁移至湖南地区。三国两晋南北朝时，北方战乱，罗姓人大规模南迁至江西、广东、福建等省，并在南方形成一大姓氏。唐宋之际，罗姓发展进入鼎盛期。元、明、清三朝，罗姓人为避战乱继续迁徙，并与各民族融合，进一步发展壮大，且成为部分少数民族的重要姓氏。

【历史名人】

罗邺：唐代诗人，有"诗虎"之称，被世人誉为"素有英姿，笔端超绝"，为唐代"三罗"之一。

罗隐：字昭谏，唐代诗人。因著有《谗书》而被朝廷厌恶，数十次考取科举均不中，史称"十上不第"。鲁迅评价《谗书》为"几乎全部是抗争和愤激之谈"。

罗贯中：名本，字贯中，号湖海散人。他是元末明初著名小说家、戏曲家，是中国章回小说的鼻祖。代表作《三国志通俗演义》（简称《三国演义》）为"中国古代四大名著"之一。

罗聘：字遁夫，清代著名画家，为"扬州八怪"之一。代表作为《鬼趣图》。

【姓氏名人故事】

丑才子罗隐

罗隐，字昭谏，新城（今浙江富阳市新登镇）人，为唐代著名的诗人。自小聪明过人，才华出众，成年后欲以文取仕，然而仕途十分坎坷。大中十三年（859）底罗隐至京师应进士试，竟然历时七年不第。后来又断断续续考了几年，总共加起来考了十多次，最终还是铩羽而归，所以史上将他称为"十上不第"。罗隐最终对仕途失望，隐居九华山，于是将自己的名字改为隐，表达自己怀才不遇，无奈隐居的愤懑之情。

罗隐虽然才华横溢，为人傲气，但是长相却不敢恭维，《唐才子传》中有记载罗隐"虽负文称，然貌古而陋"。

可以说在当时罗隐的相貌与其才华一样引人注目。据说，当时的宰相郑畋家有一小姐，平时喜欢琴棋书画。对罗隐那时候常常把自己写得不错的诗文寄给宰相看，郑家小姐看到罗隐的诗文后，对罗隐的诗文爱不释手。郑畋见女儿这样就将罗隐召到府中，让女儿躲在屏风后面，要是女儿觉得合适，就提亲；若是觉得不合适，就作罢。罗隐应邀而来，躲在屏风后面的郑家小姐一见，大失所望，后来再也不看罗隐的诗文了。

罗隐后来听说吴越王钱镠器量宽宏，容得下贤士，于是向钱镠写诗自荐，最终为吴越王所重用，任命其为钱塘令，掌书记，后来升为节度判官。

罗隐虽然在吴越为官，但是其桀骜不驯的性格丝毫没有收敛，即便是对待吴越王钱镠也经常口出不逊，所幸吴越王宽厚，一直对其十分器重，罗隐得遇明主，其才能终于有所施展。

qí
齐

【姓氏来源】

齐姓的起源主要三：

其一：出自姜姓，以国名为氏，为炎帝后裔姜太公之后。相传炎帝因为曾居住在姜水边，因此为姜姓。根据《通志·氏族略》和《元和姓纂》等史料的记载，炎帝的后裔姜尚，因辅助武王伐纣有功，被封于齐，建齐国。其子孙后裔中有以国为姓的，称齐氏。

其二：出自姬姓，以祖字为氏，为卫大夫齐子之后。《通志·氏族略》和《姓氏考略》中记载，

姜太公像。

春秋时期卫国有大夫齐子，他的子孙以祖父字为姓，称齐氏。

其三：出自改姓以及少数民族固有姓氏。《元和姓纂》上记载，唐朝宣城郡司马齐光，本姓是，其后代改姓为齐；清朝满洲八旗中有喜塔喇氏、齐佳氏等，均有改为汉字单姓齐姓的；《晋书》记载，武都氐人中有齐姓；清朝时，云南纳

西族中亦有齐姓。

【郡望堂号】

齐姓的郡望主要有汝南郡、高阳郡和中山郡。

汝南郡：汉时置郡，治所在上蔡（今河南上蔡西北）。

高阳郡：战国时置高阳邑。汉时改为郡，治所在高阳（今河北高阳县东一带）。

中山郡：战国时为中山国，国都在顾地（今河北定县），汉时置郡，治所在今河北北部地区。

齐姓的堂号主要有"汝南"、"玉芝"、"中山"、"高阳"等。

【繁衍变迁】

齐姓发源于山东，春秋后期，齐姓人开始向河南和河北等地徙居。秦汉时期，齐姓人大多遍及在北方地区，并形成了一些比较有规模的大的郡望。直到魏晋南北朝时，硝烟四起，战争频繁，饱受战争之苦的中原人开始向南方迁徙，齐姓人也举族避难，安居在四川、湖北、安徽、江苏、浙江等地区。唐朝初年，社会稳定，迁居到四川、湖北等地的齐姓人逐渐发展壮大起来。宋元时期，南北方的齐姓人发展得都非常繁盛。明朝初年，定居在山西的齐姓人作为迁民，也散居到河北、河南、北京、天津等地。明清之际，开始有少数齐姓人迁居台湾，继而远徙海外。清朝时，"闯关东"热潮使得河北、山东等地的齐姓在东北三省发展得十分旺盛。

【历史名人】

齐德之：元朝著名医学家，精于外科，著有《外科精义》三卷，为后世医学家所推崇、重视。

齐召南：字次风，号琼台，晚号息园，清朝杰出的大臣、学者，擅长地理之学，与齐周华合称天台二齐。著有《水道提纲》、《历代帝王年表》等。

齐大勇：河北昌黎县人，清朝雍正八年状元（1730）。官至湖广提督的武状元齐大勇，生前多次征战西南，为维护国家的统一作出了一些贡献。齐大勇还工于书法。

齐彦槐：字梦树，号梅麓，江西婺源人，清代官吏、学者。嘉庆进士，曾任江苏金匮知县，有治绩，以知府后补。以诗文书法知名于世，精于鉴赏。著有《梅麓联存》等。

【姓氏名人故事】

齐廓进言免丁钱

齐廓，字公辟，北宋越州会稽人。

大中祥符八年（1015），齐廓考中进士，自梧州推官多次迁升官职，曾为太常博士、知审刑详议官，提点荆湖南路刑狱。当时潭州通过审讯囚禁了七个人，认为他们是强盗，依照法律应当判处死刑。齐廓审讯得知，其中的状况并不是那样，于是，七人都免了去死刑。

平阳县从马氏时向人们征收人口税。人口税是从汉高祖时开始的，凡年满十五

岁以上，五十六岁以下，每年上交一百二十钱，为算赋，即丁赋的滥觞。这个制度历代相沿，只是赋税的额度不统一，年龄也不一样。当时平阳县向人们征收的人口税，每年输出银子达二万八千两之多，人们生了孩子，因为

齐廓进言免丁钱。

不堪人口税的重负，即便是孩子大了也不敢束发。古代男孩成童时束发为髻，束发一般十五岁左右，因为当时人口税繁重，人们以不束发来表明孩子年纪还小。齐廓非常同情人们的生活状况，向君主进言，最终使人口税得以免除。齐廓曾任三司度支、开封府判官，出访为江西、淮南转运使。齐廓在任职期间，秉公执法，当时的人们都认为他恭谨宽厚。

齐廓宽柔恭谨，人们冒犯他也不计较。齐廓的弟弟齐唐，为吉州司理参军，博览强记，曾经被推举为贤良正直的人。

hǎo
郝

【姓氏来源】

其一：出自子姓，其始祖为帝乙。相传帝喾有一个妃子名叫简狄，因拣到一只燕子蛋，吃后生下契。后来契因辅助大禹治水有功，被封于商，赐子姓。商族不断的壮大，在契的十四代孙汤的领导下，推翻了夏桀的统治，建立商朝。传至殷商第二十七代天子帝乙即位，将其子子期封于太原郝乡。后来商朝被周朝所灭，子期的后裔便有的以地为氏，称郝氏。

其二：出自复姓。据《唐书·宰相世系表》所载，相传在炎帝神农氏时，有姓郝骨氏的人，是太昊的辅佐。郝氏中可能就有源自郝骨氏这一支的。

其三：为古代南方少数民族姓氏。据《旧唐书·南蛮传》所载，唐朝南蛮有郝、杨、刘三姓。

【郡望堂号】

郝姓的郡望主要有太原郡。

太原郡：战国秦置郡，治所在晋阳（今山西太原西南）。

郝姓以"太原"等为堂号。

【繁衍变迁】

郝姓发源于山西。秦汉时期，郝姓已经散布在山西全境以及陕西、河南、河北等地。到了两晋南北朝时，河北的郝姓人为避战乱迁居进入山东，而河南地区

帝乙像。

的郝姓人则徙居安徽等地。隋唐之际，郝姓人落籍于湖北、四川等地。明朝初年，郝姓作为山西迁民之一，分布在河北、北京、山东、天津等地。明清时期，郝姓人在南方分布较广，并有进入湖南、福建者，同时，辽宁地区也有了郝姓人的聚集。清朝时期，居住在山西北部的郝姓人迁居至内蒙古和甘肃，而东南沿海地区的郝姓则渡海进入台湾，或者远徙东南亚国家。

【历史名人】

郝昭：字伯道，东汉末年至曹魏初年的著名将领。

郝孝德：隋末农民起义领袖。

郝澄：字长源，宋朝杰出画家。

郝懿行：字恂九，号兰皋，清朝著名的经学家、训诂学家。所著有《尔雅义疏》、《山海经笺疏》、《易说》、《书说》、《春秋说略》、《竹书纪年校正》等书。

【姓氏名人故事】

郝昭陈仓克诸葛

郝昭是东汉末年曹魏一方的杰出将领。郝昭少年从军，文武双全，善射有谋略，屡有战功，经曹真举荐镇守陈仓。

诸葛亮率军第二次南下攻曹时，听说魏军东征，关中兵力空虚，便出兵包围陈仓，不料郝昭早已筑好防备。

陈仓地势险要，易守难攻，再加上郝昭事先在陈仓做好了充足准备；诸葛亮先派属下魏延攻打陈仓城，连日攻打没有成果，蜀军滞留于陈仓城外。诸葛亮便派郝昭的同乡靳详在城外游说郝昭投降，遭到郝昭厉声拒绝。

于是，诸葛亮下令攻城。蜀军先以云梯冲车攻城，郝昭就命令士兵用火箭射云梯，云梯着火，爬在上面的蜀兵都被烧死。郝昭又命人用绳子绑着石磨，扔下城墙砸断冲车。诸葛亮见状便转用井阑向城中射箭，以掩护用土填平护城河的士兵，企图直接攀城。郝昭又在城中建起内墙，令井阑失效。诸葛亮想要通过挖地道的方式偷袭陈仓城，郝昭在城内挖下横壕沟，挡住地道。后来魏将王双奉命来

诸葛亮便派郝昭的同乡靳详在城外游说郝昭投降，遭到郝昭严厉拒绝。

救援郝昭，接连将蜀将谢雄、龚起杀死，措动了蜀军的士气。蜀军接连受挫，伤亡惨重，然而战事却毫无进展。

就这样双方激战二十多天也没有分出胜负。诸葛亮无计可施，听说魏军救援大军将至，蜀军粮草用尽只得退回汉中。魏明帝为嘉奖郝昭的善守，赐爵关内侯。

bì

毕

【姓氏来源】

毕姓的起源主要有三：

其一：出自姬姓，以国名为氏，为周文王第十五子毕公高之后。根据《通志·氏族略》和《新唐书·宰相世系表》上的记载，周文王的第十五个儿子毕公高，因随其兄周武王伐商有功，周朝建立后被封于毕，建立了毕国。毕公高的后裔毕万，在晋国做大夫，随献公四处征战，战功无数，被封于魏。春秋时期，与韩氏、赵氏"三

家分晋"瓜分了晋国,建立了魏国。仍居住在毕国的人,就以国名为姓,称毕氏。

其二:出自任姓。据《世本》的记载,毕姓由任姓所改。

其三:出自他族改姓或少数民族固有姓氏。如《魏书·官氏志》有记载,魏晋南北朝时期,北魏孝文帝进行汉化改革,将代北鲜卑族的出连氏改为汉字单姓毕;达斡尔族的毕力夹氏,其汉姓为毕姓或杨姓;赫哲族的毕拉氏,其汉姓也为毕;匈奴屠各族中有毕姓。

【郡望堂号】

毕姓的郡望主要有河内郡、河南郡和东平郡等。

河内郡:楚汉之际置郡,治所在怀县(今河南武陟县一带)。

河南郡:汉时将秦朝三川郡改为河南郡,治所在今河南洛阳。

东平郡:汉时改大河郡为东平国,治所在无盐(今山东东平东),南朝宋时改为郡。

【繁衍变迁】

毕姓发源于陕西,春秋战国时期,毕姓主要居住在山西、山东、河南等地,以山西和河南最为繁盛。西汉时期,毕姓人向北已经散播到河北地区,向南已经迁居到广西地区,而向东则远徙到山东东平,并形成了当地的望族。魏晋南北朝时,北魏孝文帝的汉化政策,使鲜卑族一部分融入毕姓,使河南毕姓一时间十分繁盛。唐朝末年,有毕姓人进入湖北、湖南地区。北宋时,则有毕姓氏族为避难迁居至江西、浙江、安徽等地。明朝初年,山西毕姓人被分迁,散居在陕西、山东、河南、河北、北京、天津等地。清朝乾隆以后,开始了闯关东的浪潮,河南、山东等地的毕姓人也有随之向东北三省迁徙的。同时,东南沿海地区的毕姓则有人迁到台湾,以及东南亚和欧美各地的。

【历史名人】

毕宏:唐朝著名画家,工于山水画。杜甫的《戏韦偃为双松图歌》中有"天下几人画古松,毕宏已老韦偃少"来赞美他。

毕昇：宋朝著名发学家，发明了活字版印刷术，推动了整个世界文明的进步。

毕沅：字湘蘅，一字秋帆，自号灵严山人，清朝著名学者，好著书，著有《续资治通鉴》等书籍。

【姓氏名人故事】

毕昇与活字印刷术

毕昇是北宋时期著名的发明家，他发明了胶泥活字印刷术，是世界上最早的活字印刷术，也是中国的四大发明之一。

根据沈括所著的《梦溪笔谈》的记载，毕昇是一名普通老百姓，最初为印刷厂从事雕版印刷的工人。在工作中他发现了雕版印书术的缺点，每印一本书，就需要重新雕一次版，不仅费时费力，而且还加大了印刷的成本。而且一旦刻错一个字，就要重新雕版，十分麻烦。而活字印刷术则是用泥雕制一副活字，印制不同的书籍只需要排列活字的顺序，一

毕昇发明活字印刷术。

些常用字可以多雕刻一些，既方便又快速，还避开了雕错字的麻烦，在印刷史上是非常有意义的一次变革。

活字印刷术经由阿拉伯商人传到欧洲，加快了欧洲社会的发展进程。活字印刷术加快了出版的效率，为书籍的传播提供了更便利的条件，为文艺复兴提供了基础。马克思将印刷术、火药、指南针的发明称为"是资产阶级发展的必要前提"。

活字印刷术是中国劳动人民对实践经验的科学总结，是古代中国对整个世界的发展进程加快作出的巨大贡献。

ān

安

【姓氏来源】

安姓的起源主要有三：

其一：出自姬姓，以国名为氏，为黄帝之孙安的后代。《唐书·宰相世系表》上记载，黄帝有子叫昌意，昌意有一个儿子叫安，在遥远的西部建立了安息国。安息国的子孙中有以国名为姓的，称安氏。汉朝时，安息国才与中原地区有所往来。

其二：唐朝的"昭武九姓"之一为安氏。隋唐时期，西域地区的月氏人建立了康国。后来逐渐其他政权加入，都以昭武为姓，遂称昭武九姓，其中有安姓，是以其原来的国家"安国"为氏。

其三：出自改姓。根据《魏书·官氏志》的记载，南北朝时期，北魏孝文帝的汉化政策，使得鲜卑族的安迟氏改为汉字单姓安；唐朝时，鼎鼎大名的安禄山，是由康姓改安姓；唐朝时的回鹘人、奚人，以及明清时期彝族沙骂氏、村密氏，以及其他少数民族中的很多复姓都有改为单姓安氏的；另有明朝时的元人孟格、达色等被赐为安姓。

【郡望堂号】

安姓的郡望主要有凉州、武陵郡和河内郡。

凉州：东汉时置州，治所在陇县（今甘肃张家川），是汉武帝十三刺史部之一，三国魏时移治姑臧（今甘肃武威）。

武陵郡：汉时置郡，治所在义陵（今湖南溆浦南），后移治临沅（今湖南常德西）。

河内郡：楚汉之际置郡，治所在怀县（今河南武陟西南），西晋时移治野王（今河南沁阳）。

安姓的堂号主要为"正伦"、"济世"、"中和"、"天全"、"武威"等。

【繁衍变迁】

安姓发源于西亚地区的安息国，汉朝时期进入中原后，散居在河南、甘肃和湖南等地，尤其在甘肃和湖南两地发展得比较繁盛。三国两晋南北朝，北方战争频繁，民不聊生，居住在中原地区的安姓人随着大规模的南迁的队伍，迁入湖南等地。北魏孝文帝汉化改革时，将鲜卑族的安迟氏改为安氏，繁荣了河南地区的安姓氏族。宋元时期，安姓人继续南下，进入安徽、江苏、浙江等地。明朝初年，安姓人作为迁民，被分迁山东、河南、安徽等地。清朝时，居住在广东、福建等沿海地区的安姓人渡海赴台，更远徙居至新加坡等东南亚地区。

安姓在当代中国人口排行中位居第一百零九位。

【历史名人】

安清：字世高，汉朝时期著名佛教学者。安清本为安息国太子，信奉佛教，精通梵语，为向中原传播佛教，将三十余部经书译为汉语。

安民：宋朝著名的石匠，善刻碑，品德高洁，不畏强暴。

【姓氏名人故事】

安世高与中国佛教

安世高本名为清，原本是古代安息国的王太子，是佛经汉译的创始人。安世高幼时就以孝行著称，聪明好学，精通各国典籍、医方异术等。

然而尖锐的政治斗争和腐朽的统治集团让年少的安世高十分厌恶，于是他安于佛教，不但恪守佛教戒律，还经常宣讲佛理。安世高的父亲去世后，他继承了王位，办完父亲的丧事后，就将王位让给叔叔，出家为僧，游历各国，最终来到

安世高是佛经汉译的创始人。

了中国。

佛教何时传入中国还没有定论，但是古书上记载，秦始皇时就有沙门室利防到中国的记载。汉朝张骞出使西域时，中印之间已经有了民间往来，佛教也可能随之传入中国。

安世高是在汉恒帝时进入到中国，那时，佛教的信奉者还只是将佛教当作一种神仙方术，信奉者将佛像当作祭祀的对象，焚香膜拜。安世高见到这样的景象，就萌生了让人们了解佛教的想法，于是他开始译述佛经。

安世高共译佛经三十五部四十一卷，是中国佛教史上的第一位译师，因为他，中国开始有了佛学。安世高边翻译经文，边聚徒开讲、传授佛理，门徒众多。他的翻译著作中有一部分是由他口述解释，由他人执笔成书，属于讲义体裁。其晚年行踪不定，关于他的神异传闻很多，在民间影响广泛，这些传闻与其所翻译的经文相辅相成，对汉末佛教的迅速传播起了很大的作用。

cháng

常

【姓氏来源】

常姓的起源主要有四：

其一：出自黄帝之臣常仪和大司空常先之后，为祖姓常氏。相传在五千年前的黄帝时代，就有以常为氏的，并且数量相当多。如《帝王纪》中记载，周族与

商族的首领高辛氏的次妃叫常仪，以善于占卜月的
晦、朔、弦、望著名。《史记·五帝本纪》有常先，
曾被黄帝任命为大司空，是史书上能见到的最早的
常姓。

常先像。

其二：出自姬姓，以邑为氏，为卫康叔之后裔。
周武王灭商建周后，将自己同母少弟封于康地，故
称康叔。后来武王去世，年幼的成王继位，周公旦
辅佐成王摄政。但建国之初分封的用以监管殷商遗
民的"三监"——管叔、蔡叔、和霍叔不服周公摄
政，就联合商纣王之子武庚以及东方夷族反叛。周公挥师东征平定叛乱，之后便
大规模地分封诸侯。周公将原来商都周围地区和殷民七族分封给当时素有贤名的
康叔，改封康叔为卫君。康叔建立卫国，故又称卫康叔。卫康叔有一子受封于常地。
后秦国统一天下，卫国国君被贬为庶人，其子孙后裔中有以邑名"常"为氏姓的，
称常氏。

其三：出自姬姓，以邑为氏，战国时吴国公族之后。据《姓氏考略》所载："吴
后有常姓。"吴国始祖是古公亶父的长子太伯和次子仲雍，二人让贤于弟弟季历，
即周文王姬昌的父亲之后，建都于吴。但何人何时因何而得为常氏，未见古籍
记载。

其四：出自恒姓，为避讳改姓。据《通志·氏族略》载，古代"恒"、"常"
同义，北宋真宗时有恒姓，为楚国公族恒思公之后，因避讳真宗名讳恒，遂将"恒"
姓改为同义的"常"姓。

【郡望堂号】

常姓的郡望主要有太原郡、平原郡、河内郡和武威郡等。

太原郡：战国秦时置郡，治所在晋阳（今山西太原西南）。此支常氏，为汉
昭帝时光禄大夫、右将军常惠之族所在。

平原郡：西汉时置郡，治所在平原（今山东平原县西南）。

河内郡：楚汉之际置郡，治所在怀县（今河南武涉县西南），西晋移治野王（今

河南沁阳）。此支常氏，为曹魏时大司农常林之族所在。

武威郡：西汉时置郡，治所在武威（今甘肃民勤东北），东汉时移治姑臧（今甘肃武威）。

常姓的堂号主要有"太原"、"积善"、"受宜"、"学古"等。

【繁衍变迁】

常姓发源于山东、江苏。战国时期，河南、河北、山东、安徽、湖北、江西、四川和江苏、浙江一带均有常姓人的分布。西汉时期，山西的常姓人发展得十分壮大，地位显赫。三国时期，四川的常姓人发展得较为兴旺。曹魏时，河南和甘肃地区的常姓人形成望族。隋唐时期，常姓人有徙居到福建的。宋朝时，江苏、浙江、江西、湖北等地的常姓人向今福建、广东、云南、贵州等地迁徙。清朝时，开始有常姓人进入台湾，进而远赴新加坡等地定居。

【历史名人】

常惠：今山西太原人，汉代官至右将军。他曾随苏武出使匈奴，被拘留十余年而始终不屈。获释回国后被昭帝拜为光禄大夫，封长罗侯，后代替苏武为典属国。常惠之后又有数人封侯，太原常氏由此显赫。班固所作的《汉书》也曾特别为他列传。他为汉朝与西域的文化交流作出了很大贡献。

常璩：字道将，东晋史学家。著有《华阳国志》、《汉之书》等。

常遇春：明朝名将，今安徽怀远人，曾为朱元璋建立明朝立下了汗马功劳。善射，力大无比，自称能率十万之众横行天下，军中号称"常十万"。

【姓氏名人故事】

开国大将常遇春

常遇春，字伯仁，濠州怀远（今安徽怀远县）人。他自幼家境贫寒，但是膂力过人，擅长骑射，是个百步穿杨的神射手。

朱元璋起义之时，一次领兵路过常遇春的村子。此时的常遇春因为困倦正在田边酣睡，梦中却忽然看见一位身披金甲的神人，对着他叫道："你的君王已经到了，怎么还不起来迎接？"

常遇春惊醒后，发现朱元璋正好领兵经过，当即对着朱元璋大礼叩拜，请求归附。朱元璋行兵路上经常遇到饥民投靠，所以毫不在意地接受了他。

然而不久行至长江边，那里有一座牛渚山，其北部突入江中，名为"采石矶"。朱元璋军队在此遭遇元兵列阵抵抗，军船被阻，离岸边近三丈余，但是士卒却无法登陆。

正在进退维谷之际，常遇春驾船赶到，只见他，站在船头威风凛凛气宇轩昂。朱元璋当即举令旗命他向前冲杀，常遇春毫不畏惧、应声而上，挥动长戈，直取岸上元兵，一时间大振军威。元兵见他神勇，大惊失色，一把将他的长矛抓住，谁知常遇春竟然乘势一跃跳上了江岸。

上岸之后，他高声呐喊，冲入敌阵势不可挡，元兵猝不及防纷纷逃避。

常遇春像。

朱元璋大喜，当即命将士乘势登陆，攻克了采石矶。

这场战役彻底改变了朱元璋对常遇春的看法，他叹道：千金易得一将难求。当即授常遇春太平总管府先锋之职。

常遇春后来战功赫赫，是朱元璋的最出色的开国元勋之一。以至于朱元璋在开国大宴上曾感慨道："若论开国之功，常遇春当居十之七八。"

yú

于

【姓氏来源】

于姓的起源主要有三：

其一：出自姬姓，以国为氏，为周武王姬发的后代。武王灭商后，建立周朝。分封其第二子邘叔于邘国，邘叔后裔便以国为氏，一部分姓邘，一部分则去邑旁姓于，称于氏。

其二：出自他族改姓。据《路史》所载，东海有于公后裔，本为汉人，后随鲜卑族迁移至代北为万忸于氏，后北魏孝文帝迁都洛阳，实施汉化改革，又恢复于姓。

邘叔像。

其三：出自避讳改姓。据《古今姓氏书辩证》所载，淳于公的子孙，以国为氏，称淳于氏。唐朝初年，皇族七姓中亦有淳于氏。至唐宪宗李纯时，为避讳皇帝的名讳，遂改复姓淳于氏为单姓于氏。直到宋朝，有部分于姓恢复为淳于姓，也有部分未改的，形成此支于氏。

【郡望堂号】

于姓的主要堂号有河南郡、东海郡和河内郡等。

河南郡：汉时置郡，治所在洛阳（今河南洛阳市东北）。此支于氏，概为于氏始祖邘叔的直系后裔。

东海郡：秦时置郡，治所在郯（今山东郯城北）。此支于氏，应为春秋战国时于泰后裔及北魏鲜卑族复姓万忸于氏改汉字单姓于氏的后裔。

河内郡：楚汉时置郡，治所在怀县（今河南武陟西南）。此支于氏，亦为邘叔的直系后裔。

于氏的堂号有"东海"、"为叙"、"福谦"、"佑启"等。

【繁衍变迁】

于姓发源于河南。秦汉时期，于姓人北迁至山西、河北，东迁到安徽、山东，西迁至陕西、甘肃。到了魏晋南北朝时，连年战乱使得于姓人大举南下，进入湖北、四川、湖南等地。隋唐时期，北方形成了几处于姓望族。北宋末年，有于姓人落籍黑龙江。南宋后期，浙江的于姓开始进入福建，并由福建进入广东。明朝初期，山西于姓作为迁民之一，分迁至山东、河南、河北、陕西、江苏等地。清朝时期，随着"闯关东"的热潮，河南、河北、山东地区的于姓人在东北三省定居，于姓遍布大江南北。

【历史名人】

于公：汉代东海郯人，曾官廷尉，执法公允。他所洗雪的"东海孝妇"一案，以善于决狱而成名，留下了为善为恶"万应不爽"的典型。

于禁：字文则，三国时期曹魏武将，曹操时期外姓第一将。骁勇善战，曹操称赞他可与古代名将相比。

于昕：北朝怀朔、武川镇将。在北魏击破柔然的过程中，立有大功。

于谦：字廷益，明朝名臣，民族英雄。于谦与岳飞、张煌言并称"西湖三杰"。

于慎行：字无可，明代政治家、学者、诗人、文学家。为"山左三大家"之一，标举"齐风"，提倡创新。

于成龙：字北溟，清朝官吏。为官清廉，爱民如子，康熙称赞他为"天下廉吏第一"。

【姓氏名人故事】

两袖清风的于谦

于谦是明朝著名的民族英雄和诗人。他为人耿直，做官时作风廉洁。但是于谦生活的那个时代，朝政十分腐败，贪污贿赂成风，宦官王振以权谋私。每到了进京朝见皇帝的时候，各地官僚都会准备珠宝白银献给王振，悉心讨好王振。但是于谦每次进京奏事的时候，总是不带任何礼品，他的同僚见了就劝他，说："你虽然不想攀求富贵，不想奉金献宝，但是总不能什么礼物都不带啊，好歹要带一些土特产，比如绢帕、蘑菇、线香啊，好歹当是人情啊。"

于谦笑着举起袖子说："我带着清风啊！"于谦觉得，绢帕、蘑菇、线香这些东西本是供给人民的，但是因为贪官污吏的搜刮，反倒给人民带去了灾难，所以自己什么也不带，就带着两袖的清风去拜见皇上。表达了于谦对那些阿谀奉承的贪官的嘲弄，同时表现了他为官清廉、不与世俗同流合污的铮铮风骨。"两袖清风"这一成语也就流传了下来。

fù

傅

【姓氏来源】

傅姓的起源主要有四：

其一：出于殷商名相傅说的后裔，以地名为氏。传说盘庚将商都迁至殷地后，商朝只繁盛了一小段时间，之后开始逐渐衰微。商高宗武丁即位后，想要重振朝纲，却没有可以任用的大臣，武丁为此非常苦恼。直到后来，武丁通过自己的梦境，在虞虢之界的一个叫作傅岩的地方，找到了一名叫作说的奴隶。武丁拜说为宰相后，修政行德，使商朝又达到了一个极盛的状态。武丁因而被誉为"中兴明主"。而说因为发于傅岩，其后世遂以地名为氏，称傅氏。

武丁举傅说。

其二：出自姬姓，为黄帝裔孙大由之后。据《唐书·宰相世系表》所载，黄帝的裔孙大由被分封于傅邑这个地方，其后裔子孙便将邑名作为姓氏，称傅氏。

其三：出自赖姓。根据《赖氏族谱》上的记载，春秋时期，赖氏族人中，有为楚灵王所害的，为避难就改为罗、傅二氏，因两氏毗邻，并且有姻戚关系，因而有赖、罗、傅联宗的说法。

其四：出自他族改姓。如清朝时期，有满洲人傅恒，本姓富察氏，以及傅开，本姓郎佳氏，均改傅氏。还有高丽族、蒙古族、回族等少数民族改为傅姓。

【郡望堂号】

傅氏的郡望主要有北地郡、清河郡等。

北地郡：战国秦时置郡，治所在义渠（今甘肃庆阳西北）。此支傅氏，其开基始祖为西汉义阳侯傅介子。

清河郡：汉时置郡，治所在清阳（今河北清河东北）。

傅姓的堂号主要有"兴商"、"清河"、"版筑"、"野版"等。

【繁衍变迁】

傅姓发源于山西、山东等地。汉晋之间，有傅姓人迁至陕西、甘肃、宁夏等地。后又东迁至河北。汉朝时，开始有傅姓人向贵州迁徙。汉末三国时，傅姓人进入四川。两晋之际，傅姓人在河北发展得较为快速。魏晋南北朝之际，傅姓人为避战乱，南迁至浙江境内。唐朝末期，开始有傅姓人进入福建地区。北宋末年，河北傅姓向南迁至福建。南宋末年，由河北迁至福建的傅姓人又南迁至广东。宋朝以后，傅姓人遍布全国。

【历史人物】

傅玄：字休奕，西晋著名哲学家、文学家。学识渊博，著有《傅子》等，其作品在两晋文学史上占有重要地位。

傅山：字青竹，明清之际著名医学家、思想家。有《傅青主女科》、《傅青主男科》等书流传于世。

傅介子：西汉时期著名勇士和使者，使计斩杀楼兰王，安定西域，重新打通丝绸之路，保护了丝绸之路的安全。

【姓氏名人故事】

傅说的传说

传说盘庚将商都迁至殷地后，商朝繁盛了一段时间，之后又开始走下坡路。商高宗武丁即位后，想要重振朝纲，却苦于没有可用的大臣，为此武丁非常苦恼。一次武丁做梦，梦到一位智者，只要找到这位智者就能够重振朝纲。武丁醒来后叫人用笔画出梦中人的长相，便派人去寻找。先是在大臣中找了一圈，没有找到。

于是武丁又派人全国范围内寻找，终于在虞虢两国交界之处，一个叫傅岩的地方找到一名叫作说的奴隶。

武丁找到傅说后，立即拜傅说为宰相。傅说辅佐高宗武丁修政行德、安邦治国，最终使商朝又达到了"武丁中兴"的辉煌盛世，武丁因而被誉为"中兴明主"。

傅说辅佐高宗创"武丁中兴"的盛世。

kāng

康

【姓氏来源】

康姓的起源主要有三：

其一：出自姬姓，为周武王弟康叔后裔，以祖上谥号或封邑为氏。周武王灭商建周后，将自己同母少弟封于康地，故称康叔。后来武王去世，年幼的成王继位，周公旦辅佐成王摄政。但建国之初分封的用以监管殷商遗民的"三监"——管叔、蔡叔、和霍叔不服周公摄政，就联合商纣王之子武庚以及东方夷族反叛。周公挥师东征平定叛乱，之后便大规模地分封诸

康叔像。

侯。周公将原来商都周围地区和殷民七族分封给当时有贤名的康叔，改封康叔为卫君，建立卫国，故又称卫康叔。卫康叔死后谥号是"康"，其后代遂有以谥号为氏，或以封邑为姓，称康氏。

其二：出自西域康居国王子之后裔，以国为氏。据《梁书》中记载，汉朝时，朝廷在西域设置都护，西域的康居国派其王子来到中国，以表示对汉室的臣服。那位王子到达我国后就在河西落脚待诏，后定居河西，其后人以国为氏，称康氏。隋唐之时，这个国家仍然存在，称康国。

其三：出自他族或他姓改姓。西魏时建立政权的突厥族中有康姓。金时女真人纳喇氏、清时满洲赫舍里氏、达斡尔族华力提氏，其汉姓均为康姓。又有宋时，

193

因避宋太祖赵匡胤名讳，有匡姓氏族改为音近的康姓氏族。

【郡望堂号】

康姓郡望主要有京兆郡、东平郡、会稽郡等，其中以京兆郡最望。

京兆郡：三国魏时置郡名，西汉时改右内史置京兆尹，为"三辅"之首。治所在长安（今陕西西安市北）。

东平郡：汉时改大河郡为东平国，治所在无盐（今山东东平东），南朝宋时改为郡。

会稽郡：秦时置郡，治所在吴县（今江苏苏州市）

康姓的堂号亦有"京兆"、"华山"、"会稽"等。

【繁衍变迁】

康姓发源于河南、甘肃等地。秦朝时，康姓人迁居到陕西、山东等地。魏晋南北朝时，甘肃地区的康姓人落居陕西，后又向东南地区迁移。唐朝时，宁夏地区的康姓氏族向浙江发展。宋末元初，大批的康姓人向南方徙迁。明朝时，山西的康姓人作为迁民之一，分别徙居至河北、河南、山东、安徽、江苏、湖北等地。清朝以后，福建、广东等东南沿海地区的康姓人陆续迁往台湾，进而远播迁海外。

【历史名人】

康泰：三国时吴国出使南海的官员，是历史记载的，中国古代最早航海到东南亚、南亚的旅行家，著有《吴时外国传》等。

康海：字德涵，号对山，明朝文学家，"前七子"之一，代表作品有《中山狼》、《沜东乐府》、《对山集》等。

康昆仑：唐朝著名琵琶演奏家，有"长安第一手"之称。

康进之：元朝杰出戏曲家，现存其杂剧《李逵负荆》一剧。

康有为：又名祖诒，字广厦，号长素，近代著名政治家、思想家、社会改革家。资产阶级改良派代表人物之一，发动了著名的"戊戌变法"。著作有《新学伪经考》、《孔子改制考》等。

敢为天下先的康有为

康有为是光绪年间著名的"戊戌变法"的奠基人与主要发起人。当时的清朝政府昏庸腐败,国家屡遭外强欺凌,令康有为忧心忡忡。

康有为在北京参加举人的会试之时听说,清政府要与日本订立丧权辱国的《马关条约》后,极为愤慨。于是连夜起草了一份过万字的上皇帝书,并召集各省上千人的举人一起集会,通过了这个万言书。这份万言书后来被送交都察院,就是历史上有名的"公车上书"。

康有为在会试之后中了进士,随后被任命为工部主事。他认为国家已经到了危急时刻,必须变法才可救国,于是持续不断地向光绪帝上书希望变法维新。

此举深得光绪帝赞赏,光绪帝下旨:以后康有为如有奏折,即日呈递,不得阻拦。很快,光绪皇帝根据康有为等人的建议,颁布了一系列变法诏书和谕令,其中主要为:经济上,设立农工商局、路矿总局,提倡开办实业;修筑铁路,开采矿藏;组织商会;改革财政。政治上,广开言路,开放报禁,允许士民上书言事;裁汰绿营,编练新军。文化上,废八股,兴西学;创办京师大学堂;设译书局,派留学生;奖励科学著作和发明。

但是此举很快遭受朝廷中保守派的一致反对,他们接连向慈禧太后上书请求处死康有为等人,当时光绪帝虽然已经亲政,然而国家真正的大权还是掌握在太后慈禧手中。

慈禧太后最终因惧怕变法革新会削夺自己的权力而出手阻止,她连夜将光绪皇帝囚禁于中南海的瀛台,然后发布训政诏书,

康有为起草万言书。

再次临朝"训政",康有为被迫逃亡国外。

"戊戌政变"前后只施行了不过百天便告夭折,是以历史上又称为"百日维新"。

wǔ

伍

【姓氏来源】

伍姓的起源主要有二:

其一:以祖名为氏,为黄帝时大臣伍胥之后。根据《玄女兵法》记载,伍胥是上古时期黄帝部落的一个大臣,是传说中的古代术士。黄帝与蚩尤激战时,伍胥曾与邓伯温一同制定策略,帮助黄帝击败蚩尤。伍胥的子孙就以祖父名为姓,称伍氏。

其二:出自芈姓,以名为氏,楚大夫伍参之后。春秋时期,楚庄王有宠臣伍参。楚国与晋国争霸时,一次两军相遇。孙叔敖主张撤军,而伍参则劝谏楚庄王果断出击,并分析了楚国军队的优势和晋国军队的弱点,楚庄王听从了他的意见。结果楚国军队大获全胜,楚庄王便封伍参为大夫,伍参便以名为姓,称伍氏。

【郡望堂号】

伍姓的郡望主要有安定郡和武陵郡。

安定郡:西汉时置郡,治所在高平(今宁夏回族自治区固原),东汉时移治临泾(今甘肃镇原东南)。

武陵郡:汉时置郡,治所在义陵(今湖南溆浦县南),后移治临沅(今湖南常德西）。

伍姓的堂号主要有"孝友"、"明辅"、"敦睦"、"务本"等。

【繁衍变迁】

伍姓发源于湖南，秦汉时期，伍姓家族在安徽、湖北、陕西一带有所分布。魏晋南北朝时，伍姓人已经散居在河南、四川、湖南、湖北等地。唐朝安史之乱以后，伍姓人东迁至浙江、江苏、福建等地。宋元时期，伍姓人逐渐向广东地区迁居。明朝初年，山西伍姓氏族被分迁到陕西、甘肃、河北等地。清朝时，居于东南沿海地区的伍姓人迁徙至台湾，继而远居至新加坡等东南亚国家。

【历史名人】

伍子胥：名员，字子胥，春秋末期吴国大夫、军事家、谋略家。刚直谏净，辅助阖闾成就霸业，是姑苏城的创建者。

伍乔：南唐杰出诗人，工六经，善《周易》，诗文皆佳，尤以七律见长，是南唐保大年间状元。著有《伍乔集》。

伍钝：字文琏，明朝著名孝子，才华出众，善于辩论。侍奉母亲不离左右，母亲去世后，结庐守墓三年，乡里称之为"伍孝子"。

伍廷芳：本名叙，字文爵，号秩庸，清末民初杰出的外交家、法学家，是中国近代第一个法学博士。

【故事和典故】

伍子胥报仇

伍子胥是春秋时期的楚国人，其父为楚国太子建的老师伍奢。楚平王因与太子建之间产生隔阂而决意废除建的太子之位，又恐伍奢维护太子，于是事先将武奢召回诬说太子有谋逆之心，命令伍奢指认太子，伍奢断然拒绝，遂被投入监牢。伍子胥的兄长伍尚得到消息前去为父亲求情，伍子胥心知前去凶多吉少，于是力劝兄长不要前去，伍尚执意前往，遂与父亲一同被楚平王所杀。

伍子胥鞭尸。

伍子胥得到消息之后又惊又悲，心知此时若意气用事除了枉送性命之外于事无补，只得强忍悲痛带着公子胜逃出楚国想投奔吴国。楚平王很清楚伍子胥的才能，将其视作自己的心腹大患，于是四处张贴伍子胥的画像，并重金悬赏捉拿他。伍子胥为躲避追捕，白天藏匿，晚上赶路，终于来到吴楚两国交界的昭关，眼见处处是自己的画像，层层士兵守关，只道逃脱无望，家仇难报。

伍子胥愁得一夜白头，此时恰逢其好友东皋公前来探望，见伍子胥须发皆白不禁由忧转喜。此时的伍子胥如同耄耋老者，守关的楚兵断然辨别不出。东皋公又找来长相酷似伍子胥的自己的好友皇甫讷，将二人装扮妥当之后，四人一起出关，果然如东皋公所料，皇甫讷刚一至关口便被楚兵抓捕，而伍子胥趁乱安然通过昭关。伍子胥来到吴国之后，深得公子光的器重，助公子光称王之后被封为大夫。公元前 506 年，伍子胥身为副将亲率大军灭了楚国，那时楚平王虽然已死，依然被伍子胥将其尸骨挖出。伍子胥鞭尸泄恨，终报大仇。

yú

余

【姓氏来源】

余姓的起源比较纯正，出自春秋时期秦国名相由余之后。春秋时期，西戎地区有一名臣，名叫由余，他的祖先是晋国人，为了逃避战乱去了西戎。由余在西戎做官，后来奉命出使秦国。由余见秦穆公贤德大度，便留在秦国辅助秦穆公，任上卿（即宰相）。通过他的出谋划策，使秦国成为西方霸主。他的子孙中有以其名中的"余"为姓的，称余氏。

由余像。

【郡望堂号】

余姓的郡望主要有新安郡、下邳郡、吴兴郡等。

新安郡：晋时置郡，治所在始新（今浙江淳安西）。

下邳郡：东汉时置国，治所在下邳（今江苏睢宁西北），南宋时改为郡。

吴兴郡：三国时置郡，治所在乌程（今浙江吴兴南）。

余姓的堂号主要有"下邳"、"清严"、"忠惠"等。

【繁衍变迁】

余姓发源于陕西，秦汉以后，有余姓人落居于河南、安徽等地。魏晋南北朝时，两湖地区有余姓人的迁入。余姓人迁居福建始于唐朝初期，并在唐僖宗年间，继续徙进广东、湖南、浙江、江西等地。宋朝时，余姓人已经遍布大江南北。明朝初年，山西的余姓人作为迁民之一，迁往陕西、甘肃、河南、山东、江苏、浙江、河北、安徽等地。清朝时，福建地区的余姓人渡海进入台湾，并进一步移居海外。

【历史名人】

余靖：本名希古，字安道，北宋官员，庆历四谏官之一，与欧阳修、王素、蔡襄同任知谏院，合称为"四谏"。

余象斗：字仰止。明代书坊刻书家、著名的通俗小说编著者和刊行者，经他编著和刊行的小说有《四游记》、《列国志传》、《全汉志传》等。

余怀：字澹心，清代文学家，与杜浚、白梦鼎齐名，时称"余、杜、白"。

余叔岩：字小云，著名京剧表演艺术家，"新谭派"的代表人物，世称"余派"。

【姓氏名人故事】

余靖直言进谏

余靖,北宋官员,本名希古,字安道,号武溪。韶州曲江人。天圣二年(1024)进士,官至工部尚书。他以敢直言谏著称,在宋仁宗时,与欧阳修、王素、蔡襄并称"四谏"。

他积极提出各种建议,主张变更尽依"祖宗故事"的旧法,所提建议涉及人事、治民、边政、刑法、租赋、御盗等多方面,是"庆历新政"的积极参与者。

余靖历官集贤校理、右正言,使契丹,还任知制诰、史馆修撰、桂州知府、集贤院学士、广西体量安抚使、尚书左丞知广州。范仲淹被贬时,朝野百官不敢吭声,唯有他出来为范仲淹主持公道,结果一同被贬。后任右正言,多次上书建议严赏罚,节开支,反对多给西夏岁币。他又曾三次出使辽国,因用契丹语作诗被劾。不久又被起用,加集贤院学士,官至工部尚书,著有《五溪集》。

后来,广州设有一座"八贤堂",余靖即为"八贤"之一。

余靖直言进谏。

gù
顾

【姓氏来源】

顾姓的起源主要有二：

其一：出自己姓，以国为氏，为昆吾氏之后。相传颛顼的孙子吴回在帝尧时担任火神祝融的职位。吴回有一子，名终。因为被封于陆乡，所以叫陆终。陆终有六子，长子名樊，赐己姓，封于昆吾，以封地名为姓，称昆吾氏。昆吾氏有子孙被封于顾国，世称顾伯。到了夏朝末期，顾国被商汤所灭，散居各地的顾伯子孙便以国名为姓，称顾氏。

其二：出自姒姓，为越王勾践的后裔，以祖上封号为氏。相传大禹死后葬于会稽，其子启在山上建立宗庙祭祀他。到夏帝少康时，将庶子无余封在会稽，主持禹的祭祀，建立越国，都城会稽。其后人以国为氏，称越氏。春秋末年，越国常与吴国交战，后吴国打败，越王勾践卧薪尝胆，后终于攻灭吴国，成为霸主。战国时越国为楚国所灭。汉朝，传至勾践的七世孙摇，摇因助刘邦灭项羽有功，被封为东海王，因都城在东瓯，遂有俗号东瓯王。后来摇封自己的儿子为顾余侯，其子孙以其封号的第一字为姓，称顾氏。

【郡望堂号】

顾姓的郡望主要有会稽郡、武陵郡等。

会稽郡：秦时置郡，治所在吴县（今江苏苏州市）。清时移治山阴（今浙江绍兴）。

武陵郡：汉时置郡，治所在义陵（今湖南溆浦南）。

顾姓的堂号有"会稽"、"三绝"等。

【繁衍变迁】

顾姓的起源分为两支，一支为北顾，发源于河南；一支为南顾，发源于浙江。南顾成姓不久就成为当地一带的大姓，而北顾发展的则不如南顾。唐朝以后，顾姓人开始向南北各地发展。明初，住在山西的顾姓人被分迁到河北、河南、山东、安徽、江苏等地。明代中期，安徽、湖北、湖南、福建、广东、四川等地均有顾姓人分布，在北方的山东、山西、陕西、河北和内蒙古等地也有所散布。明朝末年到清朝中期，有福建和广东等东南沿海的顾姓人徙居台湾，进而远播海外。

【历史名人】

顾恺之：字长康，东晋著名画家、绘画理论家、诗人，"六朝四大家"之一。著有《论画》、《魏晋胜流画赞》、《画云台山记》等。

顾况：字逋翁，号华阳真逸，晚年自号悲翁，唐朝著名诗人、画家、鉴赏家。

顾炎武：本名继坤，改炎武，字宁人，清朝著名思想家、史学家、语言学家，与黄宗羲、王夫之并称为明末清初三大儒。

顾太清：名春，字梅仙，清代著名女词人。著作小说《红楼梦影》，是中国小说史上第一位女性小说家。

【姓氏名人故事】

顾炎武自督读书

顾炎武是明朝万历年间江苏昆山人，曾用名顾绛。清顺治二年（1645）清兵南下，明军崩溃，因为敬仰南宋民族英雄文天祥的门生王炎午的忠贞品格，为自己更名炎武。"天下兴亡，匹夫有责。"这句家喻户晓的名言，就是由顾炎武所说。

顾炎武自幼十分勤学，十一岁那年，他的祖父蠡源公要求他通读《资治通鉴》，并告诫他说："有的人不求甚解，读书只是粗略而过，那样从书中不能学到什么，更有的人只图省事，看书只去浏览一下《纲目》之类的便以为万事皆知了，这是不足取的。"

这番话使顾炎武领悟到，读书做学问是必须务实的，如若不以勤奋严谨的态度去读书，那么收效甚微。于是从此，顾炎武开始了"自督读书"。

他给自己立下了多条读书规矩，首先，每日规定好必须读完的卷数，并且限定自己每天读完后把所读的书逐字逐句地抄写一遍。因此他在读完《资治通鉴》后，一部书变成了两部书。

随后是自己每读一本书都要做读书笔记，看后认真写下心得体会。这个习惯他一直保持着，后来，他的一部分读书笔记，汇成了著名的《日知录》一书。

最后，他在每年春秋两季，都要温习前半年读过的书籍，边默诵，边请人朗读，发现差异，立刻查对。他规定自己每天这样温习，温习不完，决不休息。

顾炎武后来成了著名的思想家与学者，他"自督读书"的故事也为众多后世学子们用来自勉。

mèng

孟

【姓氏来源】

孟姓的起源主要有二：

其一：出自姬姓，为鲁庄公的庶兄庆父共仲之后裔。春秋时期，鲁庄公的庶兄庆父共仲，为人专横，不但与自己的嫂子，鲁庄公的夫人哀姜私通，还设计害死了继位的公子般，另立哀姜的妹妹叔姜之子姬启，为鲁闵公。后又杀害了闵公，制造内乱，想自立为君。庆父的弟弟季友带着鲁庄公的另一个儿子姬申逃到邾国，并发出文告声讨庆父。鲁国人民纷纷响应，庆父为逃避罪名，出奔莒国。后季友贿赂莒国，请求送回庆父，庆父在归国途中自杀。庆父死后，季友让庆父之子公孙敖继承庆父的禄位。因庆父在兄弟中排行老大，而"孟"字表示兄弟排行次序里最大的那一个，其子孙就称孟孙氏。后来又为避讳弑君之罪，孟孙氏就将姓氏简化，称孟氏。

其二：出自姬姓，为卫灵公之兄孟絷的后裔。西周初年，周公旦平定武庚的反叛后，将原来商朝都城周围地区和殷民七族分封给弟弟康叔，建卫国。传至第二十八代君王卫襄公时，有子絷，字公孟。他的子孙以王父字为氏，为孟姓。

【郡望堂号】

孟姓的郡望主要有洛阳、平陆县、平昌郡、东海郡、巨鹿郡、武康县、江夏郡等。

洛阳：汉魏时治所在今河南洛阳市白马寺东洛水北岸。东汉、三国魏、西晋、五代唐先后定都于此。新莽、唐、五代梁、晋、汉、周、北宋、金都以此为陪都。隋唐移治汉城西十八里。

平陆县：汉时置太阳县，唐朝时改平陆县，治所在今山西西南端、黄河北岸。

东海郡：秦时置郡，治所在郯（今山东郯城北）。此支孟氏，为西汉孟喜之族所在。

巨鹿郡：秦时置郡，治所在巨鹿（今河北平乡西南）。

武康县：治所在今浙江省北部。此支孟氏，为唐朝时孟效之族所在。

江夏郡：西汉时置郡，治所在安陆（今湖北云梦）。这支孟氏，为三国时孟宗之族所在。

孟姓的堂号亦有"平陆"、"东海"、"巨鹿"等。

【繁衍变迁】

孟姓发源于山东、河南，早期播迁于今山西、河北、陕西等地。东汉时期，陕西的孟姓氏族迁至江苏、浙江等地。到了魏晋南北朝，战争不断，孟姓人为避战乱大规模向南迁徙，山东孟姓人迁居江苏、浙江；河南孟姓多徙往湖北、江西一带。五代时，有河北孟姓人建后蜀政权，定都于四川成都。宋元时期，孟姓人第二次大举南迁，集中在长江中下游地区。明朝时，山西孟姓人向河南、河北、东北、天津等地移居。清朝有孟姓人徙居台，进而播徙海外。

【历史名人】

孟子：名轲，字子舆，战国时代的思想家、教育家，战国时期儒家代表人物。著有《孟子》一书。有"亚圣"之称，与孔子合称为"孔孟"。

孟获：三国时期南中一带少数民族的首领，后来被诸葛亮七擒七纵降服，有"七擒孟获"的典故。

孟浩然：唐朝著名诗人，与王维合称为"王孟"。代表作有《春晓》、《过故人庄》等。

孟郊：字东野，唐朝诗人，有"诗囚"之称，又与贾岛齐名，人称"郊寒岛瘦"。代表作有《游子吟》。

【姓氏名人故事】

孟子劝战

孟子是战国时期著名的思想家、教育家，当时诸国都采取远交近攻的政策，所以战事不断，民不聊生。孟子因此决定周游列国，去游说诸国君王停战，梁国的梁惠王以好战著称，孟子于是先来到了梁国。

梁惠王对孟子闻名已久，见面后问孟子道："我治理国家兢兢业业，对待百姓尽心尽力。河内连年灾荒，我就将那里的百姓尽量迁移到土地肥沃，没有灾害的河东去，又将河东的粮食运到河内，帮助剩下的百姓渡过灾年。在我的国内我尽力不使百姓遭遇饥饿，相比之下，周围的邻国谁也没有我体恤民情，可是为什么我国的百姓并未增多，而邻国的百姓也不见减少呢？"

孟子道："大王好战，我今天就用打仗来作比喻吧。请问大王，在战场之上，两军对垒之时同时出现两个怕死的逃兵，一个跑得快，到了一百米的地方站住；另一个跑得慢，到了五十米的地方站住。那么那个跑五十米的逃兵有没有权利嘲笑那个跑了一百的逃兵是贪生怕死之徒呢？"

梁惠王笑道："同为临阵脱逃怎么还能互相嘲笑呢？"

孟子此时点头道："大王说得极是,如果没有战争,百姓人人有田种,居有其屋,老有所养,那么大王就不必担心自己的百姓比邻国的少了。而如今梁国因为连年征战,百姓流离失所无法耕种,很多贫民忍饥挨饿,而富贵人家的猪狗却终日饱食,路上饥殍遍野却没人开仓放粮,五十步笑百步。您却将这一切的原因归咎于年成不好。这和举刀杀人之后辩驳说:'这不是我杀的而是兵器杀的。'有何区别?大王若是能明白了其中道理,那么只怕天下的百姓都要投靠到您的国家来了。"

孟子一语破的,解除了梁惠王长期的困扰:邻国国君不顾荒年中百姓的生活,诚然是不爱惜百姓,而梁惠王常调动百姓去打仗,致使民不聊生,就如同那个五十步笑百步的逃兵一般,与邻国国君如出一辙,也难称爱民。

huáng

黄

【姓氏来源】

黄姓的来源主要有四:

其一:出自嬴姓,一说为颛顼曾孙陆终之后。陆终后裔被封于黄地,后黄地为楚所并，子孙四散，以国为姓；一说为颛顼苗裔伯益之后。伯益因帮助大禹治水有功，被赐予赢姓，封于黄地，商朝末年建立黄国，后为楚所并，子孙以国为氏。伯益的这一支黄氏，为黄氏族人的主要来源，史称黄氏正宗。

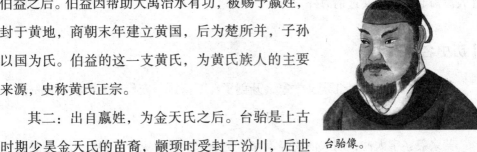

台骃像。

其二：出自赢姓，为金天氏之后。台骃是上古时期少昊金天氏的苗裔，颛顼时受封于汾川，后世尊为汾水之神。台骃的后人曾建立沈、姒、蓐、黄诸国，以国为姓。春秋时，黄国被晋国所灭。其后仍以国名为氏。

其三：出自赐姓。据黄氏族谱相关记载，十三世石公辅佐周朝有功，被赐予黄姓。又一世高公，商太戊时受封于黄。

其四：出自南方少数民族姓氏。据史料记载，南蛮地区有黄姓，唐人黄少卿、黄少高等均为南蛮黄姓之后。

【郡望堂号】

黄姓的郡望主要有江夏郡、会稽郡、零陵郡等，其中以江夏郡最名望。

江夏郡：汉高祖时置郡，治所在安陆（今湖北云梦）。此支黄氏，为东汉大臣黄香之族所在。

会稽郡：秦时置郡，治所在吴县（今江苏苏州市）。此支黄氏，出自东汉黄昌之后。

零陵郡：西汉时置郡，治所在零陵（今广西全州西南）。此支黄氏，为三国黄盖之族所在。

黄姓的堂号主要有"江夏"、"思敬"、"逸敦"等。

【繁衍变迁】

黄姓发源于河南。春秋时期，黄国为楚国所灭，大部分黄姓人迁入楚国腹地，定居湖北各地。西晋末年，黄姓人大规模南迁。唐宋之际，黄姓人在福建、江西、广东等地发展得尤为旺盛。北宋末年，河南黄姓氏族为避难，徙居至浙江，并成为当地的望族。宋元时期，黄姓人在福建、广东繁衍得最为茂盛，明末清初，黄姓人渡海赴台，后又远播海外。

【历史名人】

黄庭坚：字鲁直，北宋文学家，开创了江西诗派。宋代四大书法家之一。又与张耒、晁补之、秦观合称"苏门四学士"。

黄宗羲：字太冲，明末清初经学家、史学家、思想家。与顾炎武、王夫之并称明末清初三大儒，亦有"中国思想启蒙之父"之誉。

【姓氏名人故事】

山谷道人黄庭坚

黄庭坚，字鲁直，自号山谷道人，晚号涪翁，又称豫章黄先生，洪州分宁人。北宋诗人、词人、书法家，江西诗派开山之祖。

黄庭坚是英宗治平四年（1067）进士。擅文章、诗词，尤工书法。诗风奇崛瘦硬，力摈轻俗之习，开一代风气。早年受知于苏轼，与张耒、晁补之、秦观并称"苏门四学士"。诗与苏轼并称"苏黄"，词与秦观并称"苏秦"。

山谷道人黄庭坚。

他的草书单字结构奇险，章法富有创造性，经常运用移位的方法打破单字之间的界限，使线条形成新的组合，节奏变化强烈，因此具有特殊的魅力，成为北宋书坛杰出的代表，与苏轼成为一代书风的开拓者。

后人所谓宋代书法尚意，就是针对他们在运笔、结构等方面更变古法，追求书法的意境、情趣而言的。黄庭坚书法精妙，与苏轼、米芾、蔡襄等并称"宋四家"。

沈周曾在诗卷的题跋中这样评价黄庭坚的草书："山谷书法，晚年大得藏真三昧，此笔力恍惚，出神入鬼，谓之'草圣'宜焉！"可见此时黄庭坚的草书艺术已达到炉火纯青的地步。

mù
穆

【姓氏来源】

穆姓的起源主要有二：

其一：出自子姓，以谥号为氏，为宋穆公的后裔。据《元和姓纂》所载，西周时，周王朝封微子于宋，建立宋国。传至宋宣公时，他没有传位给儿子与夷，而是传给了弟弟子和即宋穆公。宋穆公去世后，传位给了与夷，即宋殇公。宋穆公受到国人称赞，谥号为"穆"。宋穆公的子孙中有以其谥号为姓的，称穆氏。

宋穆公像。

其二：出自改姓。据《魏书·官氏志》记载，北魏鲜卑族的丘穆陵氏，汉姓为"穆"；宋朝时，一部分定居中国的犹太人被赐姓穆；满族入主中原以后，许多满洲旗人也将自己的姓简化为穆。

【郡望堂号】

穆姓的郡望主要有汝南郡和河南郡。

汝南郡：西汉时置郡，治所在上蔡（今河南上蔡西南部），东汉时移至平舆（今河南平舆）。

河南郡：西汉改秦三川郡置郡，治所在雒阳（今河南洛阳）。

【繁衍变迁】

穆姓发源于河南。春秋战国时，山东、河南、湖北等省均有穆姓人的分布。秦汉之际，穆姓人在山东、江苏、安徽、河南等地活动得非常活跃。魏晋南北朝时，穆姓人向南迁居至江南各省和湖南、四川一带，还有一部分穆姓人在陕西、甘肃、青海、山西、河南兴盛起来。北宋时期，山西的穆姓人发展得较为繁盛。元朝时，湖南、四川地区的穆姓人为避战乱，西迁至贵州。清朝时，很多满族人改为穆姓者，并为当朝显贵。因此北京的穆姓人增多，而世居辽宁的满族穆姓，则开始向黑龙江、吉林等地迁徙。

【历史名人】

穆宁：唐朝时期一位著名的大臣，个性刚直，奉公守法，安禄山谋反时，他联合各州县并力抵御。穆宁家教严格，和韩休两人都以家教严格出名，有"韩穆二门"的成语。

穆修：字伯长，宋朝散文家。好古文，著有《穆参军文集》。

穆相：字伯寅，明朝著名沂水令，犯颜直谏，人称"真御史"。

穆孔晖：字伯潜，号玄庵。山东堂邑人。明代官员，理学家，心学学者。穆孔晖是继承和传播王守仁心学最早的山东学者。他一生著述颇丰，如《读易录》、《前汉通纪》。

【姓氏名人故事】

穆参军穆修

穆修是北宋著名的散文家。穆修年少时就非常喜欢学习，曾经师从陈抟，因此对《易经》和《春秋》颇有研究。三十岁时中进士，任泰州司理参军一职，人称"穆参军"。穆修年纪轻轻就意气风发、才华横溢，不愿意与俗相俯仰，所以为泰州通判所忌讳，被诬告而贬为池州参军。

穆修性格刚烈，喜欢针砭时弊，不屑与权贵结识。一次，亳州有一豪士捐建了一座佛庙，亳州太守张知白就让穆修给这座庙宇写传记。

穆修洋洋洒洒写了一篇文章，但文章上却没有那名捐建庙宇的豪士的名字。豪士以做寿的名义送了穆修五百两白银，拜托他在传记上写上自己的名字。穆修拒绝了，他说："我宁愿行走四方来糊口，也不想让匪人玷污了我的文字。"当时有一个宰相也很欣赏穆修的才华，想结识穆修，并任用穆修为官。穆修却一直都没有去拜见过那位宰相。

穆修经常为了学术上的问题，与朋友们争论得面红耳赤。在文学风格上，穆修推崇韩愈、柳宗元的古文运动，他提倡"古道"，因此穆修的文章都颇有深度。当时的学者都从事研究声律和辞藻，只有他潜心于对古文的研究，因此他的文风也受到韩愈的深刻影响。穆修的诗歌也相当具有晚唐诗歌的风格。这样的穆修很受当时的文学大家欧阳修的赞赏。

穆修的文章现今存世不多，但颇有深度。如《亳州魏武帝帐庙记》中称赞曹操"伐谋制胜，料敌应变"的才能，表现出其超凡的见识。

xiāo

萧

【姓氏来源】

萧姓起源主要有四：

其一：出自嬴姓，以国为姓，为伯益的后裔。据《通志·氏族略》所载，颛顼的后裔伯益曾协助大禹治水，立下功劳，被赐予嬴姓。其裔孙孟亏，被分封至萧地，建立萧国，萧国子孙遂以国为氏，称萧氏。萧孟亏是萧姓第一人。

其二：出自子姓，以国为氏，为周朝宋国微子启的后裔。据《元和姓纂》、《古今姓氏书辨证》和《通志·氏族略》等有关资料所载，微子启之孙大心建立萧国，后萧国被楚国所灭，萧国子民以国为姓，称萧氏。

其三：出自少数民族改姓或被赐姓。汉朝时巴哩、伊苏济勒、舒噜三族被赐为萧姓；两晋南北朝时，契丹拔哩、乙室已氏，回纥的述律氏，奚族的石抹等氏族全部改为萧姓，可见契丹各族中萧姓群体的规模是相当可观的。

其四：出自外姓改入。金元时期，我国北方流播太一教，因为创教人姓萧，所以一些非萧姓的嗣教者被改为萧姓。

【郡望堂号】

萧姓的郡望主要有兰陵郡和广陵郡。

兰陵郡：西晋时置北兰陵，治所在今山东枣庄一带；东晋时置南兰陵，治所在今江苏武进县一带。

广陵郡：西汉时置郡，治所在今江苏扬州。

萧姓的堂号主要有"定汉"、"制律"、"八叶"等。

【繁衍变迁】

萧姓发源于安徽。三国魏晋时，萧姓氏族已经迁往南方各省。南北朝时，有萧姓人建立了齐、梁两朝，使萧姓成为国姓，得以大规模发展。宋朝时，少数民族契丹中有萧姓，使得萧姓家族更加壮大，于此期间，萧姓人也开始迁居至福建、广东等地。至此，山东、河南、河北、安徽、北京、福建、广东等地都有了萧姓的分布。元明清三朝，萧姓人迁居至四川、湖南、江西、湖北等省。清康熙末年，萧姓人开始渡海进入台湾，进而远徙海外。

萧姓是当代中国人口排行第三十位的姓氏，尤盛于长江中上游地区。

【历史名人】

萧何：汉朝著名政治家，秦末随刘邦起义，为建立汉朝起到重要作用，代表作有《九章律》。

萧衍：字叔达，小字练儿，南朝齐时著名大将，南梁政权的建立者。

萧统：字德施，小字维摩，南朝梁著名的文学家，善词赋，辑《文选》三十卷，是我国现存最早的诗文总集。

【姓氏名人故事】

萧统与《昭明文选》

萧统是南朝梁时著名的文学家，同时也是梁武帝的儿子，昭明太子。

萧统年少时就很有才气，而且恭谦懂礼，性格仁厚，喜怒不形于色。萧统也是个非常孝顺的孩子，他的母亲丁贵嫔病重，他便搬到母亲寝宫，昼夜不离母亲身边照料。母亲去世后，他悲痛欲绝，饮食俱废。他的父亲几次下旨劝逼，他才勉强吃些水果蔬菜，本来健壮的身材变得羸弱不堪，百姓看见了无不动容。

萧统爱读书，五岁时就已经阅遍儒家经典，还经常与学士谈古论今，再以文章着述。萧统召集了文人学士，搜集古今书籍三万卷，编集成《文选》三十卷。

萧统与《昭明文选》。

《文选》是中国现存的最早一部诗文总集，因为萧统的谥号为"昭明"，所以这部文选又称为《昭明文选》。《文选》选录了先秦至南朝梁代八九百年间、一百多个作者、七百余篇各种体裁的文学作品。《文选》中收录的篇章，既要经过作者深思熟虑，又要文辞华丽，都是文质并重的文章。唐朝时，《文选》与"五经"并驾齐驱，是文人仕族必读的书籍。唐以后的文人都将《文选》作为学习文学的首选教材。

yǐn
尹

【姓氏来源】

尹姓的起源主要有二：

其一：出自少昊的后代，以邑为氏。相传少昊为黄帝之子，是远古时羲和部落的后裔，为古代东夷族的首领，号金天氏。少昊有子殷，担任工正一职，主制弓矢，被封于尹城，世称"尹殷"。子孙世袭其官职。殷的后代以封邑名"尹"作为姓氏。周朝时，尹氏子孙的封地一直在尹城，直至西周灭亡后，周平王东迁洛阳，尹氏后裔为避免戎族的侵扰，也迁居洛阳附近，作为尹氏封邑的尹城也迁至洛阳附近。

尹殷像。

其二：为以官名命名的姓氏。据相关史料记载，尹是商周时官位的名称，官职相当于宰相。如商汤时有伊挚为尹，周宣王时有尹吉甫为尹。其后代中有以官职为姓的，称尹氏。周朝的属国中亦有尹氏。

【郡望堂号】

尹姓的郡望主要有天水郡、河间郡等。

天水郡：西汉时置郡，治所在平襄（今甘肃通渭西北），西晋时移治上邽（今甘肃天水市）。此支尹氏，为晋时尹纬之族所在。

河间郡：西汉时置郡，治所在乐城（今河北献县南）。此支尹氏，其开基始祖为东汉尹敏的后裔。

尹姓的堂号有"天水"、"文和"、"肆好"、"一经"、"明经"等。

【繁衍变迁】

尹姓发源于河南、山西等地。西汉时,陕西、山西、河北、山东等地均有尹姓人分布,并成为贵州地区的大姓之一。东汉时,浙江、广西、四川等地的尹姓人都有所发展。魏晋南北朝时,甘肃地区的尹姓人发展繁衍的十分旺盛。隋唐之后,尹姓人向江苏、云南、辽宁等地迁徙。宋元之际,大批尹姓人为避战乱,迁居南方地区。明朝初年,山西的尹姓人作为迁民之一,分迁至河南、河北、江苏、天津等地。清朝时,尹姓人渡海赴台,远播海外。

【历史名人】

尹吉甫:周宣王时大臣,兮氏,名甲,字伯吉甫。曾作《诗经·大雅·烝民》、《大雅·江汉》等。

尹敏:字幼季,东汉著名经学家,著有《今文尚书》。

尹锐志:又名锐子,辛亥革命时期著名女杰,被称为"中国近代史中女界之三杰"之一。

【姓氏名人故事】

尹继伦千人破阵

北宋端拱年间,辽国经常侵犯北宋边境,宋将尹继伦奉命驻守边界,他每日带着千名士兵在边境巡逻,风雨无阻,不敢有丝毫的懈怠。

一日,尹继伦在带兵巡逻的时候,突然发现了一支众达数万的辽国大军,带兵的首领正是辽国大军的统帅耶律休哥。这一下狭路相逢,敌我兵力悬殊。

尹继伦当下命令自己的兵士躲开大路,进入到一旁的树林中列队。其实耶律休哥早已发现了尹继伦的队伍,但是他完全没将尹继伦这支区区千人的巡逻兵当回事。

耶律休哥真正的目的是打劫前方一支增援边界的北宋重军。他率领着部下看

尹继伦千人破阵。

都不看尹继伦他们一眼，从容地从他们列队的小树林旁浩浩荡荡地走了过去。

辽军对宋军的藐视，顿时激怒了尹继伦，他对部下们说："辽寇如此嚣张跋扈，完全不将我们这支巡逻队放在眼里。此行如果他们若战胜前方大宋的军队，回来时，势必将我们捉回去为奴隶；若是战败，回来时也必定将怒气撒在我们身上。左右是死，我们索性拼了，趁此时他们的注意力在前方大宋重军上，我们尾随其后，找机会偷袭。这样我们若是得手，必定名震全军；即便是落败，也不失忠义二字，总好过任人宰割，枉为男人。"

尹继伦一番话说得士兵们斗志昂扬，热血沸腾。当下，他们在林中等到天黑，然后丢弃重物，只带着随身的短兵器，轻身沿着辽军的去路跟了上去。

破晓时分，尹继伦带兵追上了辽军，事有凑巧，此时的辽军也已经跟上了宋军增援队，自认为占据绝对优势的辽军正在不慌不忙地吃早饭，准备吃完饭立刻冲阵，完全没有想到自己后面还有敌人。

尹继伦眼看时机正好，于是毫不迟疑，当即带着士兵冲杀了过去，直扑中军。当时辽军们正手捧着饭碗，精神松懈，宋军犹如从天而降，猝不及防，辽军里顿时一片大乱。大名鼎鼎的耶律休哥竟然被吓掉了筷子，随即手臂也负了伤，这位辽国名将大惊之下竟然丢下大军，独自一人上马逃走了。

辽军本来就已经混乱不堪，此时失了主帅更是雪上加霜，很快便全军溃散。

尹继伦部队以迅雷不及掩耳之势战胜了辽军，这个"千人破阵"的故事，自此成为了一个历史传奇。

yáo
姚

【姓氏来源】

姚姓的起源主要有三：

其一：出自妫姓，为舜的后裔。相传，帝舜是颛顼的后代，因生在姚墟，他的后裔子孙便以地为氏，称姚氏。又因后来居住在妫汭河边，其子孙又有以妫为姓的。周武王克商建周后，追封前代圣人的后裔，遂封帝舜的后裔妫满于陈，称陈侯。妫满死后谥号陈胡公，其后代子孙以其谥号为氏，即胡氏。亦有以国为氏，称陈氏。传至敬仲时，因在齐国做官，遂为田氏，到了王莽新政的时候，封田丰为代睦侯，其子为避乱迁居改回妫姓。其五代孙敷，复为姚姓。

其二：出自子姓。据《路史》中记载，春秋时期有姚国，是商族的后代，后世子孙以国为氏，称姚氏。

其三：出自他族改姓。《晋书》中记载，西晋末年，有羌族首领姚弋仲，本是汉代西羌烧当氏的后人，自称虞舜之后，故改为姚姓。另有金国时期女真岳佳部，属于汉化改姓姚氏。另外，蒙古族努克楚德氏，在明朝时期即改为汉姓姚氏。

【郡望堂号】

姚姓的郡望主要有吴兴郡、南安郡等。

吴兴郡：三国时期置郡，治所在乌程（今浙江吴兴南）。

南安郡：东汉时置郡，治所在豲道（今甘肃陇西渭水东岸）。

姚姓的堂号主要有"吴兴"、"南安"、"圣仁"等。

【繁衍变迁】

姚姓发源于今江苏苏州一带。东汉以前，有姚姓人徙居今河南、山西、广西、四川、浙江等地。西晋时，有姚姓人迁至今陕西。唐初，有姚姓人迁入今福建，与此同时，既有姚姓人前往今辽宁，也有今陕西、甘肃、河南的姚姓人入迁今云南、四川。两宋时，姚姓人已分布于今河北、河南、山西、山东、四川、江西、江苏、浙江、福建、广东、辽宁等地。明初，姚姓人作为山西迁民之一被分迁于今山东、河南、河北、东北等地。清初，有姚姓人赴台，进而远播海外。

【历史名人】

姚崇：本名元崇，字元之，避唐玄宗"开元"年号讳，改名姚崇。唐朝名相，也是中国历史上的著名宰相。

姚枢：字公茂，号雪斋，又号敬斋，元朝初年重臣和著名理学家。

姚合：字大凝，唐朝杰出诗人，与贾岛并称"姚贾"。

姚鼐：字姬传，清朝著名散文家，与方苞、刘大櫆并称为"桐城三祖"。著有《惜抱轩全集》等，曾编选《古文辞类纂》。

【姓氏名人故事】

姚崇治蝗

姚崇是唐朝著名宰相，历任武则天、唐睿宗、唐玄宗三朝，为人豪放，为官清廉，求真务实，是一个脚踏实地的实干家。

唐开元年间，中原地区发生了严重的蝗灾。唐朝时期佛教盛行，老百姓受迷信思想影响，只是通过焚香膜拜的办法乞求消灾，却没有任何作为。蝗灾的消息传到朝廷，朝堂上的官员也都说是朝政有失，老天降蝗灾警示。更有大臣上表，要唐玄宗悔过自身的行为，补偿从前的过错。姚崇却明白，如果放任蝗灾蔓延下去，不予治理，

姚崇像。

百姓将流离失所，国家的根基将被动摇。但是轻易发动灭蝗行动，阻力甚大。于是姚崇在古籍上寻找有关灭蝗的依据，以《诗经》和东汉光武帝的诏书为凭，并以切实可行"焚瘗"之法，说服了唐玄宗。

姚崇虽然说服了玄宗，但朝堂上反对灭蝗的声音仍然很大，就连平时一向支持姚崇的大臣也都劝姚崇不要行灭蝗之事。灭蝗公文下发后，地方官员也有不行命令的，汴州刺史倪若水更是上书朝廷说"蝗虫是天灾，应该检讨自己的德行"。姚崇听说后大发雷霆，当时写了牒文，说："我听说古时候一个地方要是有好的官吏，就不会有蝗灾。如果修养好自己的德行就能够免除蝗灾的侵害，那你是不是就是一个无德无行的贼官呢？！现在你什么都不做，看着禾苗被蝗虫败坏，怎么忍心不采取措施！将来百姓饥馑，你的良心要如何安稳？！"倪若水看了姚崇的牒文，便积极地敦促百姓行"焚瘗"之法。两年后，灭蝗的成绩显著，没有造成严重的饥荒。

shào

邵

【姓氏来源】

邵姓的起源比较纯正，主要出自姬姓，为周文王之后。周初有大臣姬奭，是周文王之庶子，因食邑于召，被称为召公或召伯。又因辅助周武王伐商有功，成王时被封于燕国。召公因自己要留在镐京任太保，遂派自己的儿子去管理燕国。后来同周公旦一起平定武庚之乱。周室东迁后，召公的封邑也随之东移。后来，

姬奭像。

燕国为秦国所灭，召公的子孙以原封地"召"为姓，称召氏。后来召姓多改为邵姓，至于更改的原因、时间，说法不一，史无详载。

【郡望堂号】

邵姓的郡望主要有博陵郡、汝南郡、安阳县等。

博陵郡：东汉时置郡，治所在博陵（今河北蠡县南）。西晋时置国，治所在安平（今河北安平县）。

汝南郡：西汉时置郡，治所在上蔡（今河南上蔡西南），东汉时移治平舆（今河南平舆北）。

安阳县：西汉时置县，治所在今河南正阳西南。西晋时置县，治所在今天的河南安阳西南。

邵姓以"博陵"等为其堂号。

【繁衍变迁】

邵姓发源于陕西和北京地区。战国末期，邵姓人主要散居在河北、河南、安徽等地区。两汉时期，邵姓人成为河南部分地区的望族。到了西晋末年，邵姓人开始南迁，落籍于福建、广东等地。宋朝时，邵姓人入居浙江、安徽、江苏、福建等地，山西、湖北、湖南也有邵姓人的居住。南宋末年，邵姓人已广布江南各地。明朝初年，山西的邵姓人迁往河南、安徽、江苏、浙江、山东等地。清朝开始，有邵姓人渡海迁居台湾，进而播徙海外者。

【历史名人】

邵雍：字尧夫，谥号康节，北宋著名哲学家。精研《周易》，著有《皇极经世》、《伊川击壤集》等。

邵光祖：字弘道，元朝著名学者。吴中学者称其为"五经师"。

邵兴：字晋卿，南宋抗金义军领袖。

邵力子：近代著名教育家、政治家，被誉为"和平老人"。

【姓氏名人故事】

邵雍护塔

邵雍是北宋著名的哲学家和易学家，他为人不但有儒者之风，而且还有侠之大义。晚年的时候邵雍居住在洛阳，他将自己的家起名安乐窝，整日躲在家中潜心写作，不理世事。

洛阳有个文峰塔，建得十分高大威武，并且坊间相传，这座塔的地宫中压着金龙玉凤，乃是洛阳的镇城之宝，不只价值连城，而且谁要得到金龙玉凤就可得到天下。

此时宋朝正在实行新法，洛阳新上任了一个县令，此人贪得无厌，野心勃勃。

县令打着新法的幌子，整日费尽心力地搜刮民脂民膏，洛阳的百姓苦不堪言。自从他听说文峰塔下压有重宝之后，更是打算在几日后毁塔掘宝据为己有。

邵雍闻听此事之后，整日忧心忡忡，他想：文峰塔乃是洛阳的古迹，怎能眼看着它毁在这个唯利是图的小人手中？但是这个小人又是一县之长，在他管辖之内，百姓都得受制听命于他，须得想个计策，让他自己放下毁塔的念头才好。

邵雍苦苦思索几日之后，终于想出一条计策来，他召集了几个年轻人吩咐道："你们只要按着我所说的去做，定能保全文峰塔。"那几个年轻人听完邵雍的安排之后大喜，表示定会依言而行。

几日之后，县令亲自带领公差来到塔下，准备拆塔取宝，但是众公差正要上塔之际，忽然听见头顶"嗡嗡"作响。众人抬头一看，大吃一惊，只见塔身上竟盘卧着一条蜿蜒的巨龙，

邵雍护塔。

龙身微微晃动，众人仔细一看，原来这条巨龙竟是由千万只蜜蜂汇聚而成的。众公差望着宝塔目瞪口呆，谁也不敢上前，此时，围观的百姓纷纷道："这一定是上天显灵，才让蜜蜂汇聚成龙形前来护塔，如果县太爷还要拆塔，恐怕有违天意要遭天谴啊。"

县令眼见塔上的异状又耳听百姓的议论，心中难免忐忑不安，他也怕自己逆天而行会遭受报应，于是悻悻地带着公差离开了。

事实上，那塔上的巨龙，乃是邵雍在前一天命几个年轻人在塔身上用蜂蜜画的，随后蜜蜂闻到香味，从四面八方飞到塔上采蜜，自然形成巨龙之形。

正因为当年邵雍的妙计，这座精美的古塔才得以保留至今。

wāng
汪

【姓氏来源】

汪姓的起源主要有三：

其一：出自汪芒氏之后。汪芒氏又称汪罔氏，由防风氏所改。商朝时有汪芒国，国君叫作防风氏，守封禺之山。相传汪芒是巨人之国，其国君防风氏有三丈之高。在夏禹召集天下诸侯时，防风氏因迟到被夏禹处死。其后人后迁至山里，称汪芒氏。到了战国时期，楚国攻灭越国之时，汪芒国亦被攻破。国民纷纷出逃，改称汪氏。

其二：出自姬姓，是周公之子伯禽之后。相传后稷是因其母姜嫄踩了巨人的足迹而生，为姬姓，

伯禽像。

是周朝的始祖。周王克商建周后，分封土地，周公旦的长子伯禽被封于鲁地，称鲁侯。传至第二十一位君主鲁成公有庶子姬满，食邑于汪地，他的后代便以邑名为姓，称汪氏。

其三：出自姬姓，为翁姓避乱改姓。翁姓也是姬姓的一个分支，西周初期，周昭王的支庶子孙，被封于翁山，其后遂以邑名为姓，称翁氏。据《六桂堂丛刊》所载，宋朝初年，福建有翁乾度，生有六子，分姓洪、江、翁、方、龚、汪。其中六子处休，分得汪姓，其后世子孙遂称汪氏。

【郡望堂号】

汪姓的郡望主要有平阳郡、新安郡、六桂等。

平阳郡：三国时置郡，治所在平阳（今山西临汾西南）。

新安郡：晋时改新都郡置郡，治所在始新（今浙江淳安西）。

六桂：即"六桂联芳"的誉称，治所在闽县（今福建福州市）。

汪姓的堂号主要有"平阳"、"六桂"等。

【繁衍变迁】

汪姓发源于浙江、山东、山西等地，早期迁往江苏、江西、安徽等地，并有一支汪姓氏族在北方发展，繁衍为当地的主力。东汉时，汪姓人进入浙江一带。隋朝初年，有一支汪姓人迁入河北河间。汪姓人迁居福建始于唐朝初期。唐朝以后，安徽的汪姓人则向江西、贵州、福建和两广等地迁入。两宋之际，汪姓成为全国著姓之一，在安徽、江西发展得尤为昌盛。明朝初年，山西的汪姓人迁至两湖地区和河南、山东、天津、东北等地。清康熙年间，居住在福建、广东等东南沿海地区的汪姓人有移至台湾，继而远播海外者。

【历史名人】

汪伦：又名凤林，唐朝时期官吏。与李白交好，《赠汪伦》中"桃花潭水深千尺，不及汪伦送我情"即是写两人惜别之情。

汪元量：字大有，号水云，南宋著名诗人。著有《水云集》、《湖山类稿》等。

汪昂：字仞庵，清朝著名医学家。有《素灵类纂约注》、《医方集解》、《本草备要》、《汤头歌诀》等，对医学普及有所贡献。

汪士慎：字近人，号巢林、溪东外史等，清朝著名画家、书法家。"扬州八怪"之一。

【姓氏名人故事】

"诗史"诗人汪元量

汪元量是南宋末期著名的词人、宫廷琴师。元朝攻陷南宋都城临安，将宋朝君臣胁迫至幽州，汪元量也以宫廷琴师的身份随宋恭宗一道北上幽州，目睹了南宋降元的悲惨场面，自己也羁留在北方十多年。因此写下了许多具有纪实性的诗史作品，如《醉歌》、《越州歌》、《湖州歌》等，表达了亡国的痛苦，记录宋元更替时期的真实事件，被人称为"宋亡之诗史"。

汪元量像。

后来南宋将领文天祥被俘，被囚禁在大都。汪元量不顾自身安危，常常到狱中探视文天祥。两人以诗歌唱和，相互勉励。文天祥还为汪元量搜集了杜甫的诗句，写下了《胡笳十八拍》的词，由汪元量作曲，文天祥为其作序。文天祥以身殉国后，汪元量又作《孚丘道人招魂歌》九首，以表达对文天祥的无限思念。

后来，在得到元世祖的许可后，汪元量毅然决然地离开了朝堂，回到江南做起了道士。汪元量暗中结交抗元义士，鼓动反元活动。后来，他隐居在钱塘的湖光山色中，自称"野水闲云一钓蓑"，终老山水。

máo

毛

【姓氏来源】

毛姓的起源主要有二：

其一：出自姬姓，以封邑命姓，为周文王之子叔郑之后。周武王建立周朝后，其弟叔郑因为在伐商的征战中表现勇猛，被封于毛邑，称毛叔公。其后世子孙以其封地命姓，遂称毛氏。

其二：出自他族、他姓改姓。根据史料记载，南北朝时有代北少数民族，亦称毛氏。又明朝时，有毛忠、毛胜，均为皇帝赐姓。

【郡望堂号】

毛姓的郡望主要有西河郡、荥阳郡、河阳郡和北地郡等。

西河郡：西汉时置郡，治所在平定（今内蒙古东胜县），东汉时移治离石（今山西离石）。

荥阳郡：三国魏时分河南郡置郡，治所在今荥阳。

河阳县：汉时置县，治所在今河南孟县西。

北地郡：战国秦时置郡，治所在义渠（今甘肃宁县西北），西汉时移治马岭（今甘肃庆阳西北），东汉又移治富平（今宁夏吴忠西南）。

毛姓的堂号主要有"西河堂"、"永思堂"、"舌师堂"、"敦本堂"等。

【繁衍变迁】

毛姓发源于河南、陕西。春秋时期，毛姓人进入湖北地区落居。汉朝之前，今山西、河南的毛姓人迁往宁夏、内蒙古、甘肃等省，以宁夏和内蒙古最为繁盛，今安徽、四川地区也有毛姓人的迁入。唐朝末期，毛姓人大规模南迁至江西。五代以后，毛姓人在南方兴盛开来。元朝时，有毛姓人落籍云南。明朝初期，山西毛姓人迁往湖北、湖南、河南、山东、江苏、北京等地。清朝雍正年间，毛姓人开始渡海进入台湾，进而远徙海外。

【历史名人】

毛遂：战国时期赵公子平原君赵胜的门客，有"三寸之舌，强于百万之师"的美誉，"毛遂自荐"的成语即是关于毛遂和平原君的典故。

毛延寿：汉朝著名画家，代表作有《西京杂记》、《历代名画记》、《图绘宝鉴》等。

毛亨：是"毛诗"的开创者，著有《毛诗古训传》。

毛泽东：字润之，中华民族的领袖，伟大马克思主义者，无产阶级革命家，政治家，战略家和理论家。中华人民共和国的主要缔造者和领导人，诗人，书法家。被视为是现代世界历史中最重要的人物之一。

【姓氏名人故事】

毛遂自荐

毛遂原是战国时期的薛国人，后在赵国的平原君门下为食客。此时，秦国与赵国正在征战，秦军大胜之下，将赵国都城邯郸一举围困。

赵国处境危若临渊，平原军赵胜奉赵王之命去楚国求兵援助。临行前，他将自己的门客都召集到面前，要从中挑选二十个文武双全的人与自己同行，选到最后还缺一人。此时一个叫毛遂的人排众而出，来到平原君的面前自荐道："毛遂不才，愿与先生同往。"

平原君见是自己门客中毫不起眼的毛遂，于是淡然道："有才能的人在人世间就如同囊中的锥子，他的锋芒有如锥尖，难以掩藏，而你身在我门下已经三年了，我从未听到过有谁对你，说过只言片语的赞美，这自然是你没有什么才能的缘故，我今日带去的人都是能够有助于我的人，你还是留在家中吧。"

毛遂自荐。

毛遂听完平原君的话从容地答道："在下之所以未见锋芒，是因为始终身在囊外，今日若是进入囊中，何止会如同锥子一般只露出尖梢，必会将整个锋芒尽显出来的。"

平原君听后微露惊讶，只觉毛遂的气度非凡，谈吐中气势过人，知道他并不是等闲之辈，于是慨然决定让毛遂与自己同往楚国。

到了楚国之后，楚王请平原君孤身一人来见，两人在大殿之上，从早晨一直谈至中午，还是毫无结果。正在相持不下之际，毛遂忽然不请自来，他大步上殿高声道："出兵之事非利即害，非害即利，简单而又明白，为何议而不决？"

楚王大怒道："此是何人？敢不经宣召就私自上殿喧哗。"平原君也是一惊，忐忑地道："此人名叫毛遂，乃是我的门客。"楚王当即喝令毛遂退下。

毛遂对楚王的斥责充耳不闻，反而一步步走上前来手按宝剑冷声道："如今十步之内，大王性命在我手中！出不出兵，还请速速定夺。"

楚王大惊，见毛遂双目炯炯气贯长虹，竟愣怔着不知所措。毛遂此时将出兵援赵对楚国的所有有利之处一一道来，并详细分析。楚王听完之后顿时对眼前这个智勇双全的毛遂心悦诚服，当即答应出兵。

几日后，楚、魏等国联合出兵援赵，秦军被逼退，赵国兵临城下的围困终于解除了。平原君自此将毛遂奉为上宾，他感叹道："此行之所以能马到功成，皆是因为毛先生有勇有谋的举措，令楚王不敢轻视赵国，才肯发兵救助。

从此，"毛遂自荐"成了一个被世人所流传的著名典故。

zāng
臧

【姓氏来源】

臧姓起源主要有三：

其一：出自姬姓，以邑为氏，为鲁孝公之子彄（kōu）的后代。据《通志·氏族略》记载，春秋时期，鲁国国君鲁孝公的儿子名彄，被封于臧，建立臧国，其子孙后代就以国为姓，称臧氏。

其二：出自姬姓，以祖字为氏，为鲁惠公之子欣的后裔。春秋时期，鲁国国君鲁惠公有子名欣，字子臧。姬欣的子孙中，有以其字作姓的，称臧氏。

其三：少数民族姓氏。锡伯族扎斯胡里氏的汉姓即为臧姓。

【郡望堂号】

臧姓的郡望主要有东莞郡、东海郡和天水郡等。

东莞郡：汉时置城阳郡，晋改称东莞，治所在莒（今山东莒县）。

东海郡：秦时置郡，治所在郯邑（今山东郯城）。

天水郡：西汉时置郡，治平襄县（今甘肃通渭西北），东汉时更名汉阳郡，三国魏时又改回天水郡。

【繁衍变迁】

臧姓发源于山东。鲁国灭亡后，臧姓人散居在山东各地，并逐渐在山东和江苏部分地区形成较大的聚集地。秦汉之际，臧姓人迁居至河北、河南、山西、陕西、甘肃等北方诸省，在河南禹州和甘肃天水形成望族。东汉时，江苏地区也有了臧姓人的居住。两晋南北朝时，山东地区的臧姓人大举南下，散居在江苏、浙江、安徽等地。唐末五代，臧姓人迁入湖北、湖南、四川、江西等地。宋元之际，住在江苏、浙江、江西等地的臧姓人进入福建、广东和广西地区。明朝初年，山西的臧姓人迁往河南、河北、山东、北京、天津、江苏等地。清康乾年间，河北、河南、山东的臧姓人"闯关东"进入东北三省，沿海地区的臧姓人则渡海进入台湾，继而远播海外。

【历史名人】

臧洪：汉末群雄之一，曾游说各地首领，共同讨伐董卓。

臧荣绪：南朝齐国史学家，著有臧版《晋书》，是唐朝房玄龄、诸遂良等人修史《晋书》的最重要蓝本。

臧中立：字定民，宋朝名医，相传他每天治愈数千名病人。

【姓氏名人故事】

臧荣绪拜经

臧荣绪是我国南朝齐时杰出史学家。臧荣绪出身于一个官宦世家，受到家庭环境的影响，臧荣绪自小就博学多才，非常好学。但是臧荣绪却不愿做官，多次被征召都不去就任，一心钻研历史典籍，终于在六十岁的时候撰成了《晋书》一百一十卷。这本书包含了东晋和西晋的全部历史，内容全面，体例兼备，是唐朝时房玄龄、诸遂良等人修史《晋书》时最重要的蓝本。

臧荣绪年幼丧父，因此一直自己在田园里种植菜蔬，用来祭祀祖先以及供养母亲。后来母亲过世了，臧荣绪就在农历每个月的初一和十五，准备珍贵美味的

臧荣绪拜经。

食物，恭敬地跪拜母亲。臧荣绪十分酷爱"五经"，自号为"被褐先生"。据说，每到孔子的出生的那一天，他就要将《诗经》、《书经》、《易经》、《礼记》、《春秋》这五本儒家经典摆放在书桌上，穿着整齐的礼服，戴好礼帽对着这五本经典恭恭敬敬地行拜礼。

臧荣绪还因为觉得酒会扰乱人的德行，就经常劝诫别人不要喝酒或者少喝酒，是一位德行优秀、品性淳厚的隐士。

dài

戴

【姓氏来源】

戴姓的起源主要有三：

其一：出自子姓，以谥号为氏，为商汤后裔。周朝初期，周公旦辅佐年幼的周成王管理朝政，三监不满，遂联合武庚和东方夷族反叛。周公回师平定"管蔡之乱"后，将殷商旧都封于商纣王之庶兄启，建立宋国。传至第十一位君主白，因在位期间爱民如子，深受百姓爱戴，死后被周宣王谥为戴公。其子孙遂以谥号

"戴"为氏,称戴氏。

其二:出自姬姓,以国为氏。相传春秋时期有戴国,为姬姓诸侯国。于隐公十年(前713)为郑国所灭,其国君及子民为纪念故国,遂以国为姓,称戴氏。

其三:出自殷氏改姓。据《鼠璞》所载,殷氏有改为戴姓的。武王伐商建周后,不少商朝遗族以国为氏,称殷氏,其后又有改姓戴的。

戴公像。

【郡望堂号】

戴姓的君王主要有谯郡、广陵郡、清河郡等。

谯郡:东汉时置郡,治所在谯县(今安徽亳州)。

广陵郡:西汉时置广陵国,治所在广陵(今江苏扬州)。东汉时改为郡。

清河郡:汉时置郡,治所在清阳(今河北清河东南)。

戴姓的堂号主要有"广陵"、"清河"、"清华"等。

【繁衍变迁】

戴姓发源于河南。先秦时期,戴姓人迁徙进入安徽。西汉时,为避战乱,有戴姓人进入江苏、山东等地。三国两晋南北朝时,江苏的戴姓人进一步迁居至安徽、湖北。唐朝初年,戴姓人开始进入福建。盛唐时期,陕西、山西、湖南、江西等地开始有戴姓人发展。宋元之际,江苏、浙江、安徽、江西等地的戴姓人进入福建、广东。明朝初期,山西戴姓人迁入陕西、安徽、山东、河北、江苏以及东北等地。清朝时,福建等东南沿海的戴姓人渡海进入台湾,进而远居海外。

【历史名人】

戴德、戴圣:戴德,字延君;戴圣,字次君,兄弟二人是今文礼学"大戴学"和"小戴学"的开创者。被后人尊称为儒宗。编有《大戴礼记》和《小戴礼记》。

戴逵:字安道,晋著名美术家、音乐家。著《戴逵集》九卷,已散佚。

戴叔伦:唐代诗人,字幼公。其诗多表现隐逸生活和闲适情调,也反映人民生活的艰苦。

戴复古：字式之，南宋著名"江湖派"诗人。

戴名世：字田有，清代史学家。号忧庵，人称潜虚先生。因刊行《南山集》，触怒了清王朝，以"大逆"罪被杀，史称"南山案"，为清朝四大文字狱之一。

【姓氏名人故事】

戴良独步天下

戴良是东汉时的隐士，为人放纵不拘、才高旷达，还非常孝顺。据说戴良小时候经常学驴叫，让喜欢听驴叫的母亲开心。长大后，戴良的母亲去世时，戴良的兄长守孝道，住帐篷吃稀饭，坚决不做不符合礼仪的事情。但是戴良却照常喝

戴良独步天下。

酒吃肉，每想到母亲时才悲伤的痛苦。兄弟二人都十分憔悴。有人指责戴良这样的行为不符合礼节。戴良说："礼是用来控制感情放纵的，可是感情如果不放纵出来，又要谈什么礼呢？现在我吃美味的食物却不觉得它美味，那么吃什么都是一样的吧。"指责他的人没有办法反驳他。

戴良才华横溢，想法也常常异于常人。一次同郡的谢季孝问他："你觉得天下还有谁能和你相提并论吗？"戴良毫不客气地回答道："我好比鲁国的孔子、西羌的大禹，独步天下，没有人能与我相提并论。"

后来戴良被举荐为孝廉，没有去赴职。戴良带上自己的妻子孩子，跑到山里隐居，过着悠闲自得的日子，寿命很长。

sòng

宋

【姓氏来源】

宋姓的起源比较单一，出自子姓，以国为姓，为商朝王族直属后裔。帝喾之后裔契因辅佐大禹治水有功，被封于商，赐予子姓。后其子孙建立商朝。商朝末年，纣王荒淫暴虐，最终为周武王姬发所灭，建立周朝。商纣王的庶兄微子启很顺从周氏王朝，遂封之以商都一带，建立宋国，命他管理商朝遗民。战国后期，宋国为楚国所灭，其后世子孙便以国为姓，称宋氏。

微子像。

【郡望堂号】

宋姓的郡望主要有西河郡、广平郡、敦煌郡、河南郡、扶风郡等，为古代宋氏五大郡望。

京兆郡：三国魏时置郡，治所在长安（今陕西西安市）。此支宋氏，为后汉侍中宋弘之族所在。

西河郡：战国魏时置郡，治所在平定（今内蒙古东县）。此支宋氏，其开基始祖为汉初代王刘恒的中尉宋昌。

广平郡：汉时置郡，治所在广平（今河北鸡泽）。此支宋氏，为西河宋氏分支，其开基始祖为宋昌十三代孙前燕国河南太守宋恭。

敦煌郡：汉时置郡，治所在敦煌县（今甘肃敦煌）。

【繁衍变迁】

宋姓发源于河南。秦汉之前，宋姓人已经在江苏、河北、湖北、陕西等地繁衍。汉朝初年，河南和山东的宋姓人进入陕西渭河流域，又继而西迁，进入甘肃，南迁进入今湖北。同时，山西的宋姓人也有迁往河北、河南等地者。唐朝安史之乱以后，有宋姓人开始进入福建。宋朝时，宋姓人进入到北京、山东、江苏、江西等地，之后，宋姓人开始遍及大江南北。

【历史名人】

宋玉：又名子渊，战国时楚国著名的辞赋家、文学家。流传的作品有《九辩》、《风赋》、《高唐赋》、《登徒子好色赋》等。传说其人才高貌美，为"古代四大美男"之一。

宋璟：邢州南和（今河北）人，唐代贤相，历任武后、睿宗、玄宗三朝，与姚崇并为名相，时称"姚宋"，对造就开元盛世颇有贡献。

宋祁：最著名的宋姓学者。北宋著名的文学家、史学家。官至工部尚书。

宋慈：字惠父，是宋朝杰出的法医学家，人称"法医学之父"。其编著的《洗冤集录》是世界上最早的法医学专著。

宋江：北宋末年农民起义军首领，因施耐庵的小说《水浒传》而著名。

宋应星：字长庚，明代科学家，所著《天工开物》是一部我国古代手工业和农业生产技术综合性的科学巨著。

【姓氏名人故事】

阳春白雪宋子渊

宋玉，又名子渊，是战国末期楚国著名的辞赋家。相传他是屈原的弟子，所作辞赋甚多。宋玉的作品描写细腻工致，抒情和写景搭配得当，自然贴切。宋玉的成就虽不及屈原，但是在文学史上仍然占有极其重要的位置。宋玉也以美貌著称，被列为"古代四大美男"之一。
宋玉不光长相俊美，而且才华卓越，许
多女性都对他心驰神往。

楚襄王曾问宋玉："先生有什么隐
藏起来的美德吗？为什么大家都不称赞
你呢？"宋玉笑笑回答道："有一个歌
者到楚国郢都去，最开始他唱《下里》
和《巴人》，国中和他一同唱歌的有数
千人。当歌者唱到《阳阿》和《薤露》
时，国中能同他一起唱的只有数百人。
等到歌者再唱《阳春》《白雪》时，国

宋玉对楚王问。

中能与之相和不超过数十人。歌者的难度技巧再增加一些的时候，能唱和的也
就只有几个人而已了。所以说，曲子越复杂、越高雅，能够唱和的人就越少。"
宋玉与楚襄王的讨论，说的并不仅仅是音乐，说的还是宋玉自己。宋玉认为，
自己不能为世人承认，是因为伟大超凡的人都是特立独行，思想和行为不能为
凡夫俗子所理解。

páng

庞

【姓氏来源】

庞姓的起源主要有四：

其一：出自姬姓，以邑为氏，为毕公高之后。据《通志·氏族略》、《千家

姓查源》记载，周文王之子毕公高的后裔有一支被封于庞，后世子孙以邑为氏，称庞氏。

其二：出自高阳氏，以祖父名为氏，为黄帝之孙颛顼的后代。《百家姓注》上记载，庞降为颛顼八子之一，其后世子孙以祖上的名为姓，称庞氏。

其三：相传襄阳地区有庞姓的富盛人家，喜好建高屋，其乡人觉得十分荣耀，称其为庞高屋，后遂以庞为姓。

其四：出自他族或他族改姓。在《汉书·王莽传》中，西汉时西羌人中有庞恬；清满洲八旗姓庞佳氏，改汉姓为庞姓。

【郡望堂号】

庞姓的郡望主要有始平郡和南安郡等。

始平郡：晋时改扶风郡置，治所在槐里（今陕西兴平东南）。

南安郡：东汉时置郡，治所在狄道（今甘肃陇西）。

庞姓的堂号有"遗安"、"凤雏"、"南安"等。

【繁衍变迁】

庞姓的发源地不可考证，魏晋以前，庞姓人已经散居在河南、河北、山西、陕西、山东、湖北、重庆、辽宁等地。三国时，甘肃、四川均有庞姓分布。到了两晋南北朝时，庞姓繁衍旺盛，形成了庞姓南安郡望、南阳郡望、始平郡望、谯郡郡望等郡望。隋唐时期，陕西、山西、山东、江苏和安徽大部分都有了庞姓人落籍，同时有一支庞姓氏族迁居浙江。宋元时期，中原地区战争频繁，庞姓人大举南迁，并开始进入广西地区，发展成为当地的望族。明朝初年，山西庞姓徙居到河南、江苏、湖北、山东、河北等地。明末清初，居住在四川的庞姓为避难迁居至云南。清朝乾隆年间以后，山东庞姓随着"闯关东"的热潮进入东北三省，同时，华东、华南地区的庞姓人渡海入居台湾，进而播徙海外。

【历史名人】

庞统：字士元，号凤雏，东汉末刘备重要的谋士，初与诸葛亮齐名。

庞安时：字安常，自号蕲水道人，北宋医学家，被誉为"北宋医王"，著有《难经辨》、《伤寒总病论》、《本草补遗》等。

【姓氏名人故事】

"北宋医王"庞安时

庞安时是北宋著名的医学家。出身于医生世家，自幼聪明伶俐的他读书能过目不忘，未及弱冠就能够研读黄帝和扁鹊的脉经，不久就能通晓其中的道理，在其基础上还能有所发挥。不久，庞安时因为生病而患有耳聋之疾，这也让他更加发奋地钻研医学。庞安时开始研究《灵枢》、《太素》等医学典籍，只要是与医学相关的，他都会有所涉猎。

庞安时不但医术精湛，而且医德高尚。据说有人来向庞安时求医时，他都会给病患者腾出房间，并亲自查看药物，直到患者痊愈了才会让他们回家。庞安时给人治病，大部分都会痊愈，有痊愈的患者拿金帛来答谢庞安时，庞安时也一概谢绝了。

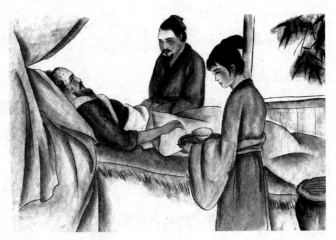

"北宋医王"庞安时为病人治病。

据《宋史》记载，一次庞安时去桐城，正好遇见一个农家妇女生产。这名妇女已经生了七天，但是孩子一直没有生下来。当地人想了很多的办法都没有用。恰好庞安时的一个学生是这家的邻居，就邀请庞安时前来治疗。庞安时看见产妇，就跟大家说不会有事，并让妇女的家人准备热帕敷在产妇的腰腹部，而庞安时则亲自为产妇按摩。不一会儿，产妇只觉得肚子一阵微痛，一个男孩就诞生了。原来是胎儿在肚子里抓着妈妈的肠子不松手，庞安时找到胎儿的位置，用针刺激了胎儿，胎儿就松手生下来了。

庞安时在伤寒学上有十分卓越的贡献，他研究《伤寒论》等医术，结合自身的行医经验，在张仲景的基础上，将温热病与伤寒区分开来，对外感病学的发展具有非常重要的意义。

xióng

熊

【姓氏来源】

熊姓的起源主要有二：

其一：出自黄帝有熊氏之后。黄帝为少典之子，本姓公孙，长居姬水，因改姓姬，居轩辕之丘，故号轩辕氏，因建都于有熊，故亦称有熊氏。其后代有以地名为姓的，称熊氏。

其二：出自芈姓，为黄帝后裔。相传颛顼帝的后裔陆终有六子，其中小儿子叫季连，赐姓芈。季连的后裔鬻熊因做过周文王老师，在武王伐商建国后，封鬻熊的后代熊绎于荆山，建荆国。熊绎后代改国号为楚，称楚文王。熊绎以王父字为氏，称熊氏。后楚国被秦国所灭，楚国宗室后人多以熊为姓，称熊氏。

【郡望堂号】

江陵郡：汉时置江陵县，治所在南郡。南朝齐置江陵郡，在今湖北江陵及川东一带。

南昌：汉时治郡，治所为今江西南昌市。

熊姓的主要堂号有"江陵"、"谦益"、"南昌"、"孝友"等。

射石堂：古人熊渠，精骑射，行夜路见虎射之，走近观看，竟是一石。

【繁衍变迁】

熊姓发源于湖北、河南，秦汉之际，已经有少数熊姓氏族散布在河北、山东等地。魏晋南北朝时，江南广大地区都有熊姓人的分布。唐宋年间，熊姓人迁入江苏、浙江。南宋末年，江苏、浙江的熊姓人进入到福建、广东等地。明朝初年，山西熊姓人散居河南、山东、河北、北京、天津、江苏、安徽、陕西等地。明朝以后，贵州、云南、四川、海南及广西均有熊姓人的迁徙，并与苗、水、布依、土家、阿昌族等少数民族融合。清朝时，熊姓人已经遍布大江南北，同时有福建、广东等东南沿海地区的熊姓人渡海赴台，徙居海外。

【历史名人】

熊安生：字植之，北朝经学家，北学代表人物之一。

熊朋来：字与可，元朝文学家、音乐家，著有《五经说》、《瑟谱》。

熊伯龙：字次侯，号塞斋，别号钟陵，清初无神论者，编著《无何集》。

熊赐履：字敬修，清朝大臣、政治家、学者。有《经义斋集》等。

【姓氏名人故事】

楚庄王一鸣惊人

熊侣，谥号楚庄王，春秋五霸之一。

公元前 631 年，晋国将原依附于楚的几个小国拉拢过去，结成了同盟。消息传来，楚国朝野上下一片哗然，纷纷要求楚国出兵，与晋国争霸。而即位不久的楚庄王却对国家大事、对宏图霸业不闻不问，对于朝野的议论和大臣们的劝谏，更是充耳不闻，就这样持续达三年之久。更为甚者，

伍举讽谏楚庄王。

他为了耳旁的清静，干脆在官门口立一木牌，上书："有敢谏者，死无赦。"

禁令虽严，却并不能吓退忠贞之士。大臣伍举在经过深思熟虑后来谒见楚庄王，只见庄王在官中左拥郑姬、右抱蔡女，醉醺醺地观看歌舞。伍举拿鸟作比喻说："楚都有一只大鸟，五彩缤纷，艳丽无比，挺神气地在高坡上，三年来，不飞不叫，令满朝文武猜不透是只什么鸟。"楚庄王一听便知伍举的意思，就笑着说："我猜到了。这可不是一只普通的鸟，三年不飞，一飞冲天，三年不鸣，一鸣惊人，你们等着看吧！"伍举也明白了庄王的意思，高兴地退了下去。

从这以后，楚庄王上朝，亲自处理政务。后又出兵讨伐齐、晋两国，班师回朝。三年不鸣的楚庄王，终于一鸣惊人，成功地问鼎中原，成为霸主。

jǐ

纪

【姓氏来源】

纪姓的起源主要有二：

其一：出自姜姓，以国为氏，为炎帝的后裔。据《元和姓纂》、《通志·氏族略》等史料记载，西周初年，为纪念贤帝圣主的功绩，周朝封炎帝之后姜静于纪，建立了纪国。春秋时，纪国被齐国所灭，纪国王族子孙就以国为氏，称纪氏。

其二：上古有纪族，伏羲氏的大臣纪侗，即出自纪族。舜未成为帝时，他的老师纪后，也是古纪族后人。

【郡望堂号】

纪姓的郡望主要有天水郡、高阳郡和平阳郡。

天水郡：汉时置郡，治所在今甘肃通渭西北。

高阳郡：东汉时置郡，治所在高阳（今河北高阳县东）。

平阳郡：汉时置郡，治所在山西临汾市。

纪姓的堂号以"高阳堂"最具名望。

【繁衍变迁】

纪姓发源于山东。春秋时期，纪国灭亡，纪姓子孙便散布在山东各地。战国至秦朝初年这段时间，纪姓人开始向周边扩散，河北、江苏、安徽、山西、陕西等地均有落居。汉末至三国，河北纪姓人远徙至辽宁，山东、江淮地区的纪姓则南下，陕西、河南的纪姓人迁居山西、甘肃等地。两晋南北朝至隋唐，今甘肃、河北、山西、辽宁部分地区的纪姓人发展迅速。北宋灭亡后，北方纪姓迁居江南避难。宋元之际，纪姓人进一步迁入两广地区。明朝初期，山西纪姓迁往河北、河南、山东、北京、天津、东北等地。明朝中期，纪姓人渡海进入台湾。清康乾盛世以后，纪姓人遍布大江南北。

【历史名人】

纪信：秦末汉初刘邦麾下的将领，荥阳之战中假扮成刘邦，被项羽俘虏，为汉朝的建立立下了不可磨灭的功勋。

纪天祥：元代杂剧作家，作有杂剧六种，代表作为著名的《赵氏孤儿》。

纪昀：字晓岚，晚号石云，清朝乾隆进士，著名的文学家，主持编纂《四库全书》，著有《阅微草堂笔记》等书七种。

【姓氏名人故事】

铁齿铜牙纪晓岚

纪晓岚出生在一个书香门第之家，他儿时就非常聪慧，才华过人，有过目成诵的本领。纪晓岚四岁开始读书，二十一岁考中秀才，二十四岁时就考中乡试的解元。后来纪晓岚的母亲去世，他在家服丧，发奋读书，在三十一岁的时候考中

铁齿铜牙纪晓岚巧妙应对乾隆皇帝。

了进士，为二甲第四名。

纪晓岚因为出众的才华，受到乾隆的宠待。乾隆命其为《四库全书》的总纂官，历时十三年，纪晓岚终于完成了这部卷帙浩繁的《四库全书》。《四库全书》按照经、史、子、集分为四部，部下有类，类下有属。全书共四部四十四类六十六属。它保存了我国历代的大量文献，其中有很多珍贵的善本，以及失传已久的书籍。可惜的是，因为正值清朝文字狱最为严酷的时期，在《四库全书》的编修过程中，有很多图书没能逃脱被焚毁、删削、篡改、错讹的命运，这也是文学史上的一次浩劫。

纪晓岚不仅学识渊博，而且为人幽默诙谐，伶牙俐齿。据记载，因为纪晓岚体态略胖，所以一到夏天格外难耐，经常赤膊纳凉。乾隆听说之后，就想着去戏弄纪晓岚一番。这天纪晓岚正与几位同僚在房间里赤膊聊天，忽然间乾隆就走了进来。其他同僚们见到了都飞快地穿上衣服，而纪晓岚因为近视，直到乾隆走到他面前，他才发现。情急之下纪晓岚只好躲到乾隆的座位后面。乾隆默默地坐了两个小时，纪晓岚听着没有声音了，就满头大汗地探出头问道："老头子走了吗？"乾隆听了忍俊不禁，说道："纪晓岚你真是无礼，为何叫我'老头子'？"纪晓岚解释道："陛下您万寿无疆，所以叫'老'；又因为您顶天立地，所以叫'头'；这天地河川都是陛下您的，天地是皇上的父母，所以叫'子'。"乾隆听了他这解释，哈哈大笑，也就原谅了纪晓岚的无礼。

xiàng
项

【姓氏来源】

项姓的起源主要有二：

其一：出自姬姓。《广韵》记载，周朝有项国，是周朝的同姓诸侯国，后被楚国所灭，项国国君的子孙便以国名为姓，称项氏。

其二：出自芈姓，以国为氏，为楚国王族后裔。春秋时期，楚国灭姬姓项国，楚国国君将公子燕封于项城，建立项国。后项国被齐国所灭，公子燕的子孙遂以国名命姓，称项氏。

公子燕像。

【郡望堂号】

项姓郡望以辽西郡为最望。

辽西郡：战国燕时置郡，治所在阳乐（今辽宁义县西）。

【繁衍变迁】

项姓发源于河南。战国至秦末，项姓氏族十分显赫，在各地均有所发展。项羽兵败后，部分项姓人为避难，向东南迁入浙江、江苏、福建，向南进入湖北、湖南、云南、江西和广西等地，向北居住在河北、甘肃、河南、山东、辽宁、内蒙古等地。唐宋之际，浙江、江西、湖北等地的项姓人较为活跃。明朝初期，山西的项姓人作为迁民之一，进入河北、河南、山东、东北等地。明清之际，项姓人的分布范围进一步扩大，开始渡海入台，进而迁居东南亚和欧美各地。

【历史名人】

项元淇：字子瞻，明朝文学家、书法家，工诗文，善草书。

项羽：名籍，字羽，秦末农民起义领袖，古代杰出军事家及著名政治人物。秦亡后自立为西楚霸王，与刘邦争天下。项羽勇猛过人，颇有文采，留下了千古名作《垓下歌》。

项橐：春秋时期，莒国神童，相传七岁时与孔子辩难，使孔子窘困，被后世称为"圣人之师"。

【姓氏名人故事】

西楚霸王项羽

项羽，名籍，字羽，是秦朝末期著名的军事家，气压万夫的英雄豪杰。项羽是将门之后，年纪轻轻就率兵崛起，举兵反秦。项羽在年少的时候，就表现出了他的远大的志向。项羽的叔父项梁教他读书，没多久项羽就厌倦了。项梁又教项羽习武，没多久项羽又不愿意学了。项梁大发雷霆，项羽却说道："读书习字，能够记得名字便够了，学习武术，不过就能敌一人，要学我就要学能敌万人的功夫。"于是项梁就教他兵法。不过没多长时间，项羽又不愿意学了。一次秦始皇出游，项羽看见了那威风凛凛的车马队伍，就转头对项梁说道："我可以代替他。"后来陈胜、吴广在大泽乡起义，年仅二十四岁的项羽和叔父项梁也在吴中起兵响应。

大泽乡起义不久，项羽在会稽郡斩杀郡守崛起，屡胜秦军。巨鹿之战后，率军入关中。年轻气盛的项羽在征秦战争中连连得胜，最终攻破秦朝的最后一支军队，彻底推翻了秦王朝的统治，分封天下，称霸诸侯。但是另外一支灭秦的主力刘邦，因为被封在偏远的汉中巴蜀，非常不满，于是起兵伐楚。刘邦带领五十六万大军浩浩荡荡地开进了楚地，两线作战且被盟友背叛的项羽陷入了前所未有的困境。楚汉两股势力展开了一场长达四年的大规模战争。到了战争后期的亥下之战时，项羽的手下只有十万兵马，而刘邦联合了齐王韩信、魏相国彭越、淮南王英布、刘贾等，共六十万大军包围了项羽。楚兵本就弹尽粮绝，又损伤无数，这时忽然听到四面传来用楚国方言唱的歌声，军心瞬间瓦解，项羽的宠妃虞姬也举剑自尽而死。项羽痛苦不已，只觉得对不起江东父老，最终也在乌江边自刎而死。

项羽虽然在政治上很失败，但是他在军事上却是拥有着难以掩盖的才华，而且项羽为人单纯爽快，英勇憨直，还留下了千古名作《垓下歌》。因此太史公司马迁在编写《史记》时将其归入"本纪"之中。

西楚霸王项羽。

司马迁评价道："大政皆由羽出，号称西楚霸王，权同皇帝。位虽不终，近古以来未尝有也。"他的出现，为中国的历史掀起了一场风云，写下了一段不朽的神话。

zhù

祝

【姓氏来源】

祝姓的起源主要有四：

其一：出自姬姓，以地名为氏，为黄帝之裔。据《元和姓纂》、《新唐书·宰相世系表》等相关书籍记载，西周初年，黄帝之后被周武王封于祝，建立祝国。子孙以地为氏，称祝氏。

其二：出自己姓，祝融之后。

其三：以官职为姓。根据《姓谱》、《路史》记载，古时有司祝的官职，其子孙多以官为氏，称祝氏。又远古时，巫师在社会中有很高的地位，称为巫史，或祝史，而官职往往是世代继承的，因此其后人为祝姓，世代相传。

其四：出自他族改姓。据《通志·氏族略》所载，魏晋南北朝时，北魏有叱卢（吐缶）氏，改汉姓为祝姓；清朝满洲八旗的爱新觉罗氏、喜塔喇氏等，均有改汉姓为祝者；傈僳族中的麻打息氏，其汉姓为祝。

【郡望堂号】

祝姓的郡望主要有河南郡和太原郡。

河南郡：汉时置郡，治所在雒阳（今河南洛阳）。

太原郡：秦时置郡，治所在晋阳（今山西太原）。

祝姓的主要堂号有"怀星"、"太原"、"河南"等。

【繁衍变迁】

祝姓发源于山东。周朝时，祝姓人已经迁入陕西、河南等省。春秋时期，河北大部分都有祝姓人的分布。西汉时，祝姓人迁居江南。东汉时，祝姓族人中有落籍于湖南者。魏晋南北朝时，北方社会动乱，战火频繁，大量祝姓人迁至今安徽、江苏、浙江、江西等地。唐中期以后，祝姓人徙居至湖北、四川。两宋时期，南方祝姓人昌盛起来，并进入福建、广东等地。明朝初期，山西祝姓人分迁于今山东、陕西、湖北、湖南等地。明朝中期之后，东南沿海地区的祝姓人渡海赴台。清朝初期，两湖祝姓人因湖广填四川而进入四川。

【历史名人】

祝世禄：字世功，明朝著名学者。著有《祝子小言》、《环碧斋小言》、《环碧斋诗集》等。

祝允明：字希哲，明朝文学家、书画家。因右手有六指，自号"枝指生"，又署枝山老樵、枝指山人等。工书法，精于小楷、狂草，与唐伯虎、徐祯卿、文徵明并称"吴中四才子"。著有《前闻记》、《九朝野记》、《苏材小纂》、《祝氏集略》、《怀星堂集》等。

吴中才子祝允明

祝允明，字希哲，号枝山，是著名的书法家、文学家。也就是我们经常耳闻的江南四大才子之一——祝枝山。他与唐寅、文徵明、徐祯卿齐名，明历称其为"吴中四才子"之一。祝允明学识渊博，精于诗文书法，尤其是他的狂草，格外受到世人的赞誉。当时流传有"唐伯虎的画，祝枝山的字"的说法，可以见得祝允明的书法受欢迎的程度。

吴中才子祝允明。

祝允明幼时跟着祖父祝颢一同生活、学习，凭借着天资聪慧和勤奋好学，再加上祖父的指导，祝允明五岁时就能写一尺见方的大字，九岁时便能作诗文，十岁博览群书，被称为"神童"。祝允明三十二岁时中举人，本以为靠自己的才学，录取高第易如反掌，可是之后七次考试都没有成功，这给了祝允明相当大的打击。后来他开始做官，然而为人简易无拘束的他，对尔虞我诈、黑暗腐朽的官场十分不满，不久便辞官回乡。仕途的失意让祝允明的心境和性格都产生了非常大的变化，他由积极入仕逐渐向游戏人生的方向转变。常言道，不平则鸣。这种失意与转变让祝允明的书法和诗文逐渐走上了成功。

然而祝允明晚年的生活状况非常不好。虽然这时祝允明的书法已经名声大振，然而仕途失意和老师、好友的接连去世，都让祝允明很受打击。在悲痛中他更加放荡不羁，作出了很多狂草巨制。

祝允明的书法使吴门书派崛起，影响了明朝的浪漫主义书风，对明朝书法的发展产生了巨大影响。王世贞在《艺苑卮言》中评价道："天下书法归吾吴，祝京兆允明为最。"诗文杂稿《祝氏集略》是他除书法作品外的又一笔文化遗产。

dǒng

董

【姓氏来源】

董姓的起源主要有三：

其一：出自己姓，始祖为董父。相传颛顼的后裔陆终，其长子被赐己姓，封于昆吾国。其后裔有董父，对龙的习性非常了解，于是帝舜便任命董父为豢龙氏，专门养龙。在董父的驯养下，龙学会了各种表演，帝舜非常开心，便封董父为鬷川侯，赐董姓，董父的后代遂称董氏。

董父像。

其二：出自姬姓，以官为氏。春秋时期，周朝有大夫辛有，他的两个儿子在晋国做太史，董督晋国的典籍史册。其子孙后裔世袭晋国史官，遂以官职为氏，称董氏。被孔子赞为"良史"的董弧即出自此支。

其三：出自己姓，以姓为氏。颛顼的后裔陆终有一子叫参胡，姓董，其后裔便以姓为氏，称董氏。

【郡望堂号】

董姓的郡望主要有陇西郡、济阴郡等，其中以陇西郡为最望。

陇西郡：战国时置郡，治所在狄道（今甘肃临洮南）。

济阴郡：汉时置郡，治所在定陶（今山东定陶县西北）。

董姓的堂号主要有"直笔"、"良史"、"陇西"等。

【繁衍变迁】

董姓发源于山东、山西等地。秦汉时期，山西、甘肃、河北、河南的董姓氏族发展得较为集中，在陕西、山东、广东、四川、浙江、湖北、福建、河南等地也有散居。魏晋南北朝时，董姓人又继续向安徽、江西、江苏、湖北及长江中下游地区迁徙。隋唐之际，董姓人迁入福建、广东。明清之际，董姓人渡海赴台，东南亚、欧美国家也开始有了董姓人的分布。

【历史名人】

董狐：春秋晋国太史，亦称史狐，因秉笔直书，被当时的孔子誉为"良史"的史官。现有"董狐直笔"的成语。

董仲舒：汉代思想家、政治家，著名的唯心主义哲学家和今文经学大师。主要思想是"天人合一"，将儒家思想总结为"三纲五常"，最终为汉室王朝所使用。

董卓：字仲颖，东汉末年著名的权臣，官至太师、郿侯。

董允：字休昭，三国时期蜀汉官员，与诸葛亮、蒋琬、费祎并称"蜀中四英"。

【姓氏名人故事】

杏林圣手董奉

董奉是东汉末年至三国时期的著名医学家，与华佗、张仲景同负盛名，史称"建安三神医"。

三国时期，董奉隐居在庐山西南端的柴桑盆地，这里距离柴桑城很近，柴桑城中人口稠密，每当有人患病，就会来到董奉的隐居之所求医问药。董奉对前来治病的人来者不拒，而且无论病情轻重，他都不收分文谢银，只要求患者痊愈之后，在他住所后面的山林之中栽种下五棵杏树。

因为董奉医术高超声名赫赫，每日求诊的患者数不胜数，他住所旁患者所栽种的杏树也越来越多，多年之后，杏树郁然成林，数量之多竟达万余株。

这些树生长茂盛，每到结果之时，累累硕果金灿灿挂满枝头。董奉随即在杏林之中盖了间茅舍，待杏子成熟之际告知众人，若有人想买杏林的杏子，只要在摘完杏子之后，将价值相同的谷物放在茅屋之中便可。附近百姓争相去杏林中买杏，茅屋中的谷物随后越积越多，董奉便定期将这些谷物分给穷苦的百姓。后来人们在董奉隐居处修建了杏坛、真人坛、报仙坛，以纪念董奉。

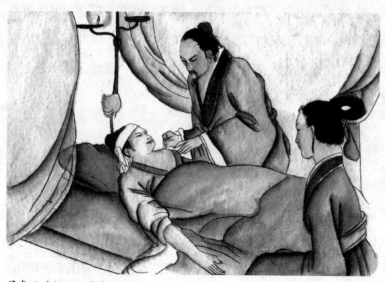

董奉治病救人，分文不取。

而董奉修道行医、济世救人的事迹被后人演绎出了很多经典生动的故事："虎口取髁"、"杏林春暖"、"草堂求雨"、"虎溪三啸"、"浔东斩蛟"等。民众口口相传，影响甚广，这些故事中所体现的精神正是民众心中的需求与期盼。

董奉高超的医术与乐善好施的品质深得后世人敬仰，同时"杏林"一词也成为了中医的代名词。自此之后，医家都开始将自己称为"杏林中人"，医技以被人称为"杏林圣手"为傲，医德以被赞为"杏林春暖"为誉。

liáng
梁

【姓氏来源】

梁姓的起源主要有五：

其一：出自嬴姓，为颛顼帝裔孙伯益之后。伯益因辅佐大禹治水有功，帝舜便赐他嬴姓以示嘉奖。周朝时，伯益第十六世孙非子，因善于畜牧，为周孝王在桃林养马，因为马群繁殖良好，周孝王封他于秦谷为附庸国，恢复其嬴姓，称为秦嬴。其后裔秦仲为大夫，征讨西戎有功，周宣王封秦仲次子康于夏阳梁山，建梁国，称梁康伯。后梁国为秦国所灭，其子孙便以国为氏，称梁氏。

伯益像。

其二：出自姬姓。东周平王有子姬唐封于南梁，后为楚国吞并，其后世子孙遂以国为姓，称梁氏。

其三：春秋时期，晋国解梁城、高梁和曲梁之地，有以邑为氏，如梁益耳、梁弘、梁由靡等。

其四：战国初期，赵、魏、韩“三家分晋”，赵魏惠王迁都大梁，因而魏国也称为梁国，后亦有梁氏。

其五：出自少数民族改姓。南北朝时期，北魏孝文帝迁居洛阳，实行汉化，将鲜卑族复姓拔列兰氏改为汉字单姓梁氏。

【郡望堂号】

梁姓的郡望主要有安定郡、扶风郡、天水郡、河南郡等，其中以安定郡为最名望。

安定郡：西汉时置郡，治所在高平（今宁夏固原）。此支梁氏，其开基始祖是春秋时晋大夫梁益耳。

扶风郡：三国魏时置郡，治所在槐里（今陕西兴平东南）。此支梁氏，为安定梁氏的分支。

天水郡：西汉时置郡，治所在平壤（今甘肃通渭西北）。此支梁氏，出自氏族梁氏。

梁姓的堂号主要有"仪国"、"安定"、"梅镜"等。

【繁衍变迁】

梁姓发源于陕西。晋朝以前，梁姓人的发展以西北为主。秦汉之际，梁姓人落居于山西、陕西等地。汉朝时，梁姓人则在甘肃、宁夏大部及陕西渭河流域繁衍得较为兴盛。到了魏晋南北朝时，为避战祸，梁姓人南迁到浙江和广东之间各地，此时，梁姓人遍布四川、安徽、江西、湖北、浙江、广东、福建。隋唐时期，梁姓人在南方有所发展。宋元时，为避兵灾，梁姓人再度南迁。明清时期，梁姓人已遍及大江南北，并以广东、福建、浙江为主要居住地。

【历史名人】

梁师都：为隋朝鹰扬郎将，隋末农民起义时，自称皇帝，国号梁，建元"永隆"。

梁令瓒：唐朝画家、天文仪器制造家。存世作品有《五星及二十宿神形图》。发明了自动报时装置，为全世界最早的机械钟。

梁红玉：宋朝著名女英雄，抗金名将韩世忠的妻子。史书中不见其名，只称梁氏。

梁启超：字卓如，中国近代史上著名的政治活动家、启蒙思想家和文学家等，是戊戌变法的领袖之一。著有《中国近三百年学术史》、《中国历史研究法》、《少年中国说》。

巾帼英雄梁红玉

梁红玉出身武将世家，自小就了一身功夫。在平定方腊之乱的战役中，梁红玉的祖父和父亲因贻误战机致使战败，获罪被杀，梁红玉也沦落为官妓。梁红玉在平定方腊的庆功宴上见到了韩世忠，两人一见倾心。韩世忠升为将军后，就正式迎娶了梁红玉。

后来南宋内乱，金兵趁机攻打南宋，双方交战之时，韩世忠听说金兵被岳飞击败，正准备渡江而逃路过此地。当时，金军拥兵十万，而韩世忠只有八千疲兵。韩世忠与夫人梁红玉商量对策，由韩世忠带领小股宋兵诱敌深入，再又大队宋兵埋伏，以梁红玉的鼓声为命，以火攻船。

归乡心切的金兵无心恋战，亦兵分两路，一部分对应战，另一部分保护金兵将领离开。就在这时，

巾帼英雄梁红玉。

只见梁红玉英姿飒爽地登上金顶擂鼓台，手持鼓槌擂响战鼓，士兵听到振奋人心的鼓声都精神抖擞，奋勇向前，埋伏的宋军万箭齐发，来不及反击的金兵纷纷落水逃窜。宋军乘胜追击，施以各种战术从不同的方向围剿准备逃逸的金人，金兀术大惊，慌不择路地逃到长江的死港，被困了四十八天。自此梁红玉也因其临阵击鼓的故事流传千古。

dù

杜

【姓氏来源】

杜姓的起源主要有三：

其一：源出自祁姓，为帝尧后裔刘累之后。相传帝尧将帝位禅让给舜后，舜封尧之子丹朱为唐侯，传至刘累，因善于驯龙，称御龙氏。至周朝初期，唐国不服周王的领导，被周公旦挥兵攻灭。并将自己的弟弟唐叔虞封于唐地，将原来唐国君主的后裔迁至杜地，因而又称唐杜氏。周宣王时，唐杜国君桓在朝中做官，宣王的一个宠妃名叫女鸠。女鸠看上了杜伯，便诱惑杜伯。不想却被杜伯拒绝。女鸠恼羞成怒，便向周宣王诬告杜伯。周宣王听信女鸠的话，将杜伯处死。杜伯无罪被杀，其子孙大多出逃，而留在杜城的裔族便以国为氏，称杜氏。

其二：据《世本》中"杜康作酒"的记载，相传黄帝时，发明酿酒的杜康是现在杜姓的始祖。

其三：出自他族改姓。南北朝时期，北魏孝文帝实行汉化政策，将鲜卑族独孤浑氏族改为汉字单姓杜氏。北宋时期，有金国女真族徒单氏族改为杜氏。以及清朝满洲八旗都善氏、图克坦氏等氏族均集体改为杜氏。

【郡望堂号】

杜姓的郡望主要有京兆郡、襄阳郡、濮阳郡等，其中以京兆郡最为名望。

京兆郡：汉时置京兆尹，治所在长安（今陕西西安市西北）。三国魏时改称京兆郡。

襄阳郡：东汉时分南郡、南阳两郡置郡，治所在襄阳（今湖北襄樊）。

濮阳郡：晋时置郡，治所在濮阳（今河南濮阳县）。

杜姓的堂号主要有"诗圣"、"少陵"、"京兆"等。

【繁衍变迁】

杜姓发源于陕西。春秋战国时期，杜姓人已经徙居到湖北、河南、安徽、江西、山东、四川、江苏和浙江的部分地区。秦汉之际，杜姓人主要在陕西地区繁衍。魏晋南北朝时，战争频繁，为避战乱，杜姓人大举南迁至湖北、四川和浙江等地，并在当地形成大族。唐末，有杜姓人迁居今浙江绍兴。明初，山西杜姓人迁入河南、河北、山东、江苏、安徽等地。明清之际，杜姓人已遍布全国大江南北，并远播东南亚、欧美等地。

【历史名人】

杜诗：字君公，东汉官员及发明家。修治陂池，广开田池，有"杜母"之称。

杜林：字伯山，扶风茂陵人。少好学，官至大司空，最大的成就是在学术方面。他博学多闻，被誉为通儒，后世推崇他为"小学之宗"。

杜如晦：字克明，唐朝初期名相。凌烟阁二十四功臣之一。

杜甫：字子美，自号少陵野老，盛唐时期伟大的现实主义诗人，被后世尊称为"诗圣"，他的诗也被称为"诗史"。杜甫与李白合称"李杜"。

杜牧：字牧之，号樊川居士，唐朝著名诗人。人称"小杜"，以别于杜甫。与李商隐并称"小李杜"。著有《樊川文集》。

【姓氏名人故事】

"诗圣"杜甫

杜甫，字子美，自号少陵野老，是唐朝时期伟大的现实主义诗人，对后世的诗歌影响非常深远，被后世尊称为"诗圣"。他的诗具有丰富的社会内容、强烈的时代色彩和鲜明的政治倾向，真实深刻地反映了安史之乱前后一个历史时代政治时事和广阔的社会生活画面，因而将他的诗歌称为"诗史"。杜甫作品被称为"世上疮痍，诗中圣哲；民间疾苦，笔底波澜"。

杜甫出生于一个书香世家，他的祖父是著名的诗人杜审言。受到良好的家教的影响，杜甫七岁学诗，十五岁时已经扬名于世，可惜的是杜甫一生的仕途都非常坎坷，得不到当时人的认可。杜甫二十岁时漫游于吴越之间，五年之后应举未中，又继续漫游齐赵之地。这之后杜甫在洛阳遇见了"诗仙"李白，两人一见如故，共同游历了一番后分别，之后再也没有见过。

后来杜甫又去了长安应试，可惜再一次落第。之后杜甫通过不断的走动，终于获得了一个参军的职位。杜甫在长安一共做官十年，一直过着困苦的生活，这一段时间他对于朝廷政治和社会现实有了更深一层的认识，写了很多批评时政、讽刺权贵的诗篇。

杜甫一生漂泊坎坷，他经历了唐朝由盛到衰的过程，遭遇了很多不幸，但是他仍然忧国忧民，心系天下。因此他的诗风"沉郁顿挫"，反映了社会的矛盾和人民的疾苦。

ruǎn

阮

【姓氏来源】

阮姓的起源主要有三：

其一：出自偃姓，以国为氏，为皋陶氏之后。根据《通志·氏族略》和《姓谱》等相关史料的记载，皋陶的后裔有被封于阮，建立了阮国。商朝末期，阮国为周文王所灭，阮国的后代以国名为氏，称阮氏。

其二：出自石姓。据《南史》、《路史》记载，春秋时卫国大夫石蜡的后人在东晋时，有改姓为阮。

其三：出自少数民族姓氏。

皋陶氏像。

【郡望堂号】

阮姓的郡望主要有陈留郡、太原郡。

陈留郡：汉时置郡，治所在陈留（今河南开封县东南陈留城）。

太原郡：战国秦时置郡，治所在晋阳（今山西太原）。

阮姓的堂号主要有"竹林"、"三斯"、"文焕"、"敦善"等。

【繁衍变迁】

阮姓发源于甘肃，经周朝直到秦朝，阮姓人逐渐迁徙至陕西、河南、山东、山西、河北等地。西晋永嘉之乱时，阮姓人为避战乱，南迁至江苏、浙江和广西等地。到了南北朝时，阮姓人已经在安徽、江西、湖北、湖南等地定居，并有迁居至越南者。隋朝统一江山后，阮姓人开始向北方回迁。阮姓人始迁入福建始于唐朝。五代时，阮姓人迁居到四川、广东等地。北宋时，一支居住在福建的阮姓人北迁到江苏，而一支河南阮姓也徙居至江苏。明朝初年，山西阮姓人作为迁民之一，散居在山东、河南、江苏、安徽、湖北等地。明朝中期，开始有阮姓人渡海进入台湾。清康乾以后，山东阮姓人随着"闯关东"的风潮，迁至东北三省。

【历史名人】

阮瑀：字元瑜，东汉著名文学家，"建安七子"之一，能诗善书，有《阮元瑜集》。

阮籍：字嗣宗，三国时魏国文学家、名士，"竹林七贤"之一，好老庄，善诗文，八十余首《咏怀诗》颇负盛名，著有《阮嗣宗集》。

阮咸：字仲容，魏晋时期名士，"竹林七贤"之一。他精通音律，善弹琵琶，有一种古代琵琶即以"阮咸"为名。作有《三峡流泉》一曲。

阮孝绪：字士宗，南朝梁目录学家，仿照《七略》，撰写了《七录》，现已经失佚，唯自序尚存《弘明集》，可考察其分类情况。

"竹林七贤"之一阮籍

阮籍是三国时期魏国著名诗人，"竹林七贤"之一。

史书上记载，阮籍容貌俊秀，气质宏放，傲然独立，放荡不羁，而且喜怒不形于色。

阮籍年幼丧父，家境十分清苦，他从小就十分勤奋，终于成才知名于天下。本有济世之心，但是当时政局非常险恶，司马懿和曹爽两方明争暗斗，于是阮籍选择了明哲保身的态度，要么几个月闭门不出，要么出去游山玩水长时间不回，没有加入到任何一方。

他博览群书，特别喜好老庄之道。当时主流的哲学思潮就是以老庄为主，儒道结合的玄学，他是魏晋玄学非常重要的代表人物。

"竹林七贤"之一阮籍。

阮籍不拘礼俗，放浪形骸，经常一个人驾着车出行，也不走大路，就随着牛车任意行驶。等到前方无路可走的时候，大哭着返回。阮籍也非常孝顺，他的母亲去世的时候，他正在和朋友下棋，对方听说了他的母亲去世了就想终止棋局，他却执意一决输赢。棋局结束后，饮酒两斗，大号一声，吐血数升。等到母亲快下葬的时候，又吃了一只蒸熟的乳猪，喝了两斗酒，与母亲做最后的诀别。虽然喝酒吃肉，但是因为过度哀伤，他还是形销骨立，差点没命。

阮籍不拘礼法让很多人讨厌他，但是只有外表坦荡，内心淳朴，才是真正的性情之人。

lán

蓝

【姓氏来源】

蓝姓的起源主要有四:

其一: 出自芈姓。根据《百家姓考略》记载, 春秋时期, 楚国的公族有食采于蓝邑的, 其子孙以邑为氏, 称蓝氏。

其二, 出自嬴姓。在《姓氏考略》、《竹书纪年》中有记载, 梁惠王时, 秦子向受封于蓝, 为蓝君。其子孙有以地名为姓的, 称蓝氏。

其三: 出自赐姓。《蓝氏族谱》中有记载, 昌奇公为炎帝神农氏第十一世孙、帝榆罔之子。昌奇出生的时候, 有熊国贡秀蓝一株, 帝榆罔便赐蓝姓, 名昌奇。

其四: 出自少数民族。

【郡望堂号】

蓝姓的郡望主要有中山郡和东莞郡。

中山郡: 汉时置郡, 治所在卢奴(今河北定州)。

东莞郡: 汉时置城阳郡, 晋改称东莞, 治所在莒(今山东莒县), 后又改为东安郡。

蓝姓的堂号有种"玉堂"、"汝南"、"蓝田"、"蓝玉"、"中山"等。

【繁衍变迁】

蓝姓发源于陕西。秦朝时, 蓝姓人主要在河北、山东、河南部分地区繁衍,并形成三个蓝姓郡望。汉魏以后，蓝姓人向黄河中下游迁徙，并落居在安徽、湖北、江苏、浙江。隋唐之际，蓝姓人大批量南迁，开始有迁徙到福建者。唐末五代间，蓝姓人迁居广东。历宋元两代，蓝姓人在福建、广东发展得兴旺，并于宋末元初徙居湖南、四川和广西等地。明朝初期，山西蓝姓人迁往陕西、甘肃、河南、天津、北京、江苏等地。明朝中期以后，广东、福建等东南沿海地带的蓝姓人渡海定居台湾，而广西境内的蓝姓人则徙居云南、贵州，亦有远徙越南等东南亚国家。清朝伊始，蓝姓人徙居东北三省。

【历史名人】

蓝瑛：字田叔，明末清初著名画家，擅画山水，兼工花鸟人物，为武林画派创始人，是浙派后期代表画家之一

蓝廷珍：字荆璞，清朝著名将领，与施琅一同入台湾，平剿农民起义首领朱一贵，被称为"治台名将"。

【姓氏名人故事】

治台名将蓝廷珍

蓝廷珍年少时在家务农，但是志向远大的他不甘心困守在穷乡僻壤，于是蓝廷珍不远千里投奔到浙江定海镇总兵的麾下。经过刻苦的训练和不懈的努力，蓝廷珍屡立战功，被授予南澳镇总兵的职位。

康熙年间，蓝廷珍随施琅一同出兵台湾，征战朱一贵的义军，平定台湾。之后，蓝廷珍奉命留台，对台湾进行开发和治理，对台湾的历史发展有着非常深远的影响。

清朝统一台湾后，对台湾的地位认识不足，在台湾的去留问题上展开过一场非常激烈的论战。一些朝臣认为应该"守澎去台"，而施琅等官员却强烈反对。经过争论，清政

治台名将蓝廷珍。

府在台湾设置台湾府，隶属福建省。但是对台湾的治理仍然有争端。闽浙总督以台湾山地地形难以治理为由，将山地划归为"弃土"，并下令居民迁出，禁止出入。这一举措遭到了蓝廷珍的坚决反对。蓝廷珍上书总督，主张开拓山地。蓝廷珍认为，人没有良民匪民之分，只要教化得当，就都是良民；地没有好坏之分，只要善于治理就一定能有所收获。不如增兵把手，开拓土地，百姓安居乐业，那么就算有盗贼也无处可躲。不能够因噎废食，抛去祖国一分一毫的土地，他的建议得到了闽浙总督的采纳。

蓝廷珍不仅提出了可实行的建议，还亲自组织开垦荒地，发展生产，使得大量移民来到台湾，促进了台湾的发展。同时蓝廷珍还致力于加强汉族和居住在高山上的少数民族之间的团结，注重防务，加强乡政建设，有"治台名将"的称号。

jì

【姓氏来源】

季姓的起源主要有四：

其一：出自姬姓，以先祖名字为氏，为春秋时期鲁国大夫季友之后。根据《通志·氏族略》和《古今姓氏书辩证》的记载，春秋时期，鲁庄公的弟弟季友平定了庆父之乱，在鲁国为相。到了他的孙子行父执政时期，因为能够举贤任能，受到人民的爱戴，死后谥号季文子。其后人中，有以祖父字为氏的，称季孙氏，后简化为季氏。

其二：出自芈姓，以先祖名字为氏，为上古颛顼帝的后代季连的后裔。《史记·楚世家》中有记载，颛顼帝的裔孙陆，终有六子，第六子季连。季连的后世子孙中有以复姓"季连"作为姓氏的，有将"季"作为姓的，称季氏。

其三：出自兄弟排行，以先祖排行称谓为氏。据《吕氏春秋》所载，古时兄弟排行顺序为"伯、仲、叔、季"，因此分别有以"伯"、"仲"、"叔"、"季"为氏的。古代人生存环境比较差，而且女孩不被列入生序，因此，最小的孩子也称为"季子"。因此春秋时期齐国和战国时期魏国的公族中的季氏，均属于这类的姓氏起源。

其四：出自少数民族姓氏。唐朝时期，西赵渠帅有季姓；元、明、清时期，蒙古族的博尔济氏、济鲁特氏、扎拉尔氏等，均有改汉姓时冠以季姓的。满族、土家族、东乡族等少数民族中均有季姓氏放分布。

【郡望堂号】

季姓的郡望主要有渤海郡和鲁郡。

渤海郡：汉时置郡，治所在浮阳（今河北沧县），后移治南皮（今河北南皮东北）。

鲁郡：西汉时置鲁国，后改为郡，治所在鲁县（今山东曲阜）。

寿春县：秦时置郡，治所在寿春县（今安徽寿县）。

季姓的堂号有"三朝"、"静思"、"纯孝"等。

【繁衍变迁】

季姓的发源地已不可考，西汉时，季姓人已繁衍在湖北、江苏等地。东汉至魏晋南北朝时期，季姓氏族在河北、山东、安徽各地发展得十分繁盛。隋唐以前，社会动荡，战争频繁，季姓人开始向南迁徙。唐朝时，居住在安徽的季姓氏族十分昌盛。两宋时期，江苏、浙江两地成为南方季姓人的主要居地，而北方季姓氏族居住分散、聚居规模较小。宋末元初时，战争肆意，战火蔓延整个中原地区，部分季姓人已迁入今广东、福建、江西、湖北等地。明初，山西季姓迁至今河北、河南、山东、湖南、湖北等地。明清之后，季姓人已经遍布全国，江苏、浙江的季姓人繁衍得最为昌盛。

【历史名人】

季厚礼：明朝大孝子，以孝行著称于世。他的儿孙都效仿他的孝道，时人称他们为"一门纯孝"。

季羡林：字希逋，又字齐奘，中国著名文学翻译家家、语言学家、教育家和社会活动家等，精通十二国语言，著有《季羡林文集》。

【姓氏名人故事】

"一诺千金"的季布

季布是西汉时著名的官吏。秦朝末年，生于楚地的季布是西楚霸王项羽麾下五大将之一，后来为刘邦所用。季布以讲信用著称，在楚国流传着"得黄金百斤，不如得季布一诺"的谚语。成语"一诺千金"也由此而来。

季布因为年轻气盛，好打抱不平，因此在楚地非常有名气，很受百姓的爱戴。后来项羽挥兵起义，季布也参军入伍。季布骁勇善战，多次率领军队，大胜刘邦汉军，使刘邦大为窘迫。后来项羽兵败自刎，刘邦建立汉朝，就想捉拿季布，并下令若有窝藏季布的，论罪诛三族。季布假扮成奴隶，被剔掉头发，被铁箍束住脖子，穿着粗布衣服被卖到鲁地的朱家。经由汝阴侯滕公的劝说，刘邦赦免了季布，大家都称赞季布能屈能伸。后来刘邦召见季布，任命他为郎中。

季布为人诚恳，勇于直言纳谏，从不阿谀逢迎。汉惠帝时，匈奴单于曾写信，出言不逊，侮辱吕后。吕后非常生气，召集朝臣商议此事。樊哙和各将领都迎合吕后的心意，主张

一诺千金的季布。

出兵横扫匈奴。这时季布却分析了当时的局势，认为樊哙的贸然起兵只会一败涂地，使天下动荡不安，理当斩首。殿上的将领们听了都十分惊悚，吕后也就此退朝，不再提攻打匈奴的事情了。汉文帝时，有人进言说季布非常有才能，汉文帝便召见季布。季布奉命来到长安。这时又有人进谏说，季布虽勇敢，但是爱喝酒经常发酒疯，不好接近。于是季布在长安留居一个月，又返回原地任职。季布对汉文帝说："陛下您无缘无故召见我，一定是有人向您称赞我；而现在您又将我遣回原郡，一定是有人毁谤我。陛下您因为一个人赞誉就召见我，一个人毁谤就要我回去，我担心天下有见识的人，会以此事探知您为人处事的深浅了。"汉文帝听了十分窘迫。

jiǎ

贾

【姓氏来源】

贾姓的起源主要有二：

其一：出自姬姓，为贾伯之后。西周时期，周成王在周公灭唐后，将唐地封给弟弟唐叔虞。传至唐叔虞后代燮即位后，因临晋水，而改称晋侯，是为晋国。后成王之子康王即位，将唐叔虞的少子公明封于贾，建立贾国，为周朝的附庸国，而公明则号为贾伯。后贾国被晋国所吞并，贾伯的子孙后裔便以国为氏，称贾氏。

其二：出自狐偃之后。春秋时期，晋文公重耳灭

贾伯像。

贾国之后，狐偃在重耳逃亡时始终不离不弃，帮助重耳完成霸业。晋襄公便将贾地封给狐偃之子狐射作为封地，人称贾季。后贾季为避祸逃至翟国，其子孙便以封地为姓，称贾氏。

【郡望堂号】

贾姓的郡望主要有武威郡。

武威郡：汉时置郡，治所在武威（今甘肃民勤东北）。三国时著名谋士贾诩即出身于此支贾氏。

贾姓的堂号有"至言"、"武威"、"维则"等。

【繁衍变迁】

贾姓发源于山西，先秦时期开始徙居河南、山东等省。秦汉时期，贾姓氏族发展繁荣。三国两晋南北朝时，为避战乱，贾姓人大举南迁，散居在江苏、浙江各地。唐朝末期，社会动乱不堪，贾姓人继续南迁，落籍于福建、广东、湖北等省，并与南方各姓融合发展，是贾姓发展得较为鼎盛的阶段。历元、明、清三朝，贾姓人在国内各地不断繁衍迁徙，并远徙海外。

【历史名人】

贾谊：西汉初期著名政论家、文学家。其散文《过秦论》、《论积贮疏》、《陈政事疏》为后人所称道，对后代散文影响深远。

贾诩：字文和，三国时期魏国著名军事家、谋士，人称"毒士"。

贾思勰：北魏著名农学家，著有《齐民要术》一书，在中国农学史以至世界农学史上具有重要的意义。

贾耽：字敦诗，唐朝著名政治家、地理学家。绘有《海内华夷图》，著有《古今郡国县道四夷述》，对后世制图有着深远的影响。

【姓氏名人故事】

贾岛"推敲"

贾岛是唐朝著名的苦吟派诗人，经常为了一句诗或是诗中的一个词煞费苦心、耗尽心血。

有一次，贾岛骑着驴，琢磨着一句诗，结果误闯了官道。原诗是这样的："闲居少邻并，草径入荒园。鸟宿池边树，僧推月下门。过桥分野色，移石动云根。暂去还来此，幽期不负言。"

韩愈、贾岛"推敲"论诗。

其中第二句中的"僧推月下门"，他拿不定主意。他想将"推"换成"敲"，但又觉着"敲"不如"推"好。于是他嘴里这么念叨着，还伸出手做出推和敲的姿势来，不知不觉地闯进了正在出巡的韩愈的仪仗队里。

韩愈早见前面有一举止奇怪的书生，见贾岛闯进来，便问他原因。贾岛详细地回答了韩愈酝酿诗句的事，而且其中一句还不能决定是用"推"好，还是用"敲"好，结果想得出神，忘记了要回避。韩愈听了，也停下马想了良久，然后对贾岛说："我觉得还是用'敲'好。万一门是关着的，推如何能推开呢？再者晚上去别人家，还是敲门有礼貌呀！而且'敲'字，使静谧的夜晚多了一分声响，静中有动，岂不更妙？"贾岛听了连连点头。于是二人并排骑着马和驴，讨论着作诗的方法一起回家。贾岛也因此成了韩愈的布衣之交。

jiāng
江

【姓氏来源】

江姓的起源有二:

其一:出自嬴姓,为颛顼帝裔孙伯益之后。相传颛顼的有孙女名女修,因吃鸽子蛋而生皋陶。皋陶的儿子伯益因为帮助大禹治水有功,被赐为嬴姓,并将本族姚姓女子嫁给他为妻。传至西周时,伯益有后裔受封于江国。春秋时期,江国为楚国所灭,其子孙后代遂以国名江为姓,称江氏。

其二:出自姬姓,为翁氏所分。西周初期,周昭王的支庶子孙,被封于翁山,其后遂以邑名为姓,称翁氏。据《六桂堂丛刊》所载,宋朝初年,福建有翁乾度,生有六子,分姓洪、江、翁、方、龚、汪。其中次子处恭,分得江姓,其后世子孙遂称江氏。

【郡望堂号】

江姓的郡望主要有济阳郡、淮阳郡和六桂等。

济阳郡:西汉时置县,治所在河南省兰考东北。晋时置郡,治所在济阳。此支江姓,其开基始祖为东汉江德。

淮阳郡:西汉时置淮阳国,为同姓九国之一,建都于陈(今河南淮阳)。惠帝以后,有时为郡,有时为国。东汉时改为陈国。隋朝和唐朝又改陈州为淮阳郡。

六桂:六桂乃"六桂联芳"的誉称,治所在闽县(今福建福州市),唐时,改武荣州置州,治所在晋江(今福建泉州市)。

江姓亦以"济阳"、"淮阳"、"六桂"为堂号。

【繁衍变迁】

江姓发源于河南。春秋时期，江国被楚国所灭，江国人有为避难逃至河南、山东、安徽等地的。西汉时期，有江姓人迁居山东。西晋永嘉之乱时，陕西有江姓人移居进入甘肃等地。唐朝时，江姓人的足迹已经遍布北方。唐朝初年，世居河南的江姓人进入福建等地。唐安史之乱后，江姓人避祸大举南迁，散布在浙江、广东、福建、台湾等地。明朝初年，山西江姓人作为迁民之一，迁入江苏、浙江、山东、河南、湖南等地。明清之际，有江姓人渡海入居台湾，进而远徙海外。

【历史名人】

江淹：字文通，南朝著名文学家，辞赋大家，与鲍照并称。成语"江郎才尽"正是出自江淹的典故。

江参：字贯道，北宋杰出的画家，长于山水画，存世作品有《千里江山图》等。

江声：字叔瀛，清朝著名学者。精于训诂，著有《尚书集注音疏》。

江沅：字子兰，清朝文字训诂学家，著有《说文释例》、《说文解字音韵表》。

【姓氏名人故事】

江泌逐月读书

江泌是南北朝时期的著名学者，济阳考城人，自幼天资聪慧，勤奋好学。江泌的父母体弱多病，无法劳作，家中内外所有的活计都要靠小小年纪的江泌来做；但是江泌非常孝顺，对此毫无怨言。

他非常好学，每天白天辛勤劳作，到了晚上做完家务之后也舍不得休息，而是抓紧时间读书学习。但是江泌家里十分贫穷，他所挣的钱，除了吃饭和给父母治病之后所剩无几，根本买不起灯油照明。无奈之下江泌只得利用窗外皎洁的月光读书，为了读书，江泌不管春夏秋冬寒来暑往，只要月亮出现他都会拿着书站立在屋外阅读。

每天月亮会随着时间缓缓东移，随着移动，因为四周有建筑物的遮挡，月光会越来越暗。江泌于是搬来一架梯子放在自家的院墙上，跟随着月亮的移动，一步步向上爬，直到爬到屋顶之上。他往往会在屋顶上看书看到天亮才下来继续干活。

江泌逐月读书。

江泌因为白天工作繁重，到了晚上又得不到足够的休息，经常在读书的时候睡着，以至于好几次都在睡梦中从梯子上摔了下来。但是即便如此，他也从不以此为苦，仍然一如既往地认真学习用功读书。

江泌在这种坚苦卓绝的境遇里坚持了多年，后来终于成为了人人敬佩的学者。他逐月读书的故事也因此为世人所传诵。

yán
颜

【姓氏来源】

颜姓的起源主要有三：

其一：出自曹姓，以祖父字为氏，为陆终之后。据《元和姓纂》和《通志·氏族略》等史料所载，黄帝的孙子叫颛顼，颛顼有玄孙陆终。陆终有六子，其第五子叫安，为曹姓。曹安的裔孙挟，在周武王时被封于邾，建立邾国。邾挟的后代有夷父，字颜，因此称邾颜公。后来邾国为楚国所灭，颜公的子孙中有人以祖父的字为姓的，称颜氏。

其二：出自姬姓，以封邑为氏，是周公旦长子伯禽之后。《通志·氏族略》中记载，周公旦的长子鲁侯伯禽被封于鲁，而伯禽的子孙有被封在颜邑的，其后人遂以封邑为姓，称颜氏。

其三：出自他族改姓。金朝时，女真人的完颜氏改为汉字单姓颜；清朝满洲人中亦有颜姓。

【郡望堂号】

颜姓的郡望主要有鲁郡和琅玡郡。

鲁郡：西汉时置鲁国，魏晋时改为鲁郡，治所在鲁县（今山东曲阜）。

琅琊郡：秦时置郡，治所在琅琊（今山东胶南市琅琊台西北），西汉时移治东武（今山东诸城）。

颜姓的堂号则有"复圣"、"宝塔"、"四乐"、"旧雨"等。

【繁衍变迁】

颜姓发源于山东，先秦时期主要活动在山东，并已迁徙至河南地区。汉晋时期，颜姓人以山东为中心，西至河北，南至江苏，东汉时已经徙居到湖北，东晋时则越过长江，在安徽、浙江都有颜姓人的足迹。唐朝时期，陕西地区的颜姓人繁荣起来，并向江苏、江西、福建等地播迁，并有颜姓人进入四川地区。北宋末年，山东、河南境内的颜姓人南下至江南各地。南宋末期，颜姓人已经散播到两湖、两广地区。明初，山西的颜姓人迁至河南、河北、山东、陕西、湖北等地。清朝时，云南、贵州等西南各省有了颜姓人的居住。清朝康乾年间，山东颜姓人"闯关东"到东北三省，同时有颜姓人渡海赴台，进而移居海外。

【历史名人】

颜回：字子渊，春秋时著名学者、思想家，是孔子最钟爱的弟子，列为七十二贤之首，后世称其为"复圣"。

颜师古：字籀，唐朝著名经学家、训诂学家、历史学家，博览群书，长于文字训诂、声韵、校勘之学，著有《五经定本》等。

颜真卿：字清臣，唐朝著名大臣、书法家，创立了"颜体"。楷书与赵孟𫖯、柳公权、欧阳询并称"楷书四大家"，和柳公权并称为"颜筋柳骨"。著有《颜鲁公文集》。

【姓氏名人故事】

书法大师颜真卿

颜真卿是我国唐朝著名的书法家，他创立了"颜体"楷书，与赵孟𫖯、柳公权、欧阳询并称"楷书四大家"，与柳公权并称"颜筋柳骨"。

颜真卿为琅琊氏后裔，家学渊博，他的曾祖、祖父、父亲都善于篆隶，他的母亲殷氏，也擅长书法。但是颜真卿少时家贫，没有纸笔，他就用笔蘸黄土水在墙上练字。他最初师从褚遂良，后来又拜师张旭，学得笔法。汲取初唐四家所长，融会贯通，形成了自己独特的，不同于初唐书风的雄健宽博的颜体楷书。他遒劲郁勃的行书风格，不仅与他高尚的人格相契合，同时体现了盛唐时期的繁盛国情。

颜真卿的"颜体"楷书对后世书法艺术的发展有着非常深远的影响。苏轼曾经说过："诗至于杜子美，文至于韩退之，画至于吴道子，书至于颜鲁公，而古今之变，天下之能事尽矣。"

书法大家颜真卿。

颜真卿不仅书法被人推

崇，他在政治生涯中所作出的努力，也是为人所称道的。颜真卿性情正直，非常有正义感，为官清廉，不阿于权贵，当时有义烈之名。安史之乱时，颜真卿固守平原，率兵大破安禄山的军队。当时河北二十四郡，除了平原城守备完善，其他城池都失守。

安史之乱后，唐朝藩镇割据的局面异常严重，其中淮西节度使李希烈兵力最强。唐德宗找宰相卢杞商议对策，卢杞素来与颜真卿有隙，便推荐颜真卿去劝导李希烈，趁机铲除颜真卿。

年近八十的颜真卿来到叛镇，面对着包围他的尖刀，也十分镇定，面不改色。李希烈有意让颜真卿做自己的宰相，颜真卿坚决不应。李希烈想尽办法也没能让颜真卿屈服，最终派人将颜真卿缢死。

guō
郭

【姓氏来源】

郭姓的起源主要有四：

其一：出自夏、商时代郭支与郭崇的后裔。据《姓氏考略》所载："夏有郭支，见《抱朴子》。商有郭崇，见《三一经》，此郭氏之始。"

其二：以居处为氏。据《风俗通义》上记载："氏于居者，城、郭、园、池是也。"因住在城外，遂以郭为氏。如齐国公族有东郭氏，西郭氏，南郭氏，郭氏等。

其三：出自姬姓，为黄帝姬姓后裔。周朝建立后，周武王封文王弟虢叔、虢仲于西虢、东虢。周平王时，郑武公灭郐和东虢，建立郑国。因郑国实力强大，于是周平王不得不将东虢叔的裔孙序封于阳曲，号曰"虢公"。因古代虢、郭音同，又称"郭公"，其后代遂称郭氏。西虢几经辗转最后为秦所灭，流散在外的虢国后代，均以郭为姓。

其四：出自冒姓或改姓。如后梁有郭纳，本姓成，后冒姓郭氏。又如后晋时，有郭金海，本突厥人，改姓汉姓。亦有后周太祖郭威，本姓常，但因从小与母郭氏一同长大，故改姓郭。

【郡望堂号】

郭氏的郡望主要有太原郡、华阴郡、冯翊郡、汾阳县等。

太原郡：战国时秦庄襄王时置郡，治所在晋阳(今山西太原市西南)。此支郭氏，为东汉郭全之族所在。

华阴县：汉时置。此支郭氏为太原郭氏分支。

冯翊郡：三国时置郡，治所在临晋（今陕西大荔县）。此支郭氏，为太原郭氏分支，其开基始祖为东汉冯翊太守郭孟儒。

汾阳县：西汉时置，此支郭氏，为华阴郭氏分支，开基始祖为郭子仪。

郭氏的堂号主要有"太原"、"华阴"、"冯翊"、"汾阳"等。

【繁衍变迁】

郭姓发源于河南、山西、陕西等地。春秋战国时，郭姓人已经分布在山东、河北的部分地区。汉朝之后，郭姓人一直以山西为繁衍中心，持续了很长一段时间。此外，汉朝时亦有落籍于内蒙古和甘肃、四川、安徽等地的郭姓人。魏晋南北朝时，北方战火频繁，为避战祸，郭姓人开始大规模南迁，散居在浙江、江苏等地。隋唐时期，郭姓已经发展为山西、山东的第一大姓，同时有郭姓人徙居浙江、江苏、湖北、福建等地。五代一直到宋元时，郭姓人遍布全国。明末清初，居住在福建的郭姓人渡海迁居台湾，进而远徙欧美及东南亚者。

【历史名人】

郭璞：字景纯，东晋著名学者，注释《周易》、《山海经》和《楚辞》等古籍。代表作是《游仙诗》十四首和《江赋》。

郭嘉：字奉孝，东汉末年曹操帐下谋士，史书上称他"才策谋略，世之奇士"。

郭子仪：唐朝名将，在平定安史之乱上立下汗马功劳，史称"权倾天下而朝不忌，功盖一代而主不疑"，享有极高的威望与声誉。

郭守敬：字若思，元朝的天文学家、数学家、水利专家和仪器制造专家。他主持编制的《授时历》，通行360多年，是当时世界上最先进的历法。

【姓氏名人故事】

"世之奇士"郭嘉

郭嘉是三国时期曹操麾下的重要的谋士，为曹操一统北方立下了重要的功绩。

年少的郭嘉就展露出其过人的智慧，并十分有远见。弱冠之时就觉得天下会大乱，因此隐居起来，不与世俗交往。隐居之前，郭嘉曾去投靠过袁绍，但是没有几天，他见袁绍决策不果断，而且没有辨识贤才的能力，觉得袁绍难以成就霸业，就离开了袁绍，隐居起来。郭嘉二十七岁时，曹操的谋士戏志才死了，荀彧向曹操举荐了郭嘉。郭嘉与曹操论天下大势，曹操特别高兴地说郭嘉就是辅佐他成就大业的人，而郭嘉也表示曹操才是真正值得他辅佐的人。

郭嘉献谋。

郭嘉出仕后，袁绍曾来信挑衅、羞辱曹操，这时郭嘉向曹操提出了十胜十败论，分析对比了曹、袁两方的优胜劣败，鼓舞了曹操的士气。之后郭嘉又进一步提出应该先扫平吕布，再谋取天下。曹操听取了郭嘉的建议，攻打吕布。但是战争持续了大半年，久攻不下。曹操的士兵都越显疲态，曹操也打算放弃，但是郭嘉和荀彧却看到了胜机，劝说曹操急攻。曹操听从郭嘉的计策，终于打败吕布。

之后郭嘉为曹操出谋划策，使曹操打败袁绍。可惜郭嘉在随同曹操征讨乌桓时，因为身染重病，加上水土不服，最终英年早逝。后来曹操赤壁之战大败时，曾感慨道："郭奉孝在，不使孤至此。"也说明了曹操对郭嘉的重视。史书评价郭嘉为"才策谋略，世之奇士"。

méi

梅

【姓氏来源】

梅姓的起源主要有二：

其一：出自子姓，以封邑为氏，为商汤后裔。根据《通志·氏族略》和《唐书·宰相世系表》等相关史料的记载，商朝时，商王太丁封其弟于梅，称梅伯。商朝末年，梅国的国君梅伯为纣王所杀，其后世子孙以封邑为氏。

其二：出自他族改姓。《魏书》记载，汉朝时南蛮地区有梅姓；《旧唐书》中有，北狄奚酋长为梅姓；清朝满洲八旗中有梅佳氏，后改为梅姓；同时，贵阳府开州土司为梅姓。

【郡望堂号】

梅姓的郡望以汝南郡为最望。

汝南郡：汉时置郡，治所在平舆（今河南平舆）。

梅姓的堂号有"宛陵"、"汝南"、"华萼"、"绩学"等。

【繁衍变迁】

梅姓发源于湖北，之后大规模地迁往安徽、江苏和河南，十分活跃。秦汉之际，大部分的梅姓人开始向中原移居。魏晋南北朝时，梅姓人在河南发展得尤为昌盛，这一时期虽然史册上的梅姓人不多，但是可以看出在隋唐以前，梅姓人已经散居在湖南、湖北、江苏、江西、安徽、浙江等江南地区。隋唐之际，战火四起，硝烟四溢，河南等中原地区的梅姓人迁入今四川，以躲避战乱。唐朝中后期，安史之乱的发生，使社会动荡不堪，有梅姓人进一步向南迁徙，进入广东地区。宋元之际，梅姓人在江南各地繁衍昌盛，并在甘肃定居。明朝初期，山西梅姓人迁至河南、山东、河北、江苏等地。明末清初，张献忠屠川，四川大批梅姓人逃至云南。清朝以后，梅姓人有渡海赴台，继而远赴海外者。

【历史名人】

梅尧臣：字圣俞，世称宛陵先生，北宋著名现实主义诗人，其诗歌多反映现实生活和民生疾苦，与苏舜钦齐名，人称"苏梅"，著有《宛陵先生文集》。

梅文鼎：字定九，号勿庵，清朝著名的天文学家、数学家，为清朝"历算第一名家"和"开山之祖"。著作有《明史历志拟稿》、《古今历法通考》、《勿庵历算书目》等。

梅庚：字子长，号雪坪，清朝著名画家、诗人，与梅清、石涛均为黄山派名画家，有《天逸阁集》。

【姓氏名人故事】

现实主义诗人梅尧臣

梅尧臣是北宋时期著名的现实主义诗人。梅尧臣出生于一个农民家庭，因为家境贫困，酷爱读书的梅尧臣十六岁乡试未取，家中就无力供他读书再考。于是梅尧臣就随叔父到洛阳，担任主簿一职。后来梅尧臣又重新应考，考中了进士，开始入仕为官。梅尧臣原名"圣俞"，后改"尧臣"，是因为志向远大的梅尧臣希望能遇上一个像尧帝一样圣明的君主，成为他的贤臣。可惜的是，梅尧臣并没有遇到圣君，仕途也并不顺意。梅尧臣为人笃厚清高，做官也经常能够体察民间疾苦，做了很多有利于百姓的事情。当地的百姓都非常崇敬、热爱他。梅尧臣在担任建德县令时，为官清廉

梅尧臣像。

正直，卸任后，当地百姓为了纪念他，将县城改为梅城，并在梅城后面的山坡上建立了一座梅亭，表达他们对梅尧臣的敬仰之情。

梅尧臣虽然在仕途不顺，但是他在诗坛上却享有盛名。梅尧臣的诗歌平易而深刻，细腻而贴切，凝炼而又有自由的方式，展现了当时的社会现象，反映了社会生活。梅尧臣同时也是北宋诗歌革新运动的推动者，强调《诗经》、《离骚》的传统，反对浮艳空泛，对宋朝诗风由靡丽向质朴的转变起着巨大的作用，刘克庄在《后村诗话》中称之为宋诗的"开山祖师"。

lín

林

【姓氏来源】

林姓的起源主要有三：

其一：出自子姓，为黄帝高辛之后，比干之后裔。商朝末年，比干因为直言

奉劝纣王而被纣王怀恨在心，被施以挖心的酷刑。当时比干的夫人陈氏有孕在身，为避难逃于长林，产下一子，名坚。周武王灭商后，陈夫人携子归周，武王因坚在长林而生，因而赐他林姓，称林坚。又拜为大夫，食邑于博陵。其子孙引以为氏，称林氏。林姓由他最早发源，后人尊他为受姓始祖。

其二：出自姬姓。据史料记载，东周时期，周平王有庶子姬开，字林。按周礼，其子孙以祖父字为氏，称林氏。

其三：出自少数民族改姓。南北朝时，北魏孝文帝将国都迁至洛阳，实行汉化，将原鲜卑族复姓丘林氏的一部分改成林姓。其他少数民族中，满族的林佳氏和布萨氏也有改姓林。

【郡望堂号】

林氏的郡望主要有南安郡、西河郡、济南郡、下邳郡等。

南安郡：东汉时置郡，治所在獂道（今陇西渭水东岸）。此支林氏，其开基始祖应为林坚后裔。

西河郡：战国魏初置郡，治所在平定（今内蒙古东胜县境）。此支林氏，其开基始祖为战国时赵国宰相林皋。

济南郡：西汉时置郡，治所在东平陵（今山东章丘西）。此支林氏，为西河林氏的分支，其开基始祖为汉平棘侯林挚。

林氏堂号有"西河"等。

【繁衍变迁】

林姓发源于河南。得姓之初，一直在河北地区发展繁衍。春秋时期，林姓人在陕西、河南、山东等地均有分布。到了战国时期，有林姓人在河南进一步扩散。汉时，林姓人落居住山东，并在当地形成名门望族。东汉末年至三国时期，居住在今河南、山东、河北和山西等地的林姓人，被避灾祸而南迁入江苏、浙江一带。林姓人开始进入福建是在西晋末年。唐宋时期，林姓人迁居至海南。明朝时，甘肃地区也有林姓人分布。明清之际，今福建、广东等东南沿海地区的林姓人渡海移居台湾、徙至港澳，进而远居海外。

【历史名人】

林禄：字世荫，东晋大臣，匡扶晋室，战功卓著。是将林姓从北方带至南方的第一人，也是南方林姓中影响最大的"闽林"始祖。

林默娘：宋朝人，在东南沿海及台湾等地被人尊为圣母或妈祖，把她当作保护远航船只顺利安全的保护神。

林则徐：字元抚，是清朝后期政治家、思想家和诗人，是中华民族抵御外族侵略的伟大的民族英雄，主要功绩是虎门销烟。同时主张学习西方先进技术，是近代中国"睁眼看世界的第一人"。

林徽因：建筑学家和作家，为中国第一位女性建筑学家，被胡适誉为"中国一代才女"。代表作有《你是人间的四月天》、《九十九度中》等。

【姓氏名人故事】

妈祖的传说

妈祖是人们对海上女神的亲昵称呼，是保护远航之人能够安全回家的女神。

妈祖的本名叫林默娘，是北宋年间福建地区仕宦之家的女儿。相传默娘出生的时候红光绕室，香气弥漫。因为默娘从出生到满月都没有啼哭一声，因此取名为"默娘"。默娘自小聪明过人、心地善良，不仅通晓海上各种天气变化，还能呼风唤雨，在波涛汹涌的大海中挽救摇摇欲坠的船只。大家都称她为"神姑"、"龙女"。在默娘二十八岁这一年，默娘在海上奋不顾身地抢救遇难渔民时，身陷激流，被海浪卷走不见踪影。人们都不愿意相信默娘因海难而死，都认为她是被龙王接走成仙了。

于是人们就在沿海地区建造了很多妈祖庙，用来纪念、供奉默娘，希望她能够继续保

妈祖助航。

护出航的船只平安回航。在闽南方言中，"妈"表示对女性长者或德高望重者的最高尊称。因此后来人们尊称林默娘为妈祖，也是表达对默娘的尊敬和爱戴。

妈祖无私奉献的高尚品德和英雄事迹，体现了中华民族的传统美德，妈祖精神也成为中华民族的优秀文化遗产之一。

zhōng
钟

【姓氏来源】

钟姓的起源主要有三：

其一：出自子姓，以邑为氏，为商汤后裔。相传上帝喾有一个妃子名叫简狄，因拣到一只燕子蛋，吃后生下契。后来契因辅助大禹治水有功，被封于商，赐子姓。传至商纣王时，有一庶兄名启，被封于微。周武王灭商后，微子投奔周武王，后他被周公封于宋，建宋国，称宋桓公。宋桓公有儿子公子傲在晋国做官，其孙子伯宗因直言谏劝而被杀害，伯宗的儿子州离便逃到楚国，任太宰，食采钟离。其后人便以地名为姓，单称钟氏。

其二：出自嬴姓。为钟离氏改钟氏。周朝初期，颛顼帝之子伯益的后裔被封于钟离国，春秋时钟离国被楚国所吞并，国人称钟离氏，其中有一部分取"钟"字，称钟氏。

其三：以官名为氏。古代有官名钟师，掌击钟奏乐。钟姓最早的一支是周朝乐官钟师的后代。

【郡望堂号】

钟姓的郡望主要有颍川郡和竟陵郡等。

颍川郡：秦时置郡，治所在阳翟（今河南禹县）。

竟陵郡：秦时置郡，治所在今湖北潜江西北。西晋时封江夏郡置，治所在石城。

钟姓的堂号有"颍川"、"知音"等。

【繁衍变迁】

钟姓发源于安徽。先秦时期，钟姓人主要分布在两湖地区。汉晋之际，钟姓人以河南为繁衍的中心。晋朝时，河南的钟姓人移居至江苏、福建、浙江、湖北及江西等地。南朝末期，钟姓人迁徙到广东、广西等地，并与当地少数民族融合，植根于其间的少数民族之中。唐代，钟姓人分布于今山西、四川、广东、安徽等地。五代至宋元，北方战乱，钟姓族人大部聚居于今福建、广东。明初，钟姓人作为洪洞大槐树（今属山西）迁民之一，被分迁于今安徽、河南、河北、江苏、陕西等地。清代以后，有今广东、福建境内的钟姓人赴台、远播东南亚等地。

【历史名人】

钟子期：名徽，字子期，春秋时期楚国人。精音律，与伯牙为知音。钟子期死后，俞伯牙认为世上已无知音，终身不再鼓琴。

钟繇：字元常，三国魏大臣、大书法家。精于隶、楷。与晋王羲之并称"钟王"。

钟嵘：字仲伟，中国南朝文学批评家。提出了一套比较系统的诗歌品评的标准，著有《诗品》。

钟离春：战国时期齐国人，相貌奇丑无比，是中国历史上第一个以才取胜的皇后。

【姓氏名人故事】

直言劝谏的钟离春

钟离春是齐国无盐县人，姓钟，因此又称钟无盐、钟无艳。钟离春是春秋时期齐国齐宣王的妻子，也中国古代四大丑女之一。相传她才德兼备，但是相貌却丑陋无比，四十岁还没有嫁出去。

钟离春直言劝谏齐宣王。

当时春秋各国盛行纳谏之事，全国人民无论是谁都可以殿前进谏，钟离春也前往齐都，求见齐宣王。钟离春一见到齐宣王，便直截了当地说："我一直很倾慕大王的美德，希望能够尽自己绵薄之力，任由大王差遣！"齐宣王作为一国之君，后宫自然是不缺国色天香的美女，他看眼前钟离春的丑陋模样，觉得她格外地自不量力，就哈哈大笑起来。钟离春见齐宣王嘲笑自己，也不恼火，只是不慌不忙地连说了几句："危险啊！"齐宣王见他镇定自若的样子，便好奇地问："危险？什么危险？说来听听！"

钟离春便泰然自若地说道："秦国和楚国这两个虎狼之国，正虎视眈眈地盯着齐国，但是我齐国现在，因为齐王您忠奸不分，不立太子，不教众子，沉迷嬉戏，致使内政不稳，这是第一虑；兴台建筑，奢靡浪费，玩物丧志，这是第二虑；齐国当前，贤德的人隐居深山，谄媚小人伺候在您左右，使真诚的有利于国家的谏言都无法上传试听，这是第三虑；齐王您花天酒地，声色犬马，沉迷女色，对外不修诸侯之礼，对内不秉国家之治，这是第四虑。"

齐王听完目瞪口呆，良久才起身恭敬地说道："听了您的教诲，如同醍醐灌顶，我今后若是有进步，都是因为您今天的劝谏。"齐宣王说罢，便下令拆除渐台、罢去谗佞，励精图治。而钟离春最终也成为了齐宣王的王后，辅佐齐宣王治国，使齐国国势大增。

xú

徐

【姓氏来源】

徐姓是起源比较单一的姓氏，主要出自嬴姓，是颛顼玄孙伯益之子若木的后裔。

相传伯益因协助大禹治水有功，帝舜除了赐他嬴姓以外，还将本族姚姓女子嫁给他。姚女为他诞下二子，小儿子便是若木。因为他父亲的功劳，夏禹时被封于徐地，建立了徐国。周穆王在位时，徐君偃欲代周为天子，自称徐偃王向周进攻，周穆王正在西王母处做客，听闻此事立即乘

颛顼像。

坐造父之车适时赶回，兵戎相见之时，徐偃王不忍见士兵牺牲，于是弃国出走，躲进彭城一带的山里。由于徐偃王深得民心，数以万计的百姓与他共同进山。周穆王见徐偃王如此深得民心，十分感慨，遂封其子宗于徐，称"徐子"，继续治理徐国。春秋时期，徐国为吴国所吞并，其后世子孙便以国为姓，是为徐氏。

【郡望堂号】

徐姓的郡望主要有东海郡、琅邪郡、濮阳郡、高平郡、东莞郡等。

东海郡：秦时置郡，治所在郯（今山东郯城北）。

琅邪郡：秦时置郡，治所在琅邪（今山东胶南县琅邪台西北）。

高平郡：晋时置郡，治所在高都（今山西晋城东北）。

徐姓因以东海最望，故也以"东海"为堂号。

【繁衍变迁】

徐姓发源于江苏、安徽。春秋末期，徐国被吴国攻灭，徐姓人为避灾祸移居河南、山东等地。秦汉之际，徐姓人已经散布在江苏、安徽、江西、浙江一带。东汉之前，甘肃地区已经有了徐姓人居住。魏晋南北朝时，徐姓人为避战乱开始大举南迁，隋唐之际，南方的徐姓氏族得到进一步的发展。宋朝末年，有徐姓人进入福建地区。元朝时，江西、福建地区的有徐姓人迁居广东。明清两朝，徐姓人已广布全国各地。

【历史名人】

徐干：字伟长，汉魏间文学家。善诗歌辞赋，著有《中论》，曹丕称赞此书为"成一家之言，辞义典雅，足传于后"。"建安七子"之一。

徐庶：字元直，本名福，东汉末年名士及战略家。先归刘备，辅佐刘备治理新野，后曹操掠徐母至许都以胁迫庶弃刘从曹。徐庶至孝，到曹营后其母自缢而死，徐庶不为曹操设谋。故后世有"徐庶进曹营——一言不发"的谚语。

徐达：字天德，明朝开国军事统帅。因其文武双全，为朱明王朝的建立立下汗马功劳，封魏国公，追封中山王。

徐渭：字文长，明代杰出文学家、书画家、军事家。自称书法第一，尤其善于行草，有《徐文长全集》存世。与解缙、杨慎并称"明代三大才子"。

徐霞客：名弘祖，明朝著名的地理学家、旅行家和探险家。有《徐霞客游记》一书流传于世。

【姓氏名人故事】

徐庶走马荐诸葛

徐庶是三国时期颍川阳翟（今河南禹州）人，字元直，自幼习武，颇有侠情，后弃武从文，博学多闻，才智过人。徐庶身逢乱世，遍地狼烟，因觉刘备迥出伦辈，宽厚仁和，所以投其麾下效力。徐庶与刘备脾气秉性相投，宾主甚为相得。

刘备尤其爱重徐庶的才能，随即拜徐庶为军师。徐庶不负刘备之望，在之后的几次战役中屡出奇策，使刘备之军多次逢凶化吉以弱胜强，而曹军接连受挫。

徐庶走马荐诸葛。

曹兵败回许昌之后，将领将徐庶之能转述曹操，曹操大惊遂令群臣献计，要将徐庶收为己用，谋士程昱知道徐庶乃是孝子，于是献一计，曹操依言将徐庶之母骗至许昌，随后仿照徐母笔迹写信要徐庶来许昌相会，若不，其母性命不保。

徐庶接到母亲书信，心急如焚自知如此境况之下忠孝难以两全，无奈只得向刘备洒泪辞行，刘备依依不舍亲自送别，徐庶牵挂母亲安危匆匆纵马而去，谁知少顷原路而返，对刘备道："我刚才心绪纷乱，竟将一要紧之事遗漏，我走之后，主公身边缺少谋士，襄阳城外隆中有一奇人，才智谋略皆胜于我，您若能请他出山助您，霸业必定可成。"刘备果然依徐庶所言，三顾茅庐将徐庶所举荐的奇才诸葛亮请出卧龙岗，正因为有诸葛亮的辅助，刘备才能与曹操、孙权三分天下。

qiū

邱（丘）

【姓氏来源】

邱（丘）姓的起源主要有四：

其一：出自姜姓，为姜太公的后裔。西周成立后，太师姜尚因辅佐武王灭商有功，被封于齐，建齐国，建都于营丘，号称齐太公，俗称姜太公。姜太公因尊重当地人生活习惯，很快受到百姓的爱戴，齐国也逐渐强大起来。于是姜太公的子孙中后有以地为氏的，称丘氏。

其二：出自姒姓。帝舜时期，鲧的儿子禹，被赐予姒姓。后禹的儿子启建立夏朝，为中国历史上第一个奴隶制国家。禹的第五世孙少康中兴夏朝后，封其次子曲烈于鄫，建立鄫国。后鄫国经历了夏商周三代，直到春秋时期，为莒国所灭。其后世遂去邑为曾氏，曾氏的分支有以丘为氏。因此有曾、丘联宗之说。

其三：出自妫姓，以地为氏。古帝颛顼的玄孙陆终共有六子，第五子名安，封于曹，赐曹姓。周武王灭商建立周朝后，因封弟弟振铎在曹，所以改封曹安的后裔曹挟在邾，建立邾国。据说邾国有弱丘这个地方，居住在弱丘的人都以"丘"为氏，称丘氏。

其四：出自他族改姓。如汉朝时，少数民族乌桓族中有丘氏。南北朝时，北魏孝文帝迁都洛阳后，实行汉化，将鲜卑族复姓丘林氏、丘敦氏改为汉字单姓丘，称丘氏。

【郡望堂号】

邱姓的郡望主要有河南郡、吴兴郡、扶风郡等。

河南郡：西汉时改秦三川郡置郡，治所在雒阳（今洛阳市东北）。此支丘氏，其开基始祖为丘穆。

吴兴郡：三国吴时置郡，治所在乌程（今浙江吴兴南）。此支丘氏，其开基始祖为汉朝丘俊。

扶风郡：西汉时置郡右扶风，为三辅之一。三国魏时改为扶风郡，治所在槐里（今陕西兴平东南）。

邱姓的堂号亦有"河南"、"吴兴"、"扶风"、"敦睦"等。

【繁衍变迁】

邱姓发源于山东，成姓之初主要分布在河南境内。秦汉之际，陕西、浙江和内蒙古均有邱姓人的分布。魏晋南北朝时，为避战乱，居住在河南的邱姓人南下徙居至福建。东晋时，邱姓人迁徙到四川，继而迁居到河南、福建等地者，使邱姓人在福建、广东地区广泛分布。宋朝时，福建已经形成了较大的聚落。明朝时，贵州、云南等地区亦有邱姓人的聚居点，山西邱姓作为迁民之一，进入陕西、山东、河北、河南、北京、天津等地。清朝初年，福建、广东等东南沿海地区的邱姓人渡海赴台。

【历史名人】

丘处机：字通密，道号长春子，是道教的一支全真道掌教人，为"全真七子"之一。死后又被元世祖忽必烈褒赠"长春演道主教真人"封号。著有《摄生消息论》、《大丹直指》等。

丘濬：字仲深，号琼台，明朝杰出的政治家、思想家，著有《大学衍义补》。

邱远才：即邱朝贵，清朝太平天国时，英王陈玉成手下猛将，军中称"邱老虎"。

丘心如：清代弹词女作家，创作长篇弹词《笔生花》。

【姓氏名人故事】

丘处机一言止杀

丘处机，字通密，道号长春子，山东栖霞人，是金朝末年全真道教七真人之一，也是龙门派的祖师。元世祖时，追封其为"长春演道主教真人"。著有《大丹直指》、《摄生消息论》、《磻溪集》和《鸣道集》等。其诗词作品，在金、元之交有一定的代表性。

丘处机年幼失去双亲，尝遍人间苦楚，少时栖身村北的公山上，过着餐风露宿的生活。曾一次次把铜钱从石崖上扔进灌木丛，然后再去找回，以此来磨炼自己的意志。

丘处机师从中国道教分支全真道的始创人王重阳。在王重阳去世后入磻溪穴居，历时六年，行携蓑笠，人称"蓑笠先生"。又赴饶州龙门山隐居潜修七年，成为全真龙门派创始人。后来，丘处机成为全真道第五任掌教，掌教时间长达二十四年，期间他在政治和社会上积极发挥自己的影响，使全真道的发展进入兴盛时期。

元太祖十四年（1219），成吉思汗派使者刘仲禄等人携带诏书前往山东，邀请丘处机前往蒙古帝国相见，丘处机说："我循天理而行，天使行处无敢违。"欣然同意前往，一路西行至雪山行营，亲自面见这位蒙古大汗。

他之所以不辞辛苦万里赴约，是因为他审时度势，早已看清楚结束天下战乱者非成吉思汗莫属。他虽长期从事宗教活动，但对社会问题有着敏锐的洞察力。深知要使自

丘处机像。

己的理论有长盛不衰的生命力，必须在实践中给人们带来好处，而这种实践又必须得到统治阶级的全力支持。因为想减少蒙古军进攻中原时的杀戮和破坏，所以他决定利用这次与成吉思汗谈经论道的机会，劝说成吉思汗广施仁政，避免生灵涂炭。

他首先赞扬了成吉思汗起兵灭西夏和金是符合天意民心的，迎合了成吉思汗的心理，然后劝其禁止残暴杀戮，才能使事业最后成功，并强调以敬天爱民为本。成吉思汗深以为然，感叹地说："天赐仙翁，以悟朕志。"当即命左右将他的话全部记录下来，并以此教育自己的儿子，之后还赐予他虎符和玺书，以示对全真教的认可。

返回中原之后，丘处机将从蒙古贵族那里得到的粮食广济饥民，安抚流民，免除他们的苛捐杂税。后来在蒙古进军中原的过程中，成吉思汗大都施用招安之策，即便交战，蒙军也极为收敛自己的行为，这其中得以活命的百姓何止千万！

后世评论丘处机这一言止杀，拯救生灵的功德，更胜于他在道学上的贡献。

luò

骆

【姓氏来源】

骆姓的起源主要有五：

其一：出自姜姓，以祖父名为氏，为姜太公之后公子骆的后代。《姓谱》和《元和姓纂》上有记载，周朝建立后，周武王封姜太公于齐，建立了齐国。姜太公的后代中有叫公子骆的，他的后人以他的名字为氏，称骆氏。

公子骆像。

其二：出自嬴姓，以国为氏，为商朝大臣恶来革之玄孙大骆的后裔。根据《史记》记载，商纣王时有大臣叫恶来革，他的玄孙叫作大骆。大骆的子孙以祖父名为氏，称骆氏。

其三：春秋时期郑国大夫王孙骆的后代。

其四：根据《史记·东越列传》上记载，东海王摇，本姓驺，古时"驺"也写作"骆"。其后世子孙也称骆姓。

其五：出自他族改姓。魏晋南北朝时，北魏代北地区的他骆拔氏，汉化后改为骆姓；唐朝时吐谷浑族中有骆姓；金朝时女真中散答氏和独鼎氏，均改为汉姓骆；清朝满洲八旗的萨克达氏，后亦改为骆姓。

【郡望堂号】

骆姓的郡望主要有内黄郡和会稽郡。

内黄郡：汉时置郡，治所在今河南内黄。

会稽郡：秦时置郡，治所在吴（今江苏吴县），东汉时，移治山阴（今浙江绍兴）。

骆姓的堂号有"才子"、"河南"、"瓯香"等。

【繁衍变迁】

骆姓发源于山东，先秦时期，骆姓的迁徙没有史册的记载，根据秦汉时期对骆姓人的记载，可以看出魏晋以前，北方的陕西和南方的浙江都有骆姓人的居住。到了魏晋南北朝时，北方战乱，硝烟四起，北方的骆姓人纷纷南下以避战祸，并与浙江地区的骆姓人互相融合，经过不断的繁衍发展，形成了会稽郡望。直到隋唐时期，河南的骆姓人发展迅速，并逐渐向河北、山西等地迁徙。宋元两朝，居住在江苏、浙江的骆姓人播迁到福建、广东等东南沿海地区后，继而又迁至云南、贵州等西南各地。明朝初年，山西骆姓氏族被分迁到今浙江、河南、河北、山东、北京等地。明朝中期后，福建和广东等地的骆姓人渡海，定居到台湾。

【历史名人】

骆俊：字孝远，会稽乌伤人。东汉末年陈王刘宠的国相，在丞相任内励精图治，深得民众爱戴。其子为三国吴国著名武将骆统。

骆宾王：字观光，与王勃、杨炯、卢照邻合称"初唐四杰"，辑有《骆临海集笺注》。

骆绮兰：字佩香，号秋亭，清朝杰出女诗人，善诗文，工写生，自绘《佩兰图》及《秋镫课女图》，著有《听秋轩诗稿》。

【姓氏名人故事】

"江南神童"骆宾王

骆宾王是唐朝初期杰出的诗人，与与王勃、杨炯、卢照邻合称"初唐四杰"。

骆宾王出身于书香世家，虽然家道中落，但是"诗书传家、清节自守"的家风却没有改变。骆宾王的祖父和父亲都是学识渊博、满腹经纶，在当地颇有名望的才士。骆宾王出生的时候，父子两个人非常高兴。望子成龙的心愿，以及期盼社会安慰的渴望，父子俩决定取《周易·观·六四》中"观国之光，利用宾于王"的意思，给小儿取名宾王，字观光。骆宾王长大后，也确实没有辜负祖父和父亲对自己的一番苦心，以自己的名、字为座右铭，辅君治国，干了一番事业。

"初唐四杰"之一骆宾王。

骆宾王的父亲出仕为官，所以骆宾王从小和祖父一起长大。在骆宾王还咿呀学语的时候，祖父就教他朗读简单上口的诗句，而骆宾王也对诗句表现出异常的兴趣，一首诗只要朗读几遍，骆宾王就能学着朗诵出来。骆宾王五岁时，就已经熟记很多诗文，并开始自己作诗文。相传骆宾王七岁时，就咏出那首著名的"鹅鹅鹅，曲项向天歌。白毛浮绿水，红掌拨清波"千古诗篇。这首诗虽然看似简单，但是其语言和韵律自然清新，通过简单的勾勒，就将一只鹅的形象自然、真实、传神地表现出来，使得这首诗很快成为人人传诵的童谣。骆宾王也从此获得了"江南神童"的美誉。

gāo
高

【姓氏来源】

高姓的起源主要有四：

其一：出自姜姓，是炎帝的子孙。炎帝有后裔名为伯夷，因帮助大禹治水有功，受封于吕，建立吕国。其子孙以吕为氏。吕氏有后裔名叫吕尚，因协助周文王、周武王推翻商朝，建立周朝。周武王遂封吕尚于营丘，建立齐国。吕尚被尊称为"齐太公"。齐太公第六代孙文公姜赤，文公次子受封于高邑，称公子高。公子高之孙傒于齐国任上卿时，迎立公子小白，即齐桓公为君，齐桓公为表彰其功劳，赐以王父字为氏，称为高傒，并封以卢邑，其后世遂为高氏。高氏世袭齐国上卿之职，是春秋齐国十分有实力的名门望族。

其二：以王父为氏。据《通志氏族略》所载，齐惠公的儿子名叫公子祁，字子高，其后裔为高氏。

其三：出自他族、他姓改姓。北魏孝文帝时，推行汉化政策，鲜卑族娄氏改为高氏。另有十六国时，后燕皇帝慕容云自称为高阳氏后裔，遂改姓高，称高云。其后裔改复姓为单姓，称高氏。又有高丽羽真氏，后改为高氏。北齐文宣帝姓高名洋，赐国姓于有功于北齐的鲜卑族元景安、元文遥；时有重臣高隆之，本姓徐，因其父与高欢交好，遂改姓高氏。

其四：以"高"字开头的两个字复姓，后有改单姓"高"为氏。如高车氏、高堂氏、高阳氏等。

【郡望堂号】

高姓的郡望主要有渤海郡、渔阳郡、辽东郡、广陵郡等，其中以渤海郡最为名望。

渤海郡：西汉时置郡，治所在浮阳（今河北沧州）。此支高氏，其开基始祖为东汉太守渤海太守高洪。

渔阳郡：战国燕将秦开击退东胡后置郡，治所在今北京市密云县西南。以渔水之阳得名。

广陵郡：汉时置郡，治所在今江苏扬州市。此支高氏，为吴丹阳太守高瑞之后。

高姓堂号有"渤海"、"渔阳"、"辽东"、"广陵"等。

【繁衍变迁】

高姓发源于山东。战国至秦汉这一时期，高姓人已分布在河北、辽宁等地。秦汉到三国时期，高姓人在海河流域，黄河流域，淮河流域，长江流域均有分布和活动。两晋南北朝时，社会动乱，高姓人大规模南迁。高姓人迁居至福建，是始于隋唐之际。五代时期，居住在河南的高姓氏族移居到湖北，有原居于山西的高姓人进入四川。两宋时期，高姓人向江南迁徙，落籍于浙江、江苏的部分地区。元明清时期，东南地区，尤其是江苏和浙江地区的高姓人较为集中。

【历史名人】

高渐离：战国末年燕国人，擅长击筑，与燕太子丹，一同到易水送行谋去刺秦王政的荆轲。高渐离击筑，荆轲和歌。代表作为《易水歌》。

高适：字达夫，是我国唐代著名的边塞诗人，与岑参齐名，并称为"高岑"。代表作有《燕歌行》和《别董大》。

高克恭：字彦敬，元代画家。善书画，《云横秀岭》、《墨竹石坡》为其代表作；兼有诗名，诗风"神超韵胜"，代表组《寄友》、《过信州》等。与赵孟頫齐名，时人有"南有赵魏北有高"之称。

高启：字季迪，长洲人。著名明朝初期诗人。高启与杨基、张羽、徐贲合称"吴中四杰"，比拟"初唐四杰"。著作被后人汇编为《高太史全集》，以及文集《凫藻集》，词集《扣舷集》。

高鹗：字兰墅，一字云士，清代文学家，续写了四大名著之一《红楼梦》后四十回。因酷爱小说《红楼梦》，别号"红楼外史"。

【姓氏名人故事】

高渐离的故事

高渐离是荆轲的好友，荆轲去刺杀秦王的时候，高渐离与太子丹一同在易水边为荆轲送行，高渐离击筑，荆轲和歌。后来秦王统一了天下，便通缉太子丹和荆轲的门客，门客们纷纷逃走，高渐离也改名换姓，隐藏在一个富人家做工。

一次主人家请客，客人击筑助兴。正巧高渐离做工做了很久，感觉很疲惫，

高渐离击筑唱歌。

就流连在堂前久久不离去，还忍不住评价了两句。侍候的人听到了就告诉了主人，主人把高渐离叫到堂前让他击筑，满座宾客都说他击得好，赏给他酒喝。高渐离想到自己长久以来隐姓埋名，这样担惊受怕地躲藏下去也没有尽头，就退下堂去，把自己的筑和从前的衣裳从行装匣子里拿出来，改头换面地来到堂前，满堂宾客不由得大吃一惊，离开座位以礼接待，尊为上宾。听了高渐离击筑唱歌的宾客，没有不被感动得流着泪而离去的。

后来秦始皇知道了，就召令进见。之前见过高渐离的人就对秦始皇说这就是高渐离。秦始皇怜惜他过人的击筑才华，赦免了他的死罪，却熏瞎了他的眼睛。一次击筑演奏时，高渐离把铅放进筑中，等到靠近秦始皇时，就举筑撞击过去，但是没有击中，然后高渐离就被秦始皇杀了。

xià

夏

【姓氏来源】

夏姓的起源主要有三：

其一：出自姒姓。相传帝尧时，鲧的妻子因梦里吃了薏苡而生禹，故帝尧便赐禹为姒姓。当时中原洪水泛滥，禹治理了水患，并发展农业，还领兵平定了三苗之乱。为了表彰他的丰功伟绩，帝舜封他于夏，后来还将帝位禅让给他。夏禹死后，其子启继位，建立了中国历史上第一个奴隶制国家——夏朝。后来夏朝的第十六代君主桀暴虐无道，被商汤推翻，夏王族便以国为氏，称为夏氏。

夏禹像。

其二：出自姒姓。周武王伐商建周后，分封诸侯，将夏禹的后裔东楼公被封于杞，为杞侯。传至简公时，杞国被楚国所灭。简公的弟弟佗出奔逃至鲁国，鲁悼公因为他是夏禹的后裔，便给予采地为侯，称夏侯氏，其后裔遂以夏为姓，称夏氏。

其三：出自妫姓，以王父字为氏。西周初年，周武王追封帝舜之后妫满于陈，建立陈国，史称胡公满。到了春秋时期，传至陈国第十六位君主陈宣公杵臼时，有庶子名子西，字子夏。子西的孙子征舒以祖父之字为氏，称为夏征舒，其后遂称夏氏。

【郡望堂号】

夏姓的郡望主要有会稽郡、谯郡、高阳郡、鲁郡等。

会稽郡：秦时置郡，治所在吴县（今江苏苏州市）。此支夏氏，为西晋高士夏统之族所在。

谯郡：东汉置郡，治所在谯县（今安徽亳县）。

高阳郡：东汉时置郡，治所在高阳（今河北高阳县东）。

鲁郡：西汉时置鲁国，治所在鲁县（今山东曲阜）。晋时改为郡。

【繁衍变迁】

夏姓发源于河南，早期活动在中原一带，徙居山东等地。秦汉之际，江西、江苏、浙江等南方地区已经有夏姓落籍。魏晋南北朝之际，烽烟四起，夏姓人为避难大举南迁，以浙江夏姓氏族发展得最为昌盛。唐宋两朝，夏姓人发展得十分繁盛，名人辈出。明朝初期，居住在山西的夏姓人迁入浙江、江苏、安徽、河南等地。清朝末年，福建、广东等沿海地区的夏姓人渡海迁居台湾，进而辗转进入新加坡等东南亚国家。

【历史名人】

夏圭：字禹玉，南宋杰出的画家。以山水画著称，与马远同时，号称"马夏"。

夏完淳：原名复，字存古，明末著名诗人，少年抗清英雄，民族英雄。

夏昶：字仲昭，明代著名画家。善画能诗，有"夏卿一个竹，西凉十锭金"之谣。

夏衍：原名乃熙，字端先，著名文学、电影、戏剧作家，文艺评论家等。代表作品有《赛金花》、《秋瑾》、《包身工》等。

【姓氏名人故事】

夏完淳斥诉洪承畴

夏完淳是明末清初著名的神童，天资聪颖。五岁读经史，七岁能诗文，九岁的时候，他就已经写出了一部诗集《代乳集》。父亲夏允彝出游远方，常带他在身边，使他阅历山川，接触天下豪杰。而父亲及其朋友为匡救天下，恢复优秀儒家传统和阉党进行斗争的情景更是给了他现实的教育。后从陈子龙为师，又受知于复社领袖张溥，在文章气节方面，深受二人熏陶。著有《南冠草》、《续幸存录》等。

夏完淳斥诉洪承畴。

他的父亲是明末一个爱国文学团体——"几社"的领袖之一，后来发动起义抗清。当时只有十五岁的夏完淳，刚结婚就离开了新婚的妻子，奔赴战场。

清军实力强大，起义军最终还是失败了。他的父亲不愿落到清兵手中，便投河自尽，并留下遗嘱，要夏完淳继承他的抗清遗志。他继承父亲的遗志，继续满腔热情地到处奔走，联络抗清义士。为此他还写了大量诗篇，抒发忧国忧民的心情。但是，由于叛徒的出卖，义军最终还是失败了，与他一直奋斗的陈子龙、吴胜兆等人也都相继身亡。他也被清兵逮捕。

审讯他的是洪承畴，洪承畴一早就听说他是有名的神童，想用软化的手段使他屈服，便对夏完淳说："你年纪这么小就起兵，想必是受人指使。只要你肯回头归顺大清，我给你官做，如何？"夏完淳故意假装不认识前面的洪承畴，义正言辞地说道："我听说有个洪承畴先生，是个英雄豪杰，以身殉国，震惊中外。我虽然年纪小，但是说到杀身报国，怎能落在他的后面？"

洪承畴听了哭笑不得，旁边的士兵提示夏完淳坐在上面的就是洪承畴。他"呸"了一声说："洪先生为国殉职，天下谁人不知。崇祯帝亲自为他祭祀，官员为他悼念。你这个叛徒，怎么能冒充忠烈？"他指着洪承畴骂个不停。洪承畴被骂得脸色一会儿青一会儿白，只得叫士兵把他拉出去。

后来这位年仅十七岁的小英雄赋绝命诗，遗母与妻，临刑神色不变，是中国五千年历史上年纪最小的华夏先烈。死后被运回家乡，和他的父亲合葬在一起。

cài

蔡

【姓氏来源】

蔡姓的主要起源有二：

其一：出自姞姓，为黄帝支裔。相传黄帝有二十五子，得姓者十四人，共十二姓，姞为其中之一，被封于燕。随着"姞姓"子孙的繁衍，其后裔分支又为"阚"、"严"、"蔡"、"光"、"鲁"等姓氏。

其二：出自姬姓，为周文王后裔。周武王灭商后，封商纣王之子武庚于朝歌，管理商朝遗民，又封其弟叔度封于蔡，让他与管叔、霍叔一同监管武庚，称"三监"。武王死后，周成王即位。周公旦因成王年幼临朝摄政。"三监"对此不满，联合武庚和东方夷族进行叛乱。周公出兵平定反叛，事后处死了武庚与管叔，并将蔡叔放逐。后蔡叔度之子胡，因遵守文王德训，与人为善，周成王封其于蔡，称蔡仲。春秋时，因受楚的逼迫，多次迁移。后终被楚国所灭，其子孙后裔散居楚、秦、晋等各国，以国为姓，称蔡氏。

【郡望堂号】

蔡姓的郡望主要有济阳郡。

济阳郡：晋时置郡，治所在济阳（今山东济阳）。

蔡姓的堂号主要有"济阳"、"福谦"、"九峰"、"龙亭"等。

【繁衍变迁】

蔡姓发源于河南。先秦时期，蔡姓人已经散居在湖北、陕西、河南、山西、山东等地。秦汉之际，蔡姓人以河南、山东为繁衍中心，主要活动在中原地区。魏晋南北朝时，战争频繁，蔡姓人大规模南迁，进入江苏、浙江等地。唐宋时期，蔡姓发展为中原一大姓氏，进入发展的鼎盛期。蔡姓人进入福建、广西始于唐朝初年。宋朝时，居住在北方的蔡姓人再次大举南迁，落籍于江苏、浙江、安徽、福建、广东等地。明清之际，已经有蔡姓人远徙海外。

【历史名人】

蔡邕：字伯喈，东汉时著名文学家、书法家。博学多才，善画，是东汉四大画家之一。

蔡伦：字敬仲，东汉宦官，是我国四大发明中造纸术的发明者。被誉为"人类有史以来最佳发明家"之一。

蔡文姬：名琰，字文姬，东汉时著名女诗人和文学家，博学有才，通音律，善诗赋。代表作有《胡笳十八拍》、《悲愤诗》等。

蔡元定：字季通，南宋著名理学家，通晓天文、地理。朱熹理学的主要创建者之一，被誉为"朱门领袖"。著有《律吕新书》、《西山公集》等传世。

蔡元培：字鹤卿，现代著名革命家、教育家、政治家。曾任教育总长、北京大学校长、大学院院长、中央研究院院长等职。

【姓氏名人故事】

文姬归汉

东汉末年，三国鼎立，社会动荡，当时大文豪蔡邕的女儿蔡文姬，不幸被掳到了南匈奴，嫁给了匈奴左贤王，并生养了两个儿子。一住十二年，虽然习惯了匈奴的生活，蔡文姬却还是十分想念故乡。

后来曹操统一北方为魏王，南匈奴的呼厨泉单于到邺城来拜贺时，他想到了

文姬归汉。

恩师蔡邕的女儿还留在南匈奴，便想把她接回来。曹操派使者带着礼物到南匈奴去接蔡文姬，左贤王不想让蔡文姬走，却也不敢违抗曹操的意志，就对蔡文姬说，回去可以，但是不能带走两个儿子。蔡文姬不愿意离开自己的孩子，但是又想回到日夜想念的故国，十分矛盾。最终她还是选择回到故乡，在极度的悲伤中创作了著名诗歌《胡笳十八拍》。

回到邺城后，曹操将蔡文姬嫁给了董祀。谁料不久董祀犯了法，判了死罪。眼看就要执行死刑了，蔡文姬忙跑到魏王府里去找曹操求情，蔡文姬声泪并下地替丈夫请罪，听到的人无不为之感动，曹操也亲自批了赦免令，赦免了董祀的死罪。

一次曹操与蔡文姬闲谈，曹操表示很羡慕蔡文姬原来家中藏书。蔡文姬感慨地告诉他，原来家中所藏的四千多卷藏书，几经战乱，已经全部遗失。曹操表示非常可惜。接着蔡文姬又说自己能背出四百篇，曹操十分高兴，于是蔡文姬凭记忆默写出四百篇文章，没有一点错误。

曹操将蔡文姬接回，为保存古代文化方面作了贡献，历史上将"文姬归汉"传为美谈。

tián

田

【姓氏来源】

田姓的起源主要有二：

其一：出自妫姓，为胡公满之后，由陈姓所改。相传帝舜因曾住妫汭河边，他的子孙有留在妫汭河附近的，便称妫姓。周武王伐商建立周朝后，分封前代圣王的后人，就找到了帝舜的后裔妫满，封之于陈地，为陈侯，史称胡公满。春秋时期，陈国内乱，妫满的第九世孙陈厉公之子陈完怕祸及己身，逃奔至齐国，任工正，封于田地。陈完遂改田姓，称田氏。后来田氏子孙逐渐掌握齐国大权，传至田和时，田和取代了齐国原来姜姓国君，自立为君，就是历史上著名的"田氏代齐"。传至齐威王时，国力盛强，成为战国七雄之一。最后为秦国所灭。

其二：出自黄姓所改。《明史》上记载，明朝初期有辅佐惠帝之黄子澄，因为向惠帝献上削藩之策，激怒诸侯被杀，引起靖难之祸。黄子澄之子黄子经为避祸改姓田，称田终。其后世子孙也以田为姓，称田氏。

【郡望堂号】

田姓的郡望主要有北平郡、雁门郡、京兆郡、平凉郡、河南郡等。

北平郡：西汉时置郡，治所在今河北满城北。

雁门郡：战国时置郡，治所在善无（今山西　陈完像。

右玉南）。此支田氏，其开基始祖为唐太尉田承嗣。

京兆郡：汉时置京兆尹，为三辅之一，治所在长安（今陕西西安市西北）。此支田氏，为西汉大臣田蚡之族所在。

河南郡：汉时改秦三川郡置郡，治所在雒阳（今河南洛阳市西北）。此支田氏，其开基始祖为北宋右谏大夫田瑜。

田姓的堂号主要有"贫骄"、"凤翔"、"紫荆"、"北平"、"雁门"、"凤鸣"等。

【繁衍变迁】

田姓发源于山东淄博，先秦时期，田姓人已分布于今山西、河南、北京、湖北等地。汉朝初期，陕西、河北等地也有田姓人得居住，四川、湖北、湖南、贵州的部分地区也有部分田姓人落籍。三国两晋南北朝时，田姓人散布在长江中下游地区，也有部分田姓人进入山西、宁夏和天津等地。宋代以前，田姓人主要在北部和中部地区聚集，并开始进入福建、广东等地。清朝中期，居住在福建、广东的田姓人有渡海入居台湾，进而远徙海外。

【历史名人】

田文：号孟尝君，战国时齐国名臣，为"战国四君子"之一。

田忌：战国时期齐国人，有"田忌赛马"的典故流传千古。

田横：原为齐国贵族，是秦朝末期起义首领。楚汉战争中，自立为齐王，后兵败逃至海岛，因不愿臣服汉朝，自杀而亡。此岛后称"田横岛"。

【姓氏名人故事】

田横舍命救部下

田横，秦末齐国旧王族，是我国古代著名的义士。诸葛亮曾说："田横，齐之壮士耳，犹守义不辱。"高度赞扬了田横宁死不屈的精神。

秦朝末年，陈胜、吴广举起抗秦的大旗后，四方的英雄豪杰纷纷响应，如刘邦、项羽等，田横一家也是抗秦的力量之一。田横与兄田儋、田荣反秦自立，兄弟三人先后占据齐地为王。

后来刘邦消灭群雄，统一天下，田横不肯称臣于汉，带着他的五百战友一直退守，后来被困在一个孤岛上。刘邦知道田横治理齐国多年，非常得人心，齐地的贤者大多归顺依附于他，为了斩除后患，就意图招抚田横，劝田横投降，如果投降的话就封田横为王侯，如果不投降就派兵将岛上的人全部杀掉。

田横听说了这个消息后，为了保存五百个战友的性命，就带了两个部下，去见刘邦。三人离开海岛，向汉高祖的京城进发，在离京城三十里的地方，田横忽然自刎而死。田横留下遗书，嘱咐同行的部下拿他的头去见汉高祖，表示自己不受投降的屈辱，也请求汉高祖能够放过岛上的五百人。

刘邦知道田横的行为后非常感动，感叹道："嗟乎！起自布衣，兄弟三人更王，岂不贤哉！"便以王礼葬他，并封随行的两个部下做都尉。然而在埋葬田横时，那两个部下也自杀于田横墓穴之中。后来刘邦派人去岛上招降那五百人，他们听到田横自刎的消息后，全都跳到海里，自杀身亡。

为了纪念田横，人们将这个海岛称为"田横岛"。

fán

樊

【姓氏来源】

樊姓的起源主要有三：

其一：出自姬姓，以邑为氏，是周文王的后代。据《通志·氏族略·以邑为氏》所载，周文王的儿子虞仲有孙名仲山甫，他辅佐周宣王南征北战，扩大周朝疆域，形成了"宣王中兴",被宣王封于樊,为樊侯。其子孙以樊为姓,称樊氏。

其二:出自子姓,是成汤王的后代。据《左传》所载,成汤的后裔在商朝中期以后,形成了陶、施、樊、繁、锜、几和终葵七大族,其中便有樊姓。樊姓子孙一直传承下来,直到周朝建立,归入商朝遗民七族,归齐国管辖。

其三:为西南少数民族姓氏。东汉时,巴郡、南郡蛮夷中有五姓,分别为巴氏、樊氏、莘氏、相氏、郑氏。

【郡望堂号】

樊姓的郡望主要有上党郡和南阳郡。

上党郡:战国韩时置郡,治所在今山西沁水以东地区。

南阳郡:战国秦时置郡,治所在今河南南阳。

樊姓的堂号有"忠烈"、"南阳"、"文魁"和"上党"等。

【繁衍变迁】

樊姓发源于河南,是商汤时期形成的七个大族之一的姓氏,后商朝为周朝所灭。樊姓也随这七大族被迁往山东、山西地区,并形成诸多名门望族。先秦时期,樊姓人主要活动在河南、陕西地区。秦汉之后,河南、山东、河北和山西的部分地区樊姓氏族发展较为迅速。隋朝初年,樊姓人在山西和河南形成望族。唐宋两朝,樊姓人向东、向南迁徙到浙江、江苏、江西、安徽等地。明清时期,樊姓人的足迹已遍布大江南北。

【历史名人】

樊哙:西汉开国元勋,著名军事统帅。楚汉战争时,项羽的谋士范增打算在鸿门宴上谋杀刘邦,樊哙在鸿门宴上,勇敢果断,使刘邦逃脱被杀噩运。

樊逊:字孝谦,河东北猗氏人,北朝北齐哲学家。幼时好学,专心典籍。初为县主簿,后诏入秘府刊定书籍,时有"文章成就,莫过樊孝谦"之说。累官至员外散骑侍郎。

樊圻:字会公,清朝著名画家,擅画山水、人物,是"金陵八家"之一。

樊哙鸿门宴上英勇救主

樊哙是西汉的开国元勋，楚汉之争时是仅次于项羽的第二猛将，刘邦的第一心腹。

樊哙出身贫寒，最开始以卖狗肉为生。相传樊哙与刘邦年轻时就认识，刘邦还没有发迹时，经常去樊哙那里吃狗肉。后来刘邦起兵反秦，做了沛公，樊哙就做了刘邦的随从副官，跟着刘邦到处征战，骁勇善战。立下不少战功。

后来刘邦率军率先入关，灭秦后封关自守。这引起了项羽的不满，因为根据楚怀王的约定，先入关者称王。于是项羽入关，打算攻打刘邦的军队。刘邦觉得自己势力单薄，便赴鸿门请罪，就是著名的"鸿门宴"的典故。

樊哙鸿门宴上英勇救主。

鸿门宴上，项羽的亚父范增，打算杀掉刘邦，就派项庄舞剑，名为助兴，实为趁机杀掉刘邦。而刘邦在来之前就拉拢了项羽的族叔项伯，项伯在宴会上处处保护刘邦，项庄舞剑时项伯也拔剑而起，与之共舞。在危急关头，樊哙带剑拥盾闯入宴会，怒发冲冠，目眦尽裂地盯着项羽。项羽看樊哙气度不凡，就问他是什么人，张良回答是刘邦的参乘。项羽称赞道："真是位壮士啊！"就命人赐酒一杯，猪腿一条。樊哙立饮而尽，切肉而食。项羽又问："壮士还能再喝一杯吗？"樊哙回答说："我死都不怕，难道还会推辞一杯酒吗？"接着樊哙又说了刘邦的良苦用心，项羽一时间沉默不语。刘邦这个时候则借故去厕所，偷偷地返回了营地。

如果鸿门宴上樊哙没有闯入宴会，怒目对项羽，那么刘邦的事业将就此终结，所以在刘邦为汉王后，就赐樊哙为列侯。

hú

胡

【姓氏来源】

胡姓的起源主要有三：

其一：出自妫姓，以谥号为氏，为帝舜之后裔。周武王灭商后，建立周朝。周公旦追封帝舜的后裔妫满于陈地，建立陈国。妫满去世后，谥号胡公，也称胡公满。春秋时期，陈国为楚国所灭，其子孙以妫满谥号为氏，即为胡氏。

其二：以国为氏。周朝时，有两个胡国。一个为周初分封的姬姓小诸侯国，一个是归姓国，这两个胡国在春秋时期先后为楚国所灭，后世子民以胡为氏，称胡氏。

其三：出自他姓、他族改姓。据史料记载，楚时有胡广，原姓黄，后改姓胡。又有南北朝时期，北魏的纥骨氏改复姓为汉字单姓，为胡氏。

【郡望堂号】

胡姓的郡望主要有安定郡、新蔡郡、淮阳郡等。

安定郡：汉时置郡，治所在高平（今宁夏固原）。此支胡氏，其开基始祖为汉武帝时守军正丞胡建。

新蔡郡：晋时置郡，治所在新蔡（今河南新蔡县）。此支胡氏，为安定胡氏分支，其开基始祖为西晋尚书左仆射胡奋。

淮阳郡：汉时置郡，治所在淮阳国。此支胡氏，为胡氏世居旺族。

胡姓的堂号有很多，主要有"安定"、"庐陵"、"澹庵"、"明经"等。

【繁衍变迁】

胡姓发源于河南和安徽。从先秦一直到两汉时期，胡姓人向西迁居到陕西、甘肃两省；向北进入山西；向东落籍于山东，向南迁入湖北和江西，使得胡姓在各地都有所发展。魏晋南北朝时，战火频繁，河南地区的胡姓人大规模南迁，进入到福建等地。历经唐宋两朝，胡姓人在安徽、福建、江西等省都有所分布。五代南唐时，湖南胡姓人迁居至江西，并在当地形成胡姓的繁衍中心。元明清三朝，河南部分胡姓人为躲避战乱进入福建、广东等地，并远徙海外。

【历史名人】

胡安国：字康侯，南宋时期的著名经学家，是湖湘学派的创始人之一。学者称之为"武夷先生"，后世称胡文定公。著有《春秋传》流传于世。

胡应麟：字元瑞，是明朝时期著名的学者、诗人和文艺批评家。他在文献学、史学、诗学、小说及戏剧学方面都有突出成就。著有《诗薮》，是一本集本体建构和作家作品批评为一体的诗学专论。

胡适：原名嗣穈，学名洪骍，字希疆，后改名胡适，字适之，现代著名学者、诗人、历史家、文学家、哲学家。是新文化运动的领袖之一。

【姓氏名人故事】

胡瑗培养"致天下之治"的人才

胡瑗，字翼之，中国北宋学者、理学先驱、思想家和教育家。因世居陕西路安定堡，世称"安定先生"。

胡瑗自幼聪颖好学，七岁善属文，十三岁通五经，被左右乡邻视为奇才。胡瑗读书勤奋，好学上进，且志向远大，常以圣贤自任，但因家境衰微，早年并未受过良好教育。直至二十多年后才得以到山东泰山栖真观求学深造。此间心志远大，十年不归，潜心研习圣贤经典。他为了不让心志受到干扰，每当拆开家书，见有"平安"二字即投入山涧不再展读。在此期间，他"食不甘味，宿不安枕"，

胡瑗培养"致天下之治"的人才。

刻苦钻研学问，为以后从事教育打下坚实基础。四十岁时在泰州城办起了一所书院，并以祖籍安定立名，称"安定书院"。

胡瑗对教育事业作出了很大贡献，他的教育思想和教学方法，很有特色和首创精神，不愧为一代宗师。他的教育理论和教育实践成就，经受了千年历史检验，依然熠熠生辉。他从"致天下之治"的政治目的出发，揭示了人才、教化、学校之间的内在联系，提出了自己的独到见解，认为培养真正的人才对社会的长治久安有着现实意义。

胡瑗不仅是著名的古代教育家，而且是杰出的思想家。他独特的教育理论和丰富的社会实践皆源于其学术思想的深厚造诣。

wàn
万

【姓氏来源】

万姓的起源主要有四：

其一：出自姬姓，以祖父字为姓。西周建立后，周武王大肆分封诸侯，将卿大夫姬良夫封在芮邑。周成王时建立芮国，其国君称芮伯。春秋时，传至芮伯万时，因芮伯万宠姬太多，其母芮姜便将芮伯万赶出芮国。芮伯万奔去魏城，其后代子孙遂以祖父的字"万"为姓，称万氏。

其二：出自姬姓，以祖父的字"万"为氏。周朝建立后，周文王的第十五个儿子毕公高受封于毕地，后毕国被西戎攻灭，毕公高的后裔毕万投奔晋国，做晋国大夫。后来，毕万因在晋国攻灭他国的战争中立下大功，晋献公便将魏地赐给他为邑。毕万的子孙后代中有以祖父的字"万"为氏，称万氏。

其三：出自他族改姓。南北朝时，北魏孝文帝迁都洛阳后，将鲜卑族复姓叶万氏改为汉字单姓万氏。亦有代北三字姓万纽于氏改为万氏。

芮伯像。

其四：以地名为氏。古代有个叫弈叶的人，曾居住在万纽于山，其后代以居住地为氏，山名第一次以"万"作为姓，称万氏。

【郡望堂号】

万姓的郡望主要有扶风郡、河南郡等。

扶风郡：西汉时置右扶风，为三辅之一。三国魏时改为扶风郡，治所在槐里（今陕西兴平东南）。西晋时移置池阳（今陕西泾阳西北）。

河南郡：西汉时改秦三川郡置郡，治所在雒阳（今河南洛阳市东北）。

万姓的堂号主要有"扶风"、"河南"、"成孝"、"滋树"等。

【繁衍变迁】

万姓发源于山西、陕西。汉朝以前，已经有万姓人居住在山东。两汉时期，陕西地区的万姓家族发展得十分繁盛。魏晋南北朝时，战火纷飞，居住在中原的万姓人开始南下。唐朝时，居于浙江、安徽的万姓家族已繁衍得较为昌盛。宋元之际，战争频繁，万姓人大规模南迁，落籍于江西、湖北、湖南、天津等地。明初，山西的万姓人作为迁民之一，散居在河北、河南、山东、安徽、陕西、北京等地。明清时期，四川、江苏、广东和广西地区都有了万姓人的分布。

【历史名人】

万修：字君游，东汉大将，为云台二十八将之一。

万树：字花农，清代文学家、戏曲作家。编有《词律》二十卷，是一部重要的词学著作。

万敬儒：唐代大孝子。相传他母亲死后，他就住在墓旁，刺血写佛经，写到两个指头都断掉时，母亲又活了过来。

万斯同：字季野，号石园，清朝著名史学家，修《明史稿》五百卷，著有《历代年表》。

万家宝：笔名曹禺，现代史上杰出的文艺家、戏剧作家。作品有《雷雨》、《日出》、《原野》、《北京人》等。

【姓氏名人故事】

"医圣"万密斋

万密斋，亦名万全，湖北罗田大河岸人，是与李时珍齐名的明代大医学家。他擅长治疗儿科、妇科、痘疹病症，创造了不少起死回生的奇迹。清初，康熙皇帝追封其为"医圣"。

万密斋家祖孙三代行医，医学渊源深厚，以"医药济世"。万密斋自幼受到医学的熏陶，加上后天的努力，医术不断进步，后能明确辩别疑难病，对儿科、妇科、内科杂病也有精深的研究。在儿科方面，他不断钻研古人医书，结合自己的临床经验，发明了"万氏牛清心丸"，至今仍是治小儿急惊风的良药；他还详细归纳小儿生病的原因，创造性地提出了几种病

万密斋行医济世。

不宜滥吃药的方针。在妇科方面，他认真总结妇女的病理特点，结合妇女的生理因素，指出应该从调解脾胃、补足气血方面进行调理，在中医妇科养生保健方面有重要的意义。

万密斋不仅医术高明，而且医德高尚。在行医过程中，万密斋不断钻研古人留下的医书资料，结合病情灵活运用医学知识，对医术精益求精。所开药方，言简意赅，病人可以一目了然；用药甚少，药到病除，深受百姓的爱戴，被当时人们称为"神医"。

几十年间，万密斋共写了数十卷很有价值的医书，所著《万密斋医学全书》至今仍有很高的临床价值。医书中以诗、词的形式记录的医学知识，显示出了他深厚的文字功底，特别方便后人学习和记忆。

万密斋在养生学、保健医学方面也有独到的见解，至今仍受到后世的推崇。

guǎn

管

【姓氏来源】

管姓的起源主要有三：

其一：出自姬姓，以国为氏，为周文王之后。据《通志·氏族略》、《广韵》所载，周武王灭商建周后，封弟叔鲜于管，建立了管国，史称管叔鲜。管叔鲜与蔡叔度一起管理商朝遗民。武王去世后，周成王年幼，由周公旦主持朝政，管叔和蔡叔不服，就联合武庚起兵发动了叛乱。周公旦出兵平息叛乱，管叔被杀，其后人以封地名"管"作为姓氏，称管氏。

其二：出自姬姓，以邑为氏，为周穆王之后。根据《通志·氏族略》、《风俗通义》的记载，周穆王将其庶子分封在管邑，其后世子孙以邑为氏，称管氏。春秋时代著名的政治家、齐国宰相管仲即出自管邑。

其三：出自他族改姓。如锡伯族的瓜尔佳氏，其汉姓为管姓。

【郡望堂号】

管姓的郡望主要为平原郡和晋阳郡。

平原郡：西汉时置郡，治所在今山东平原县。

晋阳郡：汉时置县，治所在今山西太原市。

管姓的堂号有"匡世"、"平原"、"白云"等。

【繁衍变迁】

管姓发源于河南，西周初期，管姓人已经散布在山东、安徽、江苏和河南各地。春秋到两汉时期，管姓人主要在山东、河南等地繁衍。到了魏晋南北朝，管姓人为避战乱迁到陕西、甘肃、湖南、江苏等地。唐宋之际，江南地区的管姓人日益繁衍。宋朝时，浙江地区有管姓人迁入江西。明朝初年，山西管姓人迁到河南、河北、山东、陕西、天津、江苏、安徽等地，并有部分山东管姓随着"闯关东"的风潮进入东北三省。同时沿海地区的管姓人渡海赴台，继而远徙海外。

【历史名人】

管仲：名夷吾，史称管子，春秋时期齐国著名政治家、军事家，在齐国任宰相，辅佐齐桓公成为春秋时期的第一霸主，被称为"春秋第一相"。著有《管子》八十六篇。

管宁：字幼安，三国时期著名学者，著作有《姓氏论》。

管道升：字仲姬，一字瑶姬，元朝著名女画家，世称管夫人。

管珍：字阳复，号松崖，清朝著名画家，善花鸟，著有《松崖集》。

【姓氏名人故事】

"春秋第一相"管仲

管仲是春秋时期齐国著名的政治家和军事家，他辅佐齐桓公成为春秋时期五霸之首，被称为"春秋第一相"。

管仲的父亲本是齐国的大夫，后来家道衰落，到管仲时已经非常落魄了。为了谋生，管仲不得不去做当时被认为地位低贱的商人。也正是因为如此，他到过很多地方，见识了很多风水人情，积累了丰富的社会经验。

后来齐僖公去世后，齐襄公继位。但是齐襄公没有治国的才能，穷兵黩武，荒淫无耻，政治局面一片混乱。管仲预感到齐国会有大事发生，就告诉自己的好友鲍叔牙，让他带着后来的齐桓公即公子小白逃到莒国，而管仲则辅佐着公子纠逃到了鲁国。果然没过多久，公孙无知杀了齐襄公，自立为君。第二年雍林人又杀了公孙无知。没有了君主的齐国陷入一片混乱。

"春秋第一相"管仲。

得知此事的公子小白和公子纠连夜赶回齐国。鲁国出兵送公子纠，而管仲则带兵去堵截公子小白。两者相遇后，管仲一箭射中小白的衣带勾，小白立即倒地装死。管仲以为小白死了，就派人告诉了公子纠。以为稳坐王座的公子纠六天之后到达齐国后，小白已经日夜兼程地赶回齐国，成为国君了。

齐桓公本打算杀死管仲，报一箭之仇。这时候鲍叔牙劝谏齐桓公，说管仲能够助齐桓公完成霸业。齐桓公将信将疑地将管仲召来，与他谈论霸王之术，大为惊喜。于是拜管仲为相。管仲拜相后，与齐桓公一起励精图治，对内改革体制，整顿朝政，富国强兵；对外尊王攘夷，最终称霸诸侯，成为春秋五霸之首。

lú

卢

【姓氏来源】

卢姓的起源主要有四：

其一：出自姜姓，为炎帝神农氏之后裔。相传炎帝因原居姜水，因以为姜氏。至周朝时，炎帝后裔姜尚，因辅佐周武王伐商建周有功，被周公旦封于齐，建齐国。春秋时期，齐太公裔孙傒任齐国正卿，因迎立齐桓公有功被封于卢邑，其子孙以邑为氏，称卢氏。

其二：出自复姓改单姓卢氏。据《通志·氏族略》中所载，齐桓公后裔有以"卢蒲"为姓的，后改为单字卢氏。又有南北朝时，北魏孝文帝迁都洛阳后，有复姓吐伏卢氏、伏卢氏、卢浦氏、莫芦氏皆改为汉字单姓卢氏。

炎帝像。

其三：出自赐姓。据史书记载，隋炀帝时，河间有人姓章仇，名太翼，因其善天文，被赐以卢氏。

其四：出自他姓改姓。如范阳有雷氏，以卢氏为著，因为雷、卢音相近，所以在后周初改姓卢氏。唐朝时期，又有三原闾氏，讹为卢氏。

【郡望堂号】

卢姓的郡望主要有范阳郡、河南郡、河间郡等。

范阳郡：三国魏时改涿郡置郡，治所在涿县（今河北涿县）。

河南郡：汉时改秦三川郡置郡，治所在雒阳（今河南洛阳市东北）。

河间郡：汉时置郡，治所在乐城（今河北献县东南）。

卢姓的堂号主要有"专经"、"范阳"等。

【繁衍变迁】

卢姓发源于山东，春秋时在山东和河北繁衍发展。"田氏代齐"后，卢姓人分布在河北、陕西等地。秦朝末期，有卢姓人受封于河北地区，并在当地形成较大的聚落，同时有卢姓人迁入宁夏和甘肃等地。西晋末年，卢姓人大规模南迁，落籍于江苏、浙江一带，并有一支卢姓人北上，进入辽宁地区。唐朝时，以河南为主的黄河流域的卢姓人发展得较为昌盛，而南方的卢姓人则主要活动在江西、江苏、四川、福建、广东等地区。元明清之际，卢姓人已遍及大江南北。

【历史名人】

卢植：字子干，东汉官吏、学者。为蜀汉昭烈帝刘备的师傅，著有《尚书章句》、《三礼解诂》等，今皆失佚。

卢照邻：字升之，唐朝初期杰出诗人，为"初唐四杰"之一。代表作《长安古意》，是初唐时期脍炙人口的诗歌。

卢纶：字允言，唐朝著名诗人，为"大历十才子"之一，代表作有《塞下曲》、《和张仆射塞下曲》等。

卢挚：字处道，元代文学家。其诗文与刘因、姚燧齐名，世称"刘卢"、"姚卢"。

【姓氏名人故事】

卢镗智建威远城

卢镗是明朝嘉靖年间著名的抗倭名将，一生清廉，屡立战功。他在浙江、江苏沿海一带奋战五十多年，身经数百战，多次击退进犯的倭寇，深受闽浙人民的爱戴与敬仰。

卢镗像。

嘉靖年间，闽浙沿海倭寇海盗为患，当地的富豪与倭寇趁乱勾结，一起抢夺民财，侵占土地，滥杀无辜百姓，闽浙百姓人心惶惶，嘉靖帝命卢镗肃清匪患。卢镗领命后，即在福建沿海各府县招募乡勇，筑垒修寨，练兵设防，近海得安。

嘉靖三十三年（1554），卢镗为参将，守浙东海滨诸县。三十四年（1555），倭寇海盗两万多人屯集淞江卫枯林，卢镗与永顺援军分进合击，大败倭寇于王江泾，斩寇一千九百余人，焚溺死者甚众。后海盗林碧川出没台州外海，卢镗遣都指挥王沛在大陈山海滩大败林贼。贼兵弃舟登山顽抗，官军尽毁其舟。卢镗督师会剿，生擒林碧川等，余寇尽灭。嘉靖三十五年，卢镗任协守江浙副总兵。倭寇进犯江北，卢镗率兵驰援，于海门将寇击溃，又击毁北洋倭船二十余艘，余倭敛舟龟缩三沙。

卢镗熟习兵法，智勇双全，且抗击倭寇多年经验丰富，嘉靖帝命其镇守镇海。他来到镇海之后仔细查看了地形之后，认为招宝山为甬江的咽喉要地，不可有失。

从此山可以清晰地俯视全城，若是倭寇占领招宝山，再将大炮架在山顶，那么县城必然失守，随后倭寇率众进城，便再也无法阻挡。于是他请示总制在招宝山上建筑一座军事城堡，城的周长约二百丈，高两丈二，内建戍屋四十余间，可以屯兵驻守，取名为"威远城"。

"威远城"建成之后在抗击倭寇的战役中作用重大，卢镗在里面屯兵守卫，令倭寇难以接近。同时，在招宝山麓西南筑靖海营堡。在隔江的金鸡山铸火器若干座，以战舰布防甬江口，与县城相犄角，形势益固。后来的《招宝山月城碑》中曾经写道："前明筑沿海七十二城以备边也，最要者莫若招宝山之威远城。"这句话丝毫没有言过其实。

卢镗建筑的这座"威远城"不仅使倭寇难以入侵，甚至多年之后在抗击英法的侵略战争中，也起了至关重要的作用。

dīng

丁

【姓氏来源】

丁姓的起源主要有六：

其一：出自丁侯后裔。据《姓氏考略》所载，丁侯是商朝时期的诸侯，周武王讨伐商时，丁侯不配合遂为武王所灭。丁侯子孙被迫散居各地，但其部族仍以丁为氏。

其二：出自姜姓，为姜太公后裔。炎帝神农氏因居姜水，遂以姜为姓。周朝时，有后裔姜尚，因辅助武王伐纣有功，被封于齐，建齐国。姜尚的儿子伋在成王和康王时为朝廷重臣，死后谥号为齐丁。子孙后裔遂以谥号为氏，称丁氏。

其三：出自孙姓改姓，为周文王后裔。据史料记载，孙权的弟弟孙匡因烧损茅芒，使军用匮乏，孙权将其族改为丁氏。而孙氏的始祖正是周文王的第八子康叔，因而此支丁姓，亦为周文王姬姓后裔。

其四：出自子姓。西周初期，周公旦平定武庚和东方夷族的反叛后，将商朝旧都周围的地区封给微子启，是为宋国，宋国有大夫宋丁公谥号齐丁公，子孙单以其谥号"丁"为氏，称丁姓。

其五：出自他族改姓。西域人名中很多以"丁"为末字的人，进入中原接受汉化，改为丁姓。如丁鹤年，原为西域人，他的曾祖叫阿老丁，祖父叫苦思丁，父叫乌禄丁，兄叫士雅漠丁，后世遂以鹤年为丁姓。

其六：出自于氏改姓。宋朝时期，有一无赖名叫于庆，欲依附于一名叫丁谓的权贵，就改为丁姓，最后果真趁了心意。

【郡望堂号】

丁姓的郡望主要有济阳郡。

济阳郡：战国时为魏邑，西汉置县，晋时置济阳郡，治所在济阳（今河南兰考东北）。

丁姓的堂号主要有"济阳"、"驯鹿"、"双桂"等。

【繁衍变迁】

丁姓发源于山东、河南等地。秦汉之际，丁姓人以山东、江苏、河南等地为主要聚集地。同时，有少量丁姓人进去河北、陕西、广西、湖北、广东等省。三国两晋南北朝时，丁姓人开始大规模迁徙。三国时，有丁姓人繁衍在江苏和浙江大部分地区。同一时期，丁姓人以今山东、河南为繁衍中心，并有一部分丁姓人进入江西、安徽部分地区。唐朝时，济阳的丁姓人落籍于福建，并于唐朝末年进一步迁居到广东和福建等地。清朝时，福建、广东的丁姓人有移居台湾者，继而远徙至泰国、新加坡、美国等地。

【历史名人】

丁度：字公雅，北宋文字训诂学家。曾刊修《韵略》，又刊修《广韵》成《集韵》。

丁敬：字敬身，清代书画家、篆刻家，开创"浙派"，被誉为"西泠八家"之首。

丁谦：字益甫，清末地理学家。著有《蓬莱轩地理学丛书》六十九卷。

丁汝昌：字禹廷，清末北洋水师提督，在甲午战争后著名的威海卫战役中，因拒降而自杀身亡。

【姓氏名人故事】

丁汝昌的故事

丁汝昌自幼家贫，十岁失学便出外帮人放牛、放鸭、摆渡船、磨豆腐，以补贴家用。后来，他靠着自己的努力从一个小小的哨官当上了北洋水师的提督。

中日甲午战争爆发后，丁汝昌积极投入战斗，他率领的北洋水师舰艇和日军的战舰在黄海相遇。丁汝昌在船头指挥战斗，不小心被炮火所伤，却仍坚持战斗鼓励士气。历经五个小时的苦战，双方互有损伤，日本联合舰队才主动收队撤离战场。

丁汝昌率兵抵抗日军。

后来威海卫战役打响，由于实力悬殊，威海陆路南北帮炮台相继失守，刘公岛遭海陆合围，成为孤岛。日本海陆两军配合，攻击北洋舰队，均被击退。日本军队夜间偷袭，"定远"舰遭到重创，丁汝昌只得移督旗于"镇远"舰。日军四十余艘舰艇排列威海南口外，同时陆军也用火炮向港内猛轰。丁汝昌率兵奋勇迎战，击伤两艘日本军舰，但丁汝昌所在的"靖远"号却中弹受创，丁汝昌本打算与船同沉，却被部下誓死救上小船。当丁汝昌获悉陆路并不打算出兵援军，北洋舰队已被国家抛弃时，便服鸦片自杀。

dèng

邓

【姓氏来源】

邓姓的起源主要有三：

其一：出自妘姓。夏朝时，夏王仲康有子孙被封在邓国，称邓君。邓君的子孙便以国为氏，称邓氏。

其二：出自子姓或曼姓。商朝时，殷王武丁封他的叔父曼季于邓国曼城，是为曼侯，称曼氏。曼氏后来又改封为邓国。春秋时期为楚国所灭，邓侯的后裔为了纪念故国，以国为姓，称邓氏。

其三：出自李氏。五代十国时期，南唐后主李煜封八子李从镒为邓王。后，北宋灭南唐，宋太宗下令缉拿南唐宗室，李从镒的儿子李天和出逃避难，遂以父亲封地为氏，其后世子孙亦称邓氏。

邓君像。

【郡望堂号】

邓姓的郡望主要有南阳郡、安定郡、高密国、平阳郡等。

南阳郡：战国秦时置郡，治所在宛县（今河南南阳市）。此支邓氏，其开基始祖为邓况。

安定郡：西汉时置郡，治所在今高平（今宁夏固原）。此支邓氏，其开基始祖为汉时武威太守邓晋生。

高密国：西汉时置郡，治所在高密（今山东高密县西南）。此支邓氏，其开基始祖为东汉高密侯邓禹。

平阳郡：三国魏时置郡，治所在平阳（今临汾西南）。此支邓氏，其开基始祖为西晋邓攸。

长沙郡：战国秦时置郡，治所在临湘（今长沙市）。此支邓氏，其开基始祖为东晋荆州刺史邓粲。

邓姓的堂号主要有"谦恕"、"讲学"、"集文"等。

【繁衍变迁】

邓姓发源于河南，之后迁徙到今湖北、湖南一带。汉朝至两晋之际，邓姓人以河南为繁衍中心，向东迁往山东，向北移居山西；向南迁入四川、广东等地。西晋末年，邓姓人在山东、山西、陕西、甘肃等地落籍，而向南已移居至江苏、湖南、四川、安徽等地。唐宋之际，已经有邓姓人分布福建、广东和江西的部分地区。明朝时，江西邓姓人进一步徙居至湖北、四川和广西等地。清朝期间，邓姓人已遍布大江南北。

【历史名人】

邓攸：字伯道，东晋时声誉卓著的名臣。有"伯道无儿"的成语流传于世。

邓牧：字牧心，元代思想家，自号三教外人，表示不入儒、释、道三教正宗，人称文行先生，有《伯牙琴》和《洞霄图志》等流传于世。

邓石如：字石如，清代篆刻家、书法家，邓派创始人。代表作有《完白山人篆刻偶存》。

邓世昌：字正卿，清末杰出海军名将、爱国将领，在黄海战役中，与日寇海战为国捐躯。

【姓氏名人故事】

海疆英雄邓世昌

邓世昌，原名永昌，字正卿。清朝末期杰出的海军将领、民族英雄，在黄海与日寇海战中为国捐躯。邓世昌年少时聪颖好学，素有才略。长大后，他怀着一腔报国的热血，以各门课程考核皆优的成绩考入福州船政学堂学习航海，成为学堂驾驶班的第一届学生。后来李鸿章建立了北洋海军，邓世昌因为熟悉管驾事宜，为水师中不易得之才，被调到北洋军属下，任"镇南"、"飞霆"蚊炮船的管带。北洋海军正式建军后，李鸿章检阅北洋海军，邓世昌因训练士兵有功，获得了"葛尔萨巴图鲁"的勇名。

海疆英雄邓世昌。

后来黄海战役打响，邓世昌指挥"致远"号与日军奋勇作战。然而在强大的日舰围攻下，"致远"号多处受创，全舰起火。日舰包围过来，致远号受了重伤，开始倾斜，舰上官兵惊慌失措，邓世昌鼓励大家说："我们当兵保卫国家，早就将生死置之度外，今天的情况，最坏也不过一死而已！"接着又说道："日军的主力战舰是'吉野'号，如果能够击沉'吉野'号，一定能打消他们的气焰，赢得胜利的！"

舰上官兵听了他的话勇气大振，邓世昌率先冲向舰桥，毅然地驾驶者"致远"号撞向日本主力舰"吉野"号右舷，决意与敌同归于尽。日舰官兵见状大为吃惊，便集中炮火向"致远"射击。一发炮弹击中了"致远"舰的鱼雷发射管，管内鱼雷爆炸，"致远"号沉没海底。邓世昌坠落海中后，他的属下以救生圈相救，却被他拒绝。邓世昌说："我立志杀敌报国，今天死于战场就是我追求的大义，我又何必求生呢？！"邓世昌下定决心与军舰共存亡，便毅然沉没于波涛之中为国捐躯了。

hóng

洪

【姓氏来源】

洪姓的起源主要有五：

其一：出自姬姓，为翁姓避乱改姓。翁姓也是姬姓的一个分支，是西周初期，周昭王的支庶子孙，被封于翁山，其后遂以邑名为姓，称翁氏。据《六桂堂丛刊》所载，宋朝初年，福建有翁乾度，生有六子，

洪处厚像。

分姓洪、江、翁、方、龚、汪。其中长子处厚，分得洪姓，其后世子孙遂称洪氏。

其二：出自共氏，为炎帝之后。据《元和姓纂》和《尚书》等相关书籍的记载，共工之后中有共姓，后来为避难，加上三点水改为洪姓。

其三：共国之后所改。《通志·氏族略》记载，西周时共国，其子孙以国为氏，后加水成洪姓。

其四：周朝时有扬侯国，其国都在洪洞，因此又称洪洞国。其子孙有以国为氏，称洪氏。

其五：出自改姓。南北朝时，北魏献文帝、孝文帝分别名为拓跋弘、元宏，为避讳，宏、弘氏改为洪氏；唐朝时，宏姓和弘姓为避唐明皇名李弘之讳而改洪姓；清朝满洲八旗中爱新觉罗氏、洪佳氏、宏义氏均有改姓为洪的；裕固族的克孜勒氏，其汉姓为洪。

【郡望堂号】

洪姓的郡望主要有敦煌郡和宣城郡。

敦煌郡：汉时置郡，治所在今甘肃河西走廊西端。

宣城郡：晋时置郡，治所在宛陵（今安徽定城）。

洪姓的堂号有"平山"、"敦煌"、"双忠"等。

【繁衍变迁】

洪姓发源于河南、江西、山西等地。三国时期，已经有洪姓人落籍到安徽。唐朝以前，洪姓人在安徽和江西地区发展得十分繁盛，还有一支洪姓人迁入甘肃，亦繁衍得十分昌盛。洪姓人进入福建地区，始于唐高宗时。到了北宋初年，江西洪姓人迁入福建后，继而向广东徙居。明朝初期，山西洪姓氏族迁居至河南、河北、陕西、湖北、江苏等地。清朝时，洪姓人遍布全国，东南到台湾，西北到新疆皆有洪姓人的分布。

【历史名人】

洪皓：字光弼，南宋著名词人，曾出使金国，被金国扣押，期间威武不屈，时人称之为"宋之苏武"。

洪适：字景伯，南宋鄱阳人。与其弟遵、迈先后考中词科，从此"三洪"文章名满天下。

洪迈：字景卢，号容斋，南宋著名文学家，学识渊博，有文集《野处类稿》、志怪笔记小说《夷坚志》、笔记《容斋随笔》等流传至今。

洪秀全：原名仁坤，小名火秀，太平天国创建者及思想指导者，创立拜上帝会，主张建立"天下为公"盛世。

【姓氏名人故事】

人口学说的先驱洪亮吉

洪亮吉是清朝嘉靖年间著名的文学家和经学家。

洪亮吉自幼丧父，勤劳刻苦，精于训诂、考据，还擅长地理。后来参加科举，以一甲第二名，即榜眼的名次考中进士，开始入朝为官。但是洪亮吉为人耿直笃厚，直言劝谏，因为言辞过于激烈，不避锋芒，而被发配伊犁。这次贬谪本来应该是一次很严重的打击，但是洪亮吉却一笑置之。在伊犁流放期间，他观边塞之美景，访西域之山水，深入观察，细致描绘，写出了很多流传千古的名诗佳句。

人口学说先驱洪亮吉。

洪亮吉不仅在文学上有所建树，在人口问题上也有很独到的见解。清朝时期，人们对人口问题还没有得到足够的重视，而洪亮吉却意识到了人口问题的严重性。他看到了人口增长过快和生活资料增长过慢之间的矛盾，影响了封建社会秩序的安定，导致了人民生活水平下降，对社会发展有相当的危害。洪亮吉先于英国的人口学家马尔萨斯提出了人口的问题，是近代人口学说的先驱。

shí

石

【姓氏来源】

石姓的起源主要有三：

其一：出自姬姓，为石碏之后裔。西周初年，周公旦平定武庚的反叛后，将原来商朝都城周围地区和殷民七族分封给弟弟康叔，建卫国，称卫康叔。到了春秋时期，康叔的第六世孙卫靖伯有个孙子公孙碏，字石，又称石碏，是卫国的贤臣。石碏的儿子石厚，参与刺杀卫桓公，篡夺王位的密谋，石碏得知后，给陈国国君陈桓公写了一封密信，告知此事。后来厚被杀，石碏因大义灭亲被大加称赞。厚的儿子骀仲，以祖父字为姓，称石氏。

石碏像。

其二：出自姬姓和子姓。宋国是西周的分封的诸侯国，西周灭商后，商纣王之兄微子启封于宋，建都商丘。宋为子姓国，相传宋国有公子段，字子石，他们的后代都称为石氏。

其三：出自他姓或他族改姓。如隋唐时期的"昭武九姓"之一，西域石国中有迁居中原的，就以"石"为氏；南北朝时，北魏孝文帝迁都洛阳后，将鲜卑族温石兰氏、乌石兰氏改为汉字单姓石氏；十六国时，有张氏、冉氏改为石氏；据《北史》载，有娄氏改为石氏者。

【郡望堂号】

石姓的郡望主要有武威郡、渤海郡、平原郡、上党郡、河南郡等。

武威郡：汉时置郡，治所在武威（今甘肃民勤东北）。

渤海郡：汉时置郡，治所在浮阳（今河北沧县一带）。

平原郡：汉时置郡，治所在平原（今山东平原县西南）。

上党郡：战国韩时置郡，治所在壶关（今山西长治市北）。

河南郡：汉时改秦三川郡置郡，治所在雒阳（今河南洛阳市东北）。

石姓的堂号主要有"平原"、"徂徕"等。

【繁衍变迁】

石姓发源于河南，最早向山东迁徙。秦汉以前，黄河中下游地区为石姓人主要繁衍地，并部分石姓人徙居江南。汉朝时，石姓人已经分布在山东、河北和河南的部分地区。魏晋南北朝时，石姓人在河北、山东、甘肃、山西、河南等地发展得都很繁荣。唐朝初期，石姓人落籍于福建、广东各地，之后山东石姓人徙居江苏。明朝初年，山西石姓人作为迁民之一，定居在今山东、河北、河南、北京、天津、陕西、甘肃等地。同一时期，居住在福建的很多石姓人开始渡海落居台湾，进而远徙海外。

【历史名人】

石崇：字季伦，西晋文学团体"金谷二十四友"巨子、著名富豪。

石敬瑭：即后晋高祖，五代时后晋王朝的建立者，著名的"儿皇帝"。

石君宝：名德玉，字君宝，元代戏曲作家。著有杂剧《鲁大夫秋胡戏妻》、《李亚仙花酒曲江池》、《诸宫调风月紫云亭》等。

石涛：本姓朱，名若极。字石涛，又号苦瓜和尚，清朝著名的画家，为清初画坛革新派的代表人物。

石达开：小名亚达，绰号石敢当，清末太平天国名将，近代中国著名的军事家、政治家、武学名家。

【姓氏名人故事】

神笔石涛

石涛是清朝初期著名的画家，也是清初四僧之一。

相传石涛饱览名山大川之时，曾到著名的天宁禅院中下榻。禅院的主持听说石涛是有名的画家，便问："大师觉得杭州的景色如何？"石涛答道："确实像唐朝人诗中所说，'园林多是宅，车马少于船'。"老主持又问道："那杭州尚缺一景，法师可曾注意到？"石涛只回了一个字："山。"老主持一听，笑着说道："法师真是慧眼慧心。法师不知能否为寒寺留点墨宝，也算是补尝扬州的无山之憾。"石涛点头。主持又说："倒也不敢多劳，就殿侧耳房，一房一幅。"石涛点头答应了。

之后石涛才发现，天宁禅院东西耳房各三十六

神笔石涛。

间，总共七十二间，就是要画山峰七十二座，山山不同，峰峰各异，而且还要有石涛自己的特色，实在很难。

石涛没有退路，遂与老主持约定，一日一画，七十三天后的清晨前来看画。第七十三天一大早，就有一大批人聚在天宁禅院门口，等着看石涛的笑话。众人一入寺院，就觉得雾气弥漫，隐隐闻得到山岚的气味，不远处传来瀑布之声，但是四处寻觅也不见有瀑布。众人走到耳房，才发现刚刚的一切都来自于耳房中石涛的画。七十二间耳房中七十二峰，不但峰峰不同，而且山峰间透着一股氤氲之气，溪水潺潺而流，人置身在耳室如同置身于画中。前来看笑话的人没有一个人不看得目瞪口呆，无不在心底佩服石涛的神来之笔。

cuī

崔

【姓氏来源】

崔姓的起源比较纯正，主要出自姜姓，以邑名为氏，为炎帝神农氏的后裔。炎帝神农氏因居住在姜水附近，遂以姜为姓。到了周朝时，有后裔姜尚，因辅助武王伐纣有功，被封于齐，建齐国。姜尚的儿子伋在成王和康王时为朝廷重臣，死后谥号为齐丁。齐丁公的嫡长子季子，本来应该继承君位，却让位于弟弟叔乙，自己食采于崔邑，以邑为氏，称崔氏。

另有小部分崔姓是出自少数民族，如满族崔穆鲁氏、崔佳氏、崔珠克氏等，皆以崔为姓。彝族、回族、蒙族等族中也有崔姓。

齐丁公像。

【郡望堂号】

崔姓郡望主要有清河郡、博陵郡、荥阳郡等。

清河郡：西汉时置郡，治所在清阳（今河北清河东南）。东汉时改为国，移治甘陵（今山东临清东）。

博陵郡：东汉时置郡，治所在博陵（今河北蠡县南），西晋时置国，治所在安平（今河北安平县）。

荥阳郡：三国魏时分河南郡置郡，治所在荥阳（今河南荥阳县东北）。

崔姓的主要堂号有"清河"、"德星"、"博陵"、"喋李"等。

【繁衍变迁】

崔姓发源于山东。秦汉之际，崔姓人散居在陕西、河北、河南等地。东汉末年，战争频繁，一支崔姓氏族为避难迁居到朝鲜，并成为朝鲜的大姓。魏晋南北朝时，崔姓氏族人丁兴旺，发展得非常兴旺。唐朝时，崔姓氏族地位显赫，高官很多，山东、河北、河南、陕西、山西、甘肃各地都有崔姓人的分布。宋元之际，有崔姓人向南迁徙到江苏、安徽、浙江、江西等地。明清时，大量崔姓人迁往辽宁地区，与朝鲜族融合。清朝末期，崔姓人有远徙东南亚各国者。

【历史名人】

崔琰：字季珪，东汉末年曹操部下。

崔浩：字伯渊，小名桃简，南北朝时期北魏著名官员，被称颂为"南北朝第一流军事谋略家"。

崔颢：唐朝著名诗人，著有《黄鹤楼》为后世人千古传诵。

崔子忠：字道母，号北海，明朝著名画家，与陈洪绶并称"南陈北崔"，是中国绘画史上举足轻重的人物。代表作有《藏云图》、《杏园夜宴图》、《云中玉女图》等。

【姓氏名人故事】

少数民族史书第一人崔鸿

崔鸿是北魏著名史学家，著有《十六国春秋》一百零二卷，"五胡十六国"是因为《十六国春秋》而得名。崔鸿出身于书香门第，从小热爱读书，博览经书史籍，小小年纪就因为他的才学名扬洛阳城。年满弱冠之时，就有了写史书的志向。崔鸿在阅读中发现，魏晋以前的史书，题材体制都比较统一，但是之后的一段时期，各国都有各自的史书，没有统一，阅读起来十分不便。于是他就想要修撰一部全面的、系统的记述十六国历史的著作。崔鸿二十二岁时开始搜集十六国的旧史及其他资料，但是因为当时北魏刚刚迁都洛阳不久，相关书籍繁杂而分散，崔鸿不得不在公务闲暇的时候四处寻找资料，寻查于公府，走访于私藏。多方寻查，尽力使资料做到详细全面。

崔鸿为了搜集史料，抄录撰写，几乎竭尽了所有家财和俸禄，有时候甚至买纸的钱都没有。他在生活清苦的情况下，历时三年，终于撰写了《十六

少数民族史书第一人崔鸿。

国春秋》一百卷，但因为这部史书是以晋国为正统，怕有悖北魏朝廷，因此没有公开刊印。崔鸿去世后，才由他的儿子缮写一部，上奏给朝廷。

崔鸿是第一个为少数民族政权撰写历史的人，他的《十六国春秋》以民族平等的观念，详尽而生动的叙述了各少数民族政权的历史，将十六国时期当作一个重要的历史阶段，并提高到正史地位，在史学史上具有特殊的意义，摆脱了"贵中华而贱夷狄"的传统观念，是我国古代民族关系发展到一个新阶段的象征。

gōng

龚

【姓氏来源】

龚姓的起源主要有七：

其一：出自黄帝之臣共工氏的后裔。据史料记载，炎帝的后代共工氏，是一个非常显赫的部落氏族。共工在黄帝时担任水官，因治水有功，所以被奉为水神。

帝尧时，试授工师之职，后来与驩兜、三苗、鲧并称"四凶"，被帝舜流放到幽州，其后裔有一支以单字"共"为姓氏，后又再加龙字改成"龚"姓，遂称龚氏。

共伯和像。

其二：出自古共国之后。商朝时期有共国，为诸侯国。商朝末期，周文王因想扩大自己的势力，将共国攻灭。共国灭亡后，其子孙以国为氏，称共氏，后演变为龚姓。

其三：出自姬姓，为共伯和之后。西周后期，有一个名为姬和的王室贵族，被封于共，称共伯和。当时，周厉王暴虐残忍，终于引发了"国人暴动"而被赶出国都。诸侯们便推品德高尚，爱民如子的共伯和代行天子的权利，史称"共和行政"。后来，周宣王即位，共伯和将权利交回，重返故里，被传为千古佳话。春秋时期，共国被灭，其子孙遂以国名为姓氏，称共氏，后演变为龚姓。

其四：出自姬姓，以谥号为氏，为晋献公的后裔。周成王封其弟叔虞于唐，为唐侯。又唐地临晋水，因而称晋国。春秋时期，晋国内乱，晋武公灭瑕侯统一晋国。晋武公死后传位晋献公，晋献公有一位妃子叫骊姬，想要自己的儿子奚齐成为太子，就挑拨离间了晋献公与太子申生、夷吾、重耳的关系，还用计杀害了申生。奚齐即位以后，便给申生加谥号为"恭君"。古时"恭"即"共"，申生的后代以谥号为姓氏，称共氏，后演变为龚姓。

其五：出自姬姓，为郑武公之子共叔段的后代。春秋时期，郑武公的长子寤生继承了帝位，称郑庄公。郑庄公的母亲武姜不喜欢庄公，偏爱小儿子叔段，曾屡次在武公面前称赞叔段。后来叔段与武姜企图里应外合，夺取政权。郑庄公早早得知叔段的进攻时间，将叔段打败。叔段逃到共地，称共叔段。其后代有以"共"为氏的，称共氏，后演变为龚姓。

其六：出自敬姓，为避讳改姓。五代后晋时，晋高祖名为石敬瑭。为避其名讳，"敬"氏改为同义的"恭"氏，后也演变为龚姓。

其七：西周初期，周昭王的支庶子孙，被封于翁山，其后遂以邑名为姓，称翁氏。据《六桂堂丛刊》所载，宋朝初年，福建有翁乾度，生有六子，分姓洪、江、翁、方、龚、汪。其中五子处廉，分得龚姓，其后世子孙遂称龚氏。

【郡望堂号】

龚姓的郡望主要有武陵郡、六桂等。

武陵郡：西汉时治郡，治所在义陵（今湖南溆浦南），东汉移治临沅（今湖南常德市）。

六桂：指"六姓联芳"之誉称，隋代治所在闽县（今福建福州市）。

龚姓以"六桂"、"中隐"、"耕读"等为其堂号。

【繁衍变迁】

龚姓发源于河南、甘肃、福建等地，早期主要发展在北方。汉朝时，龚姓在江苏、山东等地发展得较为兴盛。魏晋南北朝时，龚姓人已经分布在江西、四川、湖南等省。唐宋之际，龚姓人在江苏、福建、浙江、广东都有定居，并兴盛于北方龚姓。明朝时，龚姓人迁入上海、广西等地者，而山西龚姓人则被分迁北京、天津、陕西、河北、河南等地。清代乾隆年间开始，有沿海的龚姓人移居台湾、定居邻近国度。

【历史名人】

龚贤：又名岂贤，字半千，明末清初著名画家。"金陵八家"之一，著有《香草堂集》。

龚翔麟：字天石，清朝康熙年间著名诗人，为"浙西六家"之一。著有《田居诗稿》、《红藕山庄词》。

龚自珍：字伯定，清朝时著名的思想家、文学家。被誉为"三百年来第一流"。著作辑成《龚自珍全集》。

【姓氏名人故事】

龚自珍求雨

道光十九年（1839），时年四十八岁的龚自珍因不满朝政腐朽，加之一直深受排挤，所以愤而辞官。他在离开京城转回家乡浙江仁和的路上，只见田园荒芜，商道败落，民众苦不聊生。

龚自珍求雨。

龚自珍十分感慨，思绪万千，沿途写下多首诗作。

有一天，龚自珍来至镇江的南郊，只见一群人因为多日干旱无雨，庄家歉收，正在举行一个向玉皇大帝及雨神求雨的仪式。

人群中一位白发苍苍的老者正在握笔凝思，起草祈雨的文章，龚自珍挤进人群中细看。老者抬头望见龚自珍，紧锁的双眉顿时舒展开，把笔放下，双手合十念道："阿弥陀佛，大手笔来也！"

原来老者与龚自珍曾有数面之缘，经老者一说，众人得知当世的大才子龚自珍就在眼前，都是大喜过望，一起央求龚自珍为天神写一篇求雨的祭文。

龚自珍毫不推辞，欣然写下了流传后世的著名诗篇："九州生气恃风雷，万马齐喑究可哀。我劝天公重抖擞，不拘一格降人才。"

诗中九州是整个国家的代称。其意实说，国家若想有生气，必须要凭借疾风迅雷般改变才能做到，现在百姓人人不敢多言，沉闷得令人可悲。我奉劝天公重新振作起来，不要拘泥于常规，要把有用的人才降到人间来。

因为龚自珍深知，人间疾苦大多并非天灾而是人祸，朝廷昏庸无道，不会辨识英才反而纵容贪官当道，以至于国道衰败，民不聊生。

即便是真的祈下雨来，也只能解决一时的问题，而国之根本是善用人才，否则国家永远不会太平富强。

chéng
程

【姓氏来源】

程姓的起源主要有四：

其一：出自风姓，以国为氏，为重黎之后。相传上古时期，民间秩序不稳定，祭祀的管理也不严格。帝喾见此，便派他的孙子重为南正之官，掌管祭祀神灵；重的弟弟黎为火正之官，掌管民事。重和黎的子孙后代世袭了这一官职。商朝时封重黎后裔于程，建立程国，称为程伯。其后世子孙遂以国名为姓，称程氏。

其二：出自商周之际的伯符之后。据相关资料记载，程姓的鼻祖是伯符，伯符因向周王敬献"泰山之车、井中之玉和双穗之禾"这"三异之端"，而被周王封在广平的程地，其子孙遂以国为氏，为程氏。

程伯像。

其三：周宣王时，重黎有裔孙名为程伯休父，在周朝做大司马，后因攻占徐方有功，被封到程邑。其后世子孙有以官名为氏，称司马氏，亦有以地为姓，称程氏。

其四：出自姬姓，以邑为姓，为荀氏后裔所改。周朝建立后，周公旦分封诸侯，周文王第十子受封于郇，称郇侯。后郇国为晋国所吞并，子孙便以国为姓，去邑部加草字头称荀氏。春秋时期，晋国的荀氏支子食采于程邑，其后代以邑为氏，称程氏。

【郡望堂号】

程姓的郡望主要有广平郡、河南郡、安定郡等。

广平郡：汉时置郡，治所在广平（今河北鸡泽东南）。

河南郡：汉时置郡，治所在雒阳（今河南洛阳市东北）。

安定郡：汉时置郡，治所在高平（今宁夏固原）。

程姓的堂号主要有"明道"、"伊川"、"立雪"等。

【繁衍变迁】

程姓发源于今河南、河北、陕西、山西等地，春秋时主要繁衍于今山西境内。秦汉时，程姓人已有迁入今四川和浙江湖州、江西南昌者。魏晋之际，北方战乱频仍，程姓人大举南迁至今安徽、江苏、湖南、江西省境。唐宋时期，程姓人已散居全国大部分地区。元末，程姓人南迁于今福建、广东等省。明清之时，程姓人遍布全国。

【历史名人】

程婴：春秋时晋国义士，与公孙杵臼营救赵氏孤儿匿养山中，将婴孩养大，报仇雪恨后自杀殉友。千百年来为世人称颂。

程邈：字元岑，秦朝书术家，隶书的创造者。他将大小篆改革为隶书三百字，对中国汉字的发展有着极其深远和重大的影响。

程颐和程颢：北宋理学家和教育家，宋明理学的奠基人，早年受学于理学创始人周敦颐。世有"二程"之称。两人创立了程朱理学体系，世称"程朱理学"。

程伟元：字小泉，清朝著名文学家、书画家。搜罗《红楼梦》残稿遗篇，与高鹗共同修改增补《红楼梦》。

【姓氏名人故事】

程婴义救赵氏孤儿

春秋时，晋国有奸臣屠岸贾，想要除掉素有忠烈之名的赵氏一族。他率兵诛杀了赵氏全家老小，唯一漏网的是赵朔的妻子。赵朔的妻子是晋成公的姐姐，当时正怀着孩子，就躲在宫中藏起来。赵朔的门客中有个叫公孙杵臼的，还有一个好友叫程婴。两个人聚到了一起。公孙杵臼质问程婴为何偷生。程婴说，如果生下的孩子是个男孩，就把他抚养成人，让他为赵氏报仇雪恨；若是个女的，他也就一同去死了。

程婴救孤。

不久，赵妻生了个男孩。屠岸贾在宫中到处搜索，没有找到赵氏母子的藏身之处。

程婴和公孙杵臼两人商议，由程婴假装告密，去追杀公孙杵臼和由自己的孩子掉包的赵氏孤儿，杀掉公孙杵臼和孩子，让屠岸贾以为赵氏后人以绝，再由程婴暗中将真正的赵氏孤儿养大。

程婴和公孙杵臼的调包计成功，程婴眼睁睁地看着亲生儿子和好友公孙杵臼死在乱刀之下。此后，程婴背负着忘恩负义、卖友求荣的骂名，隐居到荒芜僻静的孟山，将赵氏孤儿养大。十五年后，赵氏孤儿终于长大成人，名叫赵武。在朝中韩厥的帮助下，重为晋国大族，列为卿士，消灭了屠岸贾，报仇雪恨。

赵武二十岁举行冠礼后，程婴觉得自己已经完成了夙愿，就辞别了赵武和韩厥，自杀而死。

lù
陆

【姓氏来源】

陆姓的起源主要有四：

其一：相传颛顼的孙子吴回在帝尧时担任火正之官。吴回有一子，名终。因为被封于陆乡，所以叫陆终。其后世有以陆为姓，称陆氏。

其二：出自妫姓。帝舜是颛顼帝的后代，因生于姚墟得姚姓。又曾住妫汭河边，其后代有以妫为姓的。周朝初年，妫满被封于陈。其后代孙有陈万，因避乱逃到齐国，受封于田，遂称田氏，后发生了"田氏代齐"。战国时，田完的裔孙齐宣王有个儿子叫通，受封于平原县陆乡，以封地为氏，称陆氏。

其三：出自陆浑国。春秋时期，有陆浑国，由一支名为陆浑之戎居于伊川而得名。此国被晋国所灭，陆浑国遗民依照汉人的习惯，以国为氏，称陆姓。

其四：出自他族改姓。南北朝时期，北魏孝文帝南迁洛阳，实行汉化政策，将代北鲜卑复姓步陆孤氏改为汉字单姓陆氏。相传成吉思汗之孙阿里不哥，为避灾祸隐姓埋名，因排行第六，以排行为姓，故姓陆。

【郡望堂号】

陆姓的郡望主要有吴郡、河南郡、颍川郡、平原郡、河内郡等。

吴郡：三国时置郡，治所在乌程（今浙江吴兴南）。此支陆氏，为陆通的直系后裔，其开山始祖为西汉时的陆烈。

河南郡：汉时改秦三川郡置郡，治所在雒阳（今河南洛阳）。

颍川郡：秦时置郡，治所在禹县（今河南禹县）。此支陆氏，为吴郡陆氏的分支，其开山始祖为东汉颍川太守陆闳。

平原郡：西汉置郡，治所在平原（今山东平原县南）。

河内郡：楚汉之际置郡，治所在怀县（今河南武涉县西南），西晋移治野王（今河南沁阳）。

陆姓的堂号主要有"河南"、"平原"、"河内"等。

【繁衍变迁】

陆姓发源于山东，早期主要在山东地区繁衍，并向四周扩散。西汉时期，陆姓人迁居到江苏、江西等地，在河南、湖南等省分布较多。魏晋南北朝时，北魏孝文帝汉化政策，使鲜卑步陆孤氏改姓陆，陆姓家族得到大规模的发展。盛唐时期，开始有陆姓人进入福建。宋元一直到明清时期，陆姓人散布在南北方各地，并有渡海进入台湾者，继而远徙新加坡等东南亚国家。

【历史名人】

陆逊：本名陆议，字伯言，三国吴国名将，杰出的政治家、军事家。

陆机：字士衡，西晋时期著名文学家、书法家，被誉为"太康之英"。著有《陆士衡集》。

陆龟蒙：字鲁望，号天随子，唐朝著名诗人、文学家，与皮日休并称"皮陆"。

陆游：字务观，号放翁。南宋时著名的诗人。《关山月》、《书愤》、《示儿》均为传世名作。

【姓氏名人故事】

诗人陆游

陆游是南宋时期伟大的诗人。陆游出身于一个世宦家庭，在他出生的第二年，金兵就攻陷了汴京，襁褓中的他与家人开始了九年颠沛流离的生活。陆游自幼好学不倦，十二岁就能作诗文。二十九岁时参加进士考试，名列第一。却因为名次在秦桧的孙子秦埙的前头，所以在复试的时候，被秦桧除名。两年后秦桧病死，才被举荐为官。

陆游年少时饱经战乱。

陆游自幼立志抗金杀胡，在政治上，他主张坚持抵抗，因此仕途上一直受到当权的投降派的排斥和压制。因此在陆游的诗歌中，多表现出收复山河的强烈热情。

陆游一生中创作诗歌很多，现存九千三百余首，不仅有表达收复中原的题材，也有反映百姓生活疾苦，抒发政治抱负的题材。

陆游一生创作丰富。

陆游在抚州担任江南西路常平茶盐公事时，正遇上抚州五月大雨，山洪暴发，淹没大片土地和村庄，百姓流离失所、食不果腹。陆游上奏开仓赈济，在没有得到朝廷的许可前，先开仓拨粮，赈济灾民。但这一举措有损于朝廷利益，当年就被召回京城待命，然而回京的途中又遭遇弹劾，以"擅权"的罪名被罢职还乡。

陆游晚年退居家乡，收复中原的信念始终不渝，年仅七旬的陆游仍然在一个风雨大作的夜晚，写下了"夜阑卧听风吹雨，铁马冰河入梦来"这样的令人热血沸腾的诗句。

zuǒ

左

【姓氏来源】

左姓的起源主要有五：

其一：以官名为氏。《姓氏》中有记载，左史是周朝时期的史官，周穆王时就有左史戎父。春秋时各个诸侯国也都设有左史官这一职位，如楚灵王有左史倚相。左史官的后人中，有以官职名为氏的，称左氏。

其二：以国名为氏。据《姓考》、《吕览》载，古有左国，国人中有以国为氏的，称左氏。相传，黄帝的大臣左彻即是左国人的后代。

其三：出自姜姓，以爵位为氏，为春秋时齐国公族之后。《广韵》有记载，春秋时齐国的公族有左、右公子的分别，左公子的后代便以左字为姓，形称左氏。

其四：春秋时宋国、卫国的公族中均有左姓。

其五：出自他族或他族改姓而来。明清时期，云南永昌府和蒙化府等土司中有左姓；清朝满洲八旗姓哈斯虎氏，其汉姓为左姓；裕固族的绰罗斯氏，汉姓亦为左姓；北宋时，犹太人有留居中国境内的，其后裔中有左姓。

【郡望堂号】

左姓的郡望以济阳郡为最望。

济阳郡：西晋时置郡，治所在今河南兰考县东、山东东明县南一带。

左姓的堂号有"高义"、"传经"、"三都"和"敦厚"等。

【繁衍变迁】

左姓的发源地不可考，但春秋战国时期有很多左姓名人，由此可见，先秦时期，左姓人就已经分布在陕西、山东、山西、河北等地。西汉时，左姓人已经在安徽地区定居发展，到了东汉，四川、江苏等地就都有了左姓人的散居。魏晋时期，左姓人在山东和河南地区迅猛发展，形成了左姓的济阳郡望。从南北朝到隋唐时期，社会动乱，战争频繁，左姓人为避乱播迁长江中下游地区。宋元以后，左姓在江南地区分布广泛，两湖、两广地区都有左姓人的迁入。明朝初年，山西左姓作为迁民之一，分迁到陕西、甘肃、河北、河南、东北三省等地。后来西南地区和台湾开始有左姓人迁徙进入。清朝初年，湖南、湖北的左姓人入居四川。

【历史名人】

左丘明：春秋时著名的史学家，相传著有《左氏春秋》和《国语》，记录了西周和春秋时重要的历史事件，其中《左传》是我国第一部完整的编年体史书，具有很高的艺术价值和学术成就。

左思：字太冲，西晋著名文学家，善诗文，内容多为借古抒情，所作《三都赋》为当时士人称颂，造成"洛阳纸贵"。辑有《左太冲集》。

左丘明像。

左宗棠：字季高，一字朴存，号湘上农人，清朝晚期军事家、政治家、著名湘军将领以及洋务派首领，经历并参与了镇压太平天国运动、开展洋务运动、镇压陕甘回民起义以及收复新疆的等重大历史事件，有《左文襄公全集》。

【姓氏名人故事】

洛阳纸贵

左思是西晋著名的文学家。左思出身贫寒，他的父亲曾经教左思学琴，左思没有学成，他的父亲左雍很失望，就对朋友说："左思理解和通晓的事情，不如我小时候。"左思不小心听见后，就以此激励自己，发奋读书。左思的长相很丑，而且不善言辞，但是他的文采却十分壮美华丽。

左思发奋读书、刻苦写作，用时一年完成了《齐都赋》。之后左思又想写《三都赋》，恰好这时左思的妹妹被晋武帝征召入官，左家举家搬到了京都洛阳。左思到了洛阳之后一直构思自己的文章，手不离纸笔，只要有了灵感就写下来。连院子和厕所里都放着笔墨纸张。

同时为了使文章落笔有据，他大量搜集历史、地理、物产、风俗人情的资料。之后就闭门谢客，潜心苦写，历时十年，左思终于写出了《三都赋》。

然而刚开始，左思的《三都赋》并没有受到时人的重视，于是左思就去拜见张华和皇甫谧，两个人都对这篇文章给予很高的评价，还为其作序写注。很快《三都赋》风靡京都，一时之间京城的豪贵之家争相传写，使得洛阳的纸一下子昂贵了好几倍，这就是成语"洛阳纸贵"的由来。

duàn

段

【姓氏来源】

段姓的起源主要有三：

其一：出自姬姓，以王父字为氏，为春秋时期郑武公之子共叔段的后代。春秋时，郑国的君主郑武公的妻子武姜，因为在生长子寤生时难产，因此武姜偏爱次子叔段。武姜曾屡次跟武公请求废长立幼，武公没有答应。后来武公去世，寤生即位，为郑庄公。武姜先请求把制作为叔段的封地，庄公认为制地很重要，没有答应。武姜又向庄公要了京，庄公便同意了，将京城封给了叔段。后来叔段与

武姜企图里应外合，夺取政权。郑庄公早早得知叔段
的进攻时间，将叔段打败。叔段逃到共地，称共叔段。
其子孙中有以"段"为姓的，称段氏。

其二：出自复姓段干，以地名为氏，为战国名士
段干木之后。战国初期，魏国有名士段干木，厌恶功名，
终生不仕。曾为魏文侯之师，受封于段干，人称段干木。
其后代有以单姓段为姓氏的，称段氏。

叔段像。

其三：出自辽西鲜卑族后裔。根据相关资料记载，西晋时有鲜卑一个部落，
其首领为檀石槐之后，叫段务目尘，被封为辽西公。十六国时辽西公的领地被后
赵帝石虎所占，部落中的人大多与汉人杂居，以"段"作为姓氏，称段氏。

【郡望堂号】

段姓的郡望主要有京兆郡、武威郡、扶风郡等。

京兆郡：西汉时改右内史置京兆尹，治所在长安（今陕西西安市西北）。三
国魏将辖区改称京兆郡。

武威郡：西汉时在原匈奴休屠王地置郡，治所在武威（今甘肃民勤东北）。
此支段氏，其开基始祖为西汉段贞。

扶风郡：西汉时置右扶风，为三辅之一。三国时改为扶风郡，治所在槐里（今
陕西兴平市东南）。西晋移至池阳（今陕西泾阳西北）。

段姓的堂号主要有"武威"、"京兆"、"锦绸"、"余庆"等。

【繁衍变迁】

段姓发源于河南、山东、辽宁等地。秦汉时期，段姓人迁徙到陕西、甘肃，
并在当地迅速繁衍。魏晋南北朝时期，段姓人迁居各地，鲜卑族改段姓人与汉族
人杂居融合。后晋时期，大理王朝的建立，使段姓人迅速在云南发展。唐朝，段
姓人多居住在北方，如陕西和河南。宋元之际，北方的段姓人大举南迁。明朝初年，
山西段姓人分迁到山东、河南、河北、甘肃、陕西、湖北等地。清朝时，段姓人
繁衍在全国各地。

【历史名人】

段思平：五代时南方大理第一世王，建立大理国。

段成式：字柯古，文昌子，唐朝晚期著名志怪小说家、诗人，撰有《酉阳杂俎》，诗坛上，他与李商隐、温庭筠齐名。

段玉裁：字若膺，号懋堂，清朝著名文学训诂家、经学家。有《说文解字注》及《经韵楼集》等书。

段祺瑞：原名启瑞，字芝泉，晚号正道老人。近代皖系军阀首领。曾任提督、国务总理等职。

【姓氏名人故事】

变水患为水利的段成式

段成式是晚唐时期著名的志怪小说家，以撰写《酉阳杂俎》而闻名，晚年的段成式从长安来到处州任刺史。他在此地爱民如子，声望很高。处州风景优美，

但是水患成灾，尤其是缙云与丽水之间的主要水路"好溪"，遍布险滩，水流湍急，以至于事故频发，渐渐被人改称为"恶溪"。

段成式上任之后，为了解决百姓疾苦，决意要治理好这条恶溪。他不辞辛苦地实地查看河道，亲

段成式治恶溪。

自制定治理方案，一边带领民工疏通水路，排除险阻，一边筑坝开渠，引水灌溉田地，最终完成了兴建好溪堰的浩大工程。

段成式为这条溪去除了恶名，他所修建的好溪堰不止解决了当时的水患，并且使丽水的人民在之后的一千多年里不断受益，直至今日，好溪堰还是丽水东郊

农田浇灌和城中洗涤、消防、排污的主要设施。

段成式治理恶溪，变水患为水利的政绩人人称颂口口相传。处州人民为了感念段成式功德，于是在好溪畔建立了一座"思贤亭"以资纪念。

hóu

侯

【姓氏来源】

侯姓的起源主要有四：

其一：出自姒姓，为夏禹的后裔。相传帝尧时，鲧的妻子因梦里吃了薏苡而生禹，因此禹被赐为姒姓。当时中原洪水泛滥，禹治理了水患，并发展农业，还领兵平定了三苗之乱。为了表彰他的丰功伟绩，帝舜封他于夏，后来还将帝位禅让给他。夏禹死后，其子启继位，建立了中国历史上第一个奴隶制国家——夏朝。其中有后裔被封于侯，其子孙遂以地为氏，称侯氏。

其二：直接传自黄帝至轩辕氏姬姓的后代。西周初期，周公灭唐后，将唐国分封给虞，史称晋国，因都城在唐，所以虞又称为唐叔虞。到春秋初期，晋昭侯将曲沃分封给叔父成师，造成了晋国分裂的局面，后又由曲沃武公统一。晋哀侯与其弟晋湣侯被晋武公所杀，其子孙无奈迁居他国，并以祖先的爵位为姓，称侯氏。

其三：来自叔段。春秋时，郑国的叔段因要谋反的动机被哥哥庄公发觉而讨伐他，他逃到共这个地方，被称作共叔段，他死后，郑庄公赐其子孙共仲为侯氏。

其四：魏晋南北朝时期少数民族将复姓改为侯姓。北魏代北鲜卑族复姓的少数民族中，有侯莫陈氏改为单姓侯氏。

【郡望堂号】

上谷郡：战国燕时置郡，秦朝的时候治所在怀来东南。相当于今河北保定、易州、宣化一带。

丹徒县：秦置丹徒县，即今江苏省丹徒县。此支为上谷郡分支，其开山始祖为东汉大司徒侯霸的后代。

河南郡：汉高帝二年（前205）改秦三川郡置郡，治所在洛阳。此支侯氏为北魏时鲜卑族侯奴氏、古口引氏等后裔形成。

【繁衍变迁】

侯姓发源于陕西、山西、河南等地，秦汉时，在山西、河北、河南、山东和宁夏等地都有分布，河北侯姓繁衍最为昌盛。汉朝末期，宁夏和甘肃地区的侯姓氏族迁入陕西。魏晋南北朝时，侯姓人在河南形成望族。西晋末年，战争频繁，侯姓人大规模南迁，分布在长江中下游地区。侯姓人落居今福建、广东等地是在唐朝。宋朝以后，侯姓人就已经遍布大江南北。

【历史名人】

侯君集：唐朝著名将领，为"凌烟阁二十四功臣"之一。

侯芝：字香叶，号香叶阁主人，清朝著名女文学家、女诗人，弹词小说家。著有《再生缘》、《玉钏缘》等。

侯方域：字朝宗，清朝著名散文家、文学家，与方以智、陈贞慧、冒襄齐名，称为明末"四公子"。

【姓氏名人故事】

侯叔献泄洪治缺

侯叔献是宋朝著名的大臣和水利专家，江西省抚州人，宋熙宗三年（1070），正值王安石推行新法之时，侯叔献擢升都水监。上任之后，他征发民工，掘开汴河河堤，引用汴河中的大量泥沙淤灌田地。

没料到这一年，洪水成灾，汴河水突然暴涨，洪水从掘开的河堤缺口汹涌而出，汴河河堤顷刻之间崩溃，洪水喷涌而出。大惊失色的民工顿时群情激奋地将侯叔献围住，民工们手中举着无数的火把，将汴河边映得一片通红。

侯叔献泄洪治缺。

侯叔献双眉紧锁地对着民工们大声说："事已至此，再去硬堵缺口已经于是无补了，唯一的办法是将缺口再开大些……"他的话未说完，顿时被民工们愤怒的吵嚷声打断，这些民工们的家都在下游，如果不将缺口堵住，洪水一至，所有的人都会无家可归。众民工此时都开始大声地咒骂侯叔献是个不管百姓死活的狗官。

侯叔献对众人的咒骂不以为意，而是大声解释道："现在洪水势头太猛，我们应当先设法泄洪，将洪水之势缓减之后，才可能将缺口堵住。他随后道："在离睢阳几十里外的汴河河边，有一座早已废弃的古城，里面虽无人居住，房屋也都早已毁坏，但那里的城墙厚越几尺，高达数丈，可将此城用作泄洪之地。"众民工听完之后，才明白错怪了侯叔献，连忙跟随侯叔献火速赶往上游那座古城边，又连夜掘开了汴河河堤，把水引到古城里。

果然不出侯叔献所料，到了第二天，下游的水量大大减少，侯叔献又亲自带领民工堵塞住了汴河河堤上的缺口，直至古城里的水储满，又往汴河里流的时候，原来塌陷的堤已修复，下游百姓的农田屋舍毫无损伤，众人都被侯叔献在紧急关头随机应变的智慧所折服。

侯叔献将一生心血都倾注于水利事业。他以水利司钱招募民工修筑河堤，鼓励农民开垦淤田利用水道。他还沟通了内外河道运输，五六年间，共溉成良田四十万顷，所施行的举措利国利民。

wǔ

武

【姓氏来源】

武姓的起源主要有六：

其一：出自姬姓。周平王少子武之后。西周末年，犬戎入侵西周，周幽王被杀。幽王之子宜臼即位，称周平王。后迁到洛邑，史称东周。周平王之少子姬武，因出生时手掌有"武"字形状纹路，故被平王赐为武氏，为周朝大夫。其后世子孙遂以武为姓，称武氏。

其二：出自以国名为氏。据史料记载，夏朝时有大臣武罗，被封武罗国。后武罗国灭亡，其后子孙以国名为氏，简称武氏。

其三：出自子姓。其中，以祖字为氏的，为商王武丁之后。以谥号为氏的，为春秋时宋武公之后。

其四：以邑为氏。据《风俗通义》所载，汉朝有武强王梁，其封地在武强县，其后代遂以封地"武强"为姓，简称武氏。

其五：出自以武字开头的复姓——武安氏和武疆氏。如出自"武安"简化而来，为秦大将白起之后。战国时期，秦将白起因功被封为武安君，其后子孙以封爵"武安"为氏，称武安氏，后简称武氏。又有周顷王之孙王孙满的后裔，曾被封于武疆，其后代以封地为氏，称武疆氏，后简称为武氏。

其六：出自唐朝的冒姓或赐姓。如唐朝时，有贺兰敏武士之嗣，冒姓武。以及唐朝时傅、左、李诸姓被武则天赐姓武。部分少数民族中亦有武姓，或复姓改汉字单姓武氏。

【郡望堂号】

武姓的郡望主要有太原郡和沛郡。

太原郡：战国秦时置郡，治所在晋阳（今山西太原西南）。

沛郡：西汉时改泗水郡置郡，治所在相县（今安徽濉溪县西北），东汉时改为国。

武姓以"太原"、"鬻薪"等为其堂号。

【繁衍变迁】

武姓发源于河南、河北等地。秦汉时期，武姓人开始向山东、江苏等地播迁。魏晋南北朝时，北方战争不断，武姓人大规模南迁，同时有武姓人进入山西。唐朝是武姓人繁衍得最兴旺的时期，这一时期，武姓人遍布天下，山西一带更是形成了武姓人的大郡望。历经宋、元、明、清四朝，战乱和移民等原因，使得武姓人不断迁徙，但仍然以北方为主要发展地区。清朝时，开始有武姓人渡海入居台湾，既而远徙新加坡等地。

【历史名人】

武漳：字巨川，五代时太原文水人。武漳生当乱世，不仅能效命战场，东征西杀，而且生性淳朴敦厚，提倡节俭，廉洁奉公，重视农桑，政绩颇丰。

武则天：中国历史上唯一一位女皇帝，也是一位女诗人和政治家。

武宗元：字总之，北宋著名画家，传世作品有《朝元仙仗图》卷。

武河清：字禹襄，号廉泉，清朝武式太极拳创始人，称"武式小架"。

武亿：字虚谷，清朝著名学者，著有《经读考异》、《偃师金石记》等。

【姓氏名人故事】

弃官从医的武之望

武之望是明朝陕西临潼人，是我国著名的医学家，被誉为"关中鸿儒"。他所著的《济阴纲目》等书，记载了对于中风，瘟疫，内伤等八十四种内科疾病；破伤风，折伤等二十四种外科及五官科疾病的诊断与治疗方法。

武之望弃官从医。

武之望自幼勤学诗书，原本走仕途为官，但职场腐败黑暗令他难以忍受，于是愤然辞官，回乡研究医术，他立志若不能做好官，誓要为良医。

武之望虽然很早就喜好岐黄之术，但是从未正式行医，第一次做医生是从救治自己夫人难产开始的。

当时武夫人在一昼夜的挣扎之后好不容易生下孩子，身体与精神都极为衰弱，没料想又开始了严重的腹泻，直至浑身发冷、牙关紧闭。一家上下无计可施，武之望连忙用匕首撬开夫人的牙，将有止泻奇效的参香散混在米汤中灌入，待腹泻止住之后他又施用了温补之药，终于将夫人救治康复。

明朝末年战乱频发，瘟疫大肆流行，武之望故里的孩童因为传染麻疹死了很多，连武之望自己的小孙子也染上了麻疹，当时并没有治疗麻疹的特效药，武家中上下惶恐悲伤，以为孩子必死无疑了。

武之望无奈之下参照管舜所撰《保赤全书》有关治法，按方投剂，不想，孩子的麻疹竟然很快地痊愈，消息传开四乡八里的乡亲蜂拥而至，接踵求诊，武之望不眠不休，十天之内救治了百名患儿。

这之后武之望更加潜心研究医术，并开始著书，他将自己所搜集实践的各种疑难杂症的药方与先人所传承下的医书相结合，重新编撰整理成了多本综合性的医学著作，为中医学作出了重大贡献。

liú

刘

【姓氏来源】

刘姓的主要来源有三：

其一：出自祁姓，是帝尧陶唐氏之后裔。相传帝尧出身在伊祁山，伊祁山就又称作尧山，尧因地名而为祁姓。他的子孙有一支以祁为姓，被封在刘国，子孙遂以国名为氏，为刘氏。夏朝时，刘国有一个名字叫刘累的人，善于养龙，被封为"御龙氏"。后来迁至鲁县，其子孙在商朝时因封于豕韦，遂更为豕韦氏。又封于唐地，建唐国以唐为姓。周成王灭唐，迁至杜地，更为杜氏。杜国为西周所灭，子孙逃到晋国，杜芳在晋国担任士师，封于范，子孙遂以封邑范为姓，称为范氏。后来秦晋之战，一部分范氏子孙留在秦国，便成为刘氏，取"留"的意思。汉高祖刘邦也是这一支刘氏的后代。这一支刘氏被刘氏本族认定，史称刘氏正宗。

其二：出自姬姓，为周太王之后。西周建立后，周成王封周文王之父王季于刘邑，其后裔以邑为氏，称刘氏。

其三：出自他姓，为他族、他姓改姓或赐姓。西汉初年，汉高祖刘邦实行和亲政策，将皇室宗女嫁给匈奴单于冒顿为妻，匈奴习俗，贵者皆从母性，冒顿子遂从母姓，为刘氏。汉初还赐项羽的叔父项伯等人为刘氏，封射阳侯，以感谢项伯在鸿门宴上的救命之恩。又有王、娄、冠、何等氏也分别改为刘姓。及北魏孝文帝时期，将鲜卑族复姓独孤氏改为汉姓单字刘氏。也有其他少数民族在于汉族的融合过程中，改为刘姓。

【郡望堂号】

刘姓郡望有彭城郡、沛郡、弘农郡、河间郡等，以彭城郡和沛郡为最名望。

彭城郡：西汉时置郡，治所在彭城（今江苏徐州）。此支刘氏，分为两支，分别以汉高祖刘邦少弟楚元王刘交为开基始祖，及以汉宣帝刘询之子、楚孝王刘嚣为开基始祖。

沛郡：西汉时置郡，治所在相县（今安徽濉溪县西北）。此支刘氏，其开基始祖为刘累第五十五世孙刘康。

河间郡：汉初置郡，治所在乐城（今河北献县东南）。此支刘氏，其开基始祖为东汉章帝之子河间王刘开。

刘姓堂号有"彭城"、"河间"、"弘农"等，最为普遍的是彭城堂。因彭城刘氏为西汉皇族，时间较早，支脉繁盛，影响力大，被天下刘氏视为郡望堂号之正宗。

【繁衍变迁】

刘姓发源于河南、陕西等地。战国时期，陕西的刘姓人迁居到江苏等地。汉朝建立后，刘姓作为国姓，成为当时的全国第一大姓氏。汉朝末年，河南、山东和河北、山西等地的刘姓人，为避战祸向四方迁移。魏晋南北朝时，战火纷飞，刘姓人开始大量南迁，并与少数民族融合，有许多少数民族汉姓为刘。唐朝至五代，刘姓人落籍于福建。宋元直到明清时期，刘姓人已经遍布大江南北。

【历史名人】

刘邦：即汉高祖。字季，人称沛公。在消灭项羽完成国家一统后，即皇帝位，定都长安，国号为汉，史称西汉。

刘备：字玄德，三国时期军事家、政治家。三国时蜀汉的建立者，与北方的曹魏和南方的孙吴呈三足鼎立之势。

刘勰：字彦和，南朝梁文学理论批评家。他的主要著作《文心雕龙》，是中国古代文学理论批评的巨著。

刘禹锡：字梦得，唐代中晚期著名诗人，有"诗豪"之称。是著名的文学家、哲学家，提出了"天人交相胜"的哲学观点。

刘鹗：清代小说家，著有《老残游记》，是晚清的四大谴责小说之一。

【姓氏名人故事】

刘邦拜父

汉高祖刘邦不仅能征善战，而且更善于安邦治国。他登基称帝之后，百姓因为经历了长期的战乱，又经历了短期的秦朝统治和秦末战争，使得百姓心中失去了完善的礼法观念。这种国情自然于国家的安定毫无益处，于是刘邦决定以身作则，树立纲常，为天下的臣民作表率。

刘邦此时虽然做了皇帝，但是依旧与父亲太公住在一起，他每隔几天就要去父亲那里拜见问候，太公早已习以为常，所以每当刘邦前来探望行礼，总是坦然承受。但是忽然一日刘邦的属官对太公道："天

刘邦拜父。

无二日，地无二主。您与圣上虽是父子更是君臣，君来拜见臣不合礼仪，有损君威。"

太公听了觉得言之有理，于是当刘邦再来拜见的时候，他就提着扫帚出门相迎，然后倒退着进屋，不给刘邦行礼的机会。于是刘邦问自己的父亲为什么这样做。太公道："皇帝贵为人主，不能因为我一个人破坏了国家的礼法。应该取消你拜见我的这个礼仪了。"

刘邦听后道："国有国法，家有家规，君臣固然有道，父子又岂可失礼。"随即下了一道圣旨，将自己的父亲太公尊为太上皇，如此一举两得，既明示了皇帝的尊严，他也可以名正言顺地对父亲行孝。

刘邦身为一国之君对待自己的父亲依旧恪守纲常，他也以此来教导百姓遵循礼法尊重长辈。有了礼法之后，刘邦又制定了严格的律法，百姓因此而安居乐业，国家很快繁荣了起来。

lóng

龙

【姓氏来源】

龙姓的起源多涉及神话，大致有六：

其一：出自黄帝之臣龙行之后。相传黄帝的大臣中有龙行，居有熊。是为河南龙氏。

其二：出自帝舜时纳言龙之后。据《通志·氏族略》所载，龙氏是帝舜时的大臣，为纳言，即专司出纳帝命的官职。其子孙以官职名"龙"为氏。

其三：出自御龙氏之后。相传帝尧出身在伊祁山，伊祁山就又叫作尧山，尧因地名而为祁姓。帝尧的后裔有一支以祁为姓，被封于刘国，其子孙遂以国名为氏，为刘氏。到了夏朝时，刘国有一个名字叫刘累的人，因善于养龙，被封为"御龙氏"。其子孙后裔中有以龙为氏的，称龙氏。

其四：出自豢龙氏之后。相传颛顼的后裔陆终，其长子被赐己姓，封于昆吾国。其后裔有董父，对龙的习性非常了解，于是帝舜便任命董父为豢龙氏，专门养龙。其后代有以龙为氏的，称龙氏。

其五：出自西汉牂牁龙姓。据《华阳国志》所载，西汉时的牂牁大姓中有龙氏。

其六：出自其他。西域且弥王和焉耆国王，皆为龙氏。

【郡望堂号】

龙姓的郡望主要有武陵郡、天水郡、武阳郡、太原郡等。

武陵郡：西汉时置郡，治所在义陵（今湖南溆浦南），东汉时移治临元（今湖南常德市西）。

天水郡：西汉时置郡，治所在平襄（今甘肃通渭西北），西晋时治所在上邽（今甘肃天水市）。

武阳郡：隋朝时置郡，治所在贵乡（今河北大名东北）。

太原郡：战国秦时置郡，治所在晋阳（今山西太原西南）。

龙姓的堂号主要有"武陵"、"天水"、"敦本"、"敦厚"等。

【繁衍变迁】

龙姓发源于甘肃、河南、山西、湖北、湖南、山东等地，成姓之初就迅速向四方扩散。汉朝时，甘肃、湖北、湖南和山西、河北、河南、山东部分地区已经成为龙姓人繁衍的主要地区。同一时期，龙姓人落居今四川，继续南迁至贵州。魏晋南北朝时，河南、河北、山西和山东部分地区的龙姓人为避战乱而南迁。宋元之际，龙姓人再次南迁，使得南方的龙姓数量多于北方。明清时期，各地龙姓人互相融合，遍及全国。

【历史名人】

龙且：秦末楚汉争霸时期楚国第一猛将，与季布、钟离昧、英布、虞子期为楚军五大将。

龙起雷：字时声，明朝官吏，为官清廉，刚正不阿，与龙起春、龙起渊等文行并有声，时称"三龙"。

龙燮：字理侯，清朝著名戏曲家，著有《琼华梦》、《芙蓉城》等。

【姓氏名人故事】

属对神童龙启瑞

龙启瑞是清朝广西临桂人，是著名的音韵学家和文学家，也是广西桐城派五大古文家之一。龙启瑞从小聪慧过人，五岁能背诵百家姓和四书五经等儒家典籍，七岁便会属对吟诗，是远近闻名的神童。

龙启瑞八岁那年，有一天风和日丽，他的母亲带着他去探望亲戚。亲戚家不远处便是丽泽塘，龙启瑞独自一人来到塘边玩耍，却听见旁边一位老塾师领着两个童生在观景属对。

老塾师指着柳树道："绿柳。"一个瘦童生答道："红莲。"塾师捻须一笑道："风吹绿柳。"另一个胖童生抢答道："雨打红莲。"塾师很高兴，又道："风吹绿柳千条线。"两童生齐声报出下联："雨打红莲万颗珠。"

老塾师欣慰地开怀而笑，开始增加了出题的难度，他接着道："塘中莲苞攥红拳，打哪个？"两个童生顿时哑口无言，双双抓耳挠腮不知如何应对。

此时，站在一旁的龙启瑞忽然高声道："水面荷叶伸绿掌，要什么？"

这下联对得工整，意境切合，情趣相谐，颇有韵味，实属难得。老塾师一惊，抬头一看却是个不大的孩童，心中觉得既有趣又意外，于是便对龙启瑞道："不错，我再出一联，你来对对看。"此时，几只鸭子正从远处游来，老塾师当即口出一联："七鸭浮塘，数数数三双一只。"

龙启瑞属对。

此联十分刁难，难点之一在于开头的"七鸭"刚好拆为联尾的"三双一只"，必须找相谐的数字来对；难点之二是联中的三个"数"字两种读音，与之相对应的叠字不好找。

龙启瑞望着池塘略作迟疑，忽然水中一尾鲤鱼一跃而出，龙启瑞顿时眼前一亮，脱口而出道："尺鱼跃水，量量量九寸十分。"

老塾师上下打量着眼前的龙启瑞，神情谨慎地又道："水到无边天做岸。"龙启瑞仰首望着西峰岭当即对道："山登绝顶我为峰。"

此对一出，老塾师大奇："此子小小年纪，竟有如此的气度，将来必是国之栋梁。"这时恰逢龙启瑞的母亲前来找他，老塾师问清龙启瑞的名字之后，恍然大悟道："原来这就是远近闻名的小神童啊，果然名不虚传，此子日后前途不可限量。"

龙启瑞后来果然如这个老塾师所说的，年纪轻轻便高中了状元，当上了翰林院修撰。

yè
叶

【姓氏来源】

叶姓的起源主要有二：

其一：出自**芈姓沈氏**，为帝颛顼的后代。相传颛顼的后裔陆终有六子，其中第六个儿子名叫季连，被赐姓芈。季连的后代有叫鬻熊的，非常有学问，曾经做过周文王的老师。周武王伐商建立西周后，封鬻熊的曾孙熊绎于荆山，建荆国。后迁都改国号为楚。春秋时期，楚庄王有一曾孙名戌，因任沈县府尹，又称沈尹戌，其后代便有以沈为姓。后沈尹戌在楚国与吴

叶公像。

357

国的战争中有功，楚王遂封其于叶县，称为叶公。其后人便以邑为氏，称叶氏。

其二：据《姓氏考略》所载，我国古代南蛮少数民族中，也有以叶为姓的，如东汉末年时董卓部下都尉叶雄即是南方少数民族的后代。

【郡望堂号】

叶姓的郡望主要有南阳郡、下邳郡等，其中以南阳郡最为名望。

南阳郡：战国秦时置郡，治所在宛县（今河南南阳市）。

下邳郡：东汉时置国，南朝宋时改为郡，治所在下邳（今江苏睢宁西北）。

叶姓的堂号主要有"南阳"、"崇信"等。

【繁衍变迁】

叶姓发源于河南，之后在河北、陕西、青海、甘肃和宁夏、江苏等地均有分布。西晋末年，部分叶姓向南迁徙，部分叶姓则返回中原地区。唐宋时期，叶姓人迁徙得最为频繁。宋朝末期，叶姓人徙居浙江、福建等地，并成为江南的著名姓氏之一。明清之际，东南沿海地区的叶姓人渡海进入台湾。清朝末期，沿海地区和香港、澳门、台湾都有了叶姓人入迁，继而远播东南亚等地。

【历史名人】

叶望：字世贤，雁门太守，汉末时为光禄大夫，灵帝时弃官归隐，人称"楼舟先生"。

叶梦得：字少蕴，宋代大臣，著名词人。代表作有《水调歌头·渺渺楚天阔》、《石林燕语》等。

叶适：字正则，学者称水心先生，南宋时期著名思想家、文学家、政论家，永嘉学派的集大成者。他所代表的永嘉事功学派，与当时朱熹的道学派、陆九渊的心学派，并列为南宋时期三大学派。著有《习学记言》、《水心先生文集》等。

叶欣：字荣木，清代著名画家，为"金陵八家"之一。

叶圣陶：原名叶绍钧，字秉臣，著名的作家、教育家。代表作有《倪焕之》、《脚步集》、《西川集》等。

【姓氏名人故事】

叶向高赔门槛

　　叶向高是明朝万历年间的礼部尚书兼东阁大学士。他关心国家建设与百姓疾苦，曾向朝廷上言道："民不安，国必乱。"一生多次为民请命，丝毫不顾忌自己仕途前程。对于福建家乡人民的疾苦，尤其关切。当时福建的税监高寀四处搜刮民脂民膏，当地百姓苦不堪言，怨气冲天。叶向高得知此事之后忠言直谏，接连几本奏请万历帝将高寀调回，为福建人民解除了危厄。

　　明朝末年的天灾人祸不断，民不聊生，而朝廷中其他的官员为了让万历帝高兴，向来报喜不报忧，避谈灾情，致使朝廷对灾民的惨状一无所知，毫无救助。唯有叶向高写了《请赈荒揭》，在其中详细地向万历帝如实奉奏全国的灾情，并且大胆

叶向高为民众所爱戴。

劝皇上动用朝廷的"中央金库"，用来救济全国的灾民。

　　正是因为他光明磊落一心为民，因而得罪了朝中很多重臣。当时熹宗年幼无知，宦官魏忠贤篡握大权，祸乱朝纲，以致叶向高的政治改革无法推行，叶向高无奈之下只得辞归故里。

　　叶向高辞官回家之后打算在芙蓉园颐养天年，他喜爱假山，特意花费重金从江苏的太湖购买了很多假山石，准备放进芙蓉园中以增景致。

　　其中最大的一座假山形状如同一只巨大的手掌，在掌心上还天然地形成了一尊惟妙惟肖的佛像，因此得名"达摩面壁"，叶向高对这尊巧夺天工的假山极为喜爱，费劲心思让工匠将其从江苏拉回，谁知在从福州南门兜进城的时候，工匠们一不小心失手将假山摔落在地，瓮城的城门槛因不堪重负当即被压断，当时的

城官当问明是叶向高的假山石，立刻表示不会追究，让工人们自行离开。

工人回到叶府向叶向高转述了事情的经过，叶向高大为不悦，当即让人带着银两又回到瓮城城门前，赔付了三百两银子，并向城官致歉。

百姓听说此事之后，都赞叹叶向高一生慨然为民，毫不徇私，是民心所向的好官。

黎

【姓氏来源】

黎姓的起源主要有四：

其一：出自九黎后裔。相传九黎是中国南方土生土长的庞大种族之一，是古代东夷首领少昊金天氏之时的诸侯。颛顼帝时，黎奉命担任北正的官职，掌管民事，其后裔有以字为氏，称黎氏。

其二：出自黎国后裔。据相关史料记载，商时的诸侯国中有两个黎国，相传这两个黎国均为古部落"九黎之后"。一个在今山西长治县西南，商末被周文王所灭。另一个在今山东郓城县西。这两个黎国的子孙，均以国为氏，称黎氏。

其三：出自帝尧的后代。西周初期，周武王分封诸侯时，将商朝的诸侯国黎国封给帝尧的后裔，并且仍然沿用黎国的名称。春秋时，黎国迁都黎侯城，后为晋国所灭，其子孙后以国为氏，姓黎氏。

其四：出自他族改姓。南北朝时，北魏孝文帝迁都洛阳后，实行汉化，将代北鲜卑族复姓素黎氏，改为汉字单姓黎氏。

【郡望堂号】

黎姓的郡望主要有京兆郡、九真郡、宋城郡等。

京兆郡：西汉时改右内史置京兆尹，为三辅之一，治所在长安（今陕西西安市西北）。三国魏时改称京兆尹，改官名为太守。此支黎氏，开基始祖是唐京兆尹黎干。

九真郡：公元前三世纪末，南越赵佗置郡。

宋城郡：隋朝叫睢阳，是宋朝的治所，宋时改睢阳为宋城，为今河南商丘县南。

黎姓又将"京兆"、"九真"、"宋城"作为其堂号。

【繁衍变迁】

黎姓发源于山西、山东，战国时就有黎姓人落居在陕西、河北、江苏、江西、广东、广西各省，并远及越南。汉朝时，有黎姓人迁居到湖南地区。魏晋南北朝时，黎姓人为避战乱大举南迁。唐朝至五代，世居于陕西的黎姓氏族远赴江西、河南为官，黎姓人遂在此三地发展成望族。宋朝时，黎姓人发展得非常繁茂，并有进入福建的。宋末元初，黎姓人已经迁居到广东。明初，山西黎姓人作为迁民之一，分迁到湖北、湖南、河南等省。清乾隆年间，广东、福建等地的黎姓，进入台湾，进而远徙海外。

【历史名人】

黎民怀：字惟仁，明朝著名诗画家，擅长诗、书、画，时称"三绝"。

黎简：字简民，清朝岭南著名诗人、书画家，与张如芝、谢兰生、罗天池并称为粤东四大家。

黎元洪：字宋卿，是辛亥革命武昌首义的都督，中国历史上唯一任两任大总统和三任副总统的人。

【姓氏名人故事】

黎简写春联

黎简是清朝著名的诗人，书法家和画家，以诗书画"三绝"而驰名于世，他的诗刻意求新，别具一格，他的画生机盎然，气韵古厚，很多人带着重金来求，甚至到了"片纸寸幅，重于拱璧"的程度。

除了诗画之外，黎简的书法也很精妙，他从晋人书法入手，中年时期开始兼学唐代李邕的行楷，到了晚年修习苏东坡和黄庭坚的书法，其书法萧疏淡远、淋漓苍润，既有古人之风又有自家之范，为众多书法家所称道。

黎简写春联。

因为黎简的书画作品从不轻易卖人，所以众多想得到他作品的人出于无奈，就想出了一个下策。

他们知道黎简在过新年的时候喜欢亲自写对联贴在门上，于是都守在黎简家附近，单等他贴好对联之后，上去偷偷揭下来拿走，结果是，黎简每年都要写很多对联，但即便如此新贴上的也是转眼不见，弄得黎简啼笑皆非，只得作罢。

有一年，黎简为了杜绝有人再来揭他门前的春联，想了个对策，他在大年三十的晚上就写好了一副春联贴在了门上。早就侯在门前的众人上去一看，都是大惊失色，谁也不敢伸手去揭，因为这幅春联写得实在太不吉利了，上联是"福无双至"，下联是"祸不单行"，大家看着这两行字都面面相觑，过了一会儿而悻悻而散。

到了大年初一一大早，黎简起来一看门口的春联果然没有人动，于是笑着提笔在两副春联的下面又都补上了几笔。那副不吉利的春联转眼变成了"福无双至今朝至，祸不单行昨夜行"。众人看后齐声赞叹黎简绝妙的才思，他们眼见黎简为了不伤邻里间的和气，而如此煞费苦心，都自感惭愧，自此，再也没有人去揭黎简家的春联了。

bái

白

【姓氏来源】

白姓的起源主要有四：

其一：出自芈姓，颛顼帝的裔孙白公胜之后。相传颛顼帝有后裔陆终，有六子，其中第六个儿子名叫季连，被赐姓芈。季连的后裔熊绎周初被封于荆山，建立荆国。熊绎后代改国号为楚，称楚文王。至楚平王时，太子建因做晋军袭郑国的内应而被杀，太子建的儿子熊胜逃到吴国，投奔伍子胥。楚平王的孙子惠王即位后，将熊胜招回国，任巢大夫，封于白邑，称为白公胜，其子孙便以封邑名为氏，称白氏。

白公胜像。

其二：出自他族改姓。如唐朝时有突厥人白元光，后封为南阳郡王，后世遂为白氏。

其三：出自部落。据《姓氏寻源》及《元命苞》所载，远古时期，中国北部的姜姓部落首领炎帝有一个大臣叫白阜，精通水脉，为疏通水道作出了贡献。其子孙便以"白"为姓，称白氏。

其四：出自姬姓，相传是周太王第五世孙虞仲百里奚之后。

【郡望堂号】

白姓的郡望主要有太原郡和南阳郡等。

363

太原郡：战国秦时置郡，治所在晋阳（今山西太原市西南）。

南阳郡：战国秦时置郡，治所在宛县（今河南南阳市）。

白姓的堂号主要有"南阳"、"香山"、"治生"等。

【繁衍变迁】

白姓发源于陕西。秦朝时期，白仲被秦始皇封于陕西，其子孙于是在此世代居住。魏晋南北朝之际，留居在山西的白仲后人成为当地的望族，同时迁居到陕西、湖北、河南地区的白姓人也都繁衍旺盛。隋唐时期，白姓家族更加枝繁叶茂，在河南各地最为繁盛。宋元时期，有大量白姓族人为躲避战祸而向南方迁居，但北方仍然是主要居住地。明朝初期，山西籍的白姓人分别迁徙到山东、河北、河南、陕西、北京、天津等地区。从清初起，在福建、广东居住的白姓人开始陆续移居台湾，继而远播海外。

【历史名人】

白起: 战国时期秦国名将，杰出的军事家、统帅，与王翦、廉颇、李牧并称为"战国四将"。

白居易：字乐天，号香山居士，唐朝杰出的现实主义诗人，有"诗魔"和"诗王"之称，是中国文学史上影响深远的诗人和文学家，代表诗作有《长恨歌》、《卖炭翁》、《琵琶行》等。

白行简：字知退，唐朝著名文学家，以传奇著称，代表作《李娃传》。

白朴：字太素，元朝著名的文学家、曲作家、杂剧家，与关汉卿、马致远、郑光祖合称为元曲四大家。代表作有《梧桐雨》、《墙头马上》等。

【姓氏名人故事】

白居易建堤

白居易不止是唐朝著名的诗人和文学家，也是个勤勉为民的好官。

他中年时曾在杭州任刺史，谁知刚一上任就遇到了杭州的大旱灾，于是白居易

换上便服，亲自下乡体察民情。他所到
之处，只见田地干裂，庄稼枯黄，百姓
怨声载道。白居易又来到县衙门口，只
见很多人正拥挤在县衙门前，高声请求
县官开闸放西湖水救田。

白居易离任杭州，只带走了两片天竺石。

谁知县官毫不体恤民情，不只断然
拒绝放水，还要驱散人群，白居易当即
表明身份勒令县官立即开闸放水。县官
只得遵命，第二天便施水解了众农民的
旱地之困。白居易有感于这次旱灾，为
了防微杜渐，第二年在钱塘门外，修了一条堤坝，又造了一座石涵闸，将湖水蓄满，
以备干旱所需。

他唯恐在自己之后上任的官员不了解这座堤坝的重要之处，于是亲自撰写了
一篇《钱塘湖闸记》，刻在石碑上，内中详细地记载了堤坝的功用，以及蓄水、
放水和保护堤坝的方法，甚至还记载着一寸湖水能灌溉多少顷农田。

当地百姓争相观看碑文后，齐声要为白居易请功，却被白居易婉拒。他淡然
地随口咏诗道："税重多贫户，农饥足旱田，唯留一湖水，与汝救凶年。"

白居易在杭州三年，指挥百姓兴筑湖堤，湖水自此蓄放便利，大批农田受益。

此地渐渐富庶起来，他也因为政绩卓越而被皇帝所嘉奖，因此调回了京城。

白居易动身的那天，杭州百姓扶老携幼，洒泪饯别，人人带着好酒与食物来
到西湖边相送。但是大家既没有听到鸣锣开道，也没有看见装行李的车马，过了
很久之后，只见白居易骑着匹白马从天竺山缓缓而来，他的身后有几个差役抬着
两片天竺石尾随着。

百姓见他如此清廉为民，都因难舍而泣不成声，白居易看着众百姓心中感动，
当即在马上吟咏道："三年为刺史，饮冰复食檗。唯向天竺山，取得两片石。此
抵有千金，无乃伤清白？"

白居易走后，当地百姓为了纪念他，将他所指挥修筑的堤坝取名为"白公堤"。

lài

赖

【姓氏来源】

赖姓的起源主要有二：

其一：出自姬姓，以国名为氏，为周文王姬昌的后代。据《通志·氏族略》、《文献通考》所载，西周初期，周武王因其弟颖伐纣有功，封于赖地，建赖国。春秋时期，赖国为楚国所灭，其后代便以国为氏，称赖氏。

其二：出自姜姓，以国名为氏，为炎帝神农氏的后裔。相传炎帝又称烈山氏。因古时烈与赖音同，故烈山氏也叫赖山氏。古时的烈山氏居住在山西汾水流域，后其中一支东迁，商朝时建赖国，依附于商朝。到了周武王伐商时，赖人南迁，后来被周武王封子爵，为赖国。春秋时期，楚国攻灭赖国，其后裔迁居他地，以国为氏，称赖氏。

【郡望堂号】

赖姓的郡望主要有颍川郡、南康郡、河南郡、河内郡和松阳县等。

颍川郡：战国秦时置郡，治所在阳翟（今河南禹州）。此支赖氏，其开基始祖为叔颖。

南康郡：晋时置郡，治所在雩都（今江西于都东北），东晋移治赣县（今江西赣州市）。此支赖氏，为赖光之后。

河南郡：西汉时改秦三川郡置郡，治所在雒阳（今河南洛阳市东北）。

河内郡：楚汉之际置郡，治所在怀县（今河南武陟西南），西晋时移治野王（今河南沁阳）。

松阳郡：旧县名，在今浙江西南部。此支赖氏，其开基始祖为晋代的赖光。

赖姓的堂号主要有"颍川"、"南康"、"河南"、"西川"、"松阳"等。

【繁衍变迁】

赖姓发源于河南境内。秦汉时期，赖姓人发展迅速，并且开始迁居湖南等我国南方地区，以及越南地区。魏晋南北朝时期，江西、福建、湖南、浙江、江苏、广东等省都有赖姓人的足迹。隋唐时期，赖姓人的繁衍愈加繁盛。宋元时期，又有大量赖姓人向南迁徙，使赖姓在南方各地更加繁盛。此外，宋朝还有一支在河南繁盛起来的赖姓人。明初，赖姓人有徙居到四川、云南的。清朝开始，不断有赖姓人徙居台湾，继而移居海外。

【历史名人】

赖裴：江西省雩都（今江西于都县）人，唐乾年间进士，被任命为崇文馆校书郎，未赴，退居乡里，人称其所居之地为"秘书里"。

赖文俊：原名赖风冈，字文俊，自号布衣子，北宋国师、相地术大师，撰有《绍兴大地八铃》及《三十六铃》等。

赖镜：字孟容，号白水山人，广东南海人，少时读书于增城白水山。明朝著名画家，诗、书、画俱精，时称"三绝"。

赖文光：广西人，清朝末期太平天国将领，封遵王。1864年天京失陷后，赖文光把本部太平军与捻军合并，成为捻军首领之一，后来捻军一分为二，赖文光成为东捻军首领。

【姓氏名人故事】

赖禄孙行孝退匪

赖禄孙是元朝年间汀州宁化人。元朝延祐二年（1315），仁宗推行铁木迭儿"括田"之议，掠夺民田，加收赋税，赣州人蔡五九率众起义，围攻宁都，并分兵进攻附近州邑，一时间天下大乱，匪盗四起。

赖禄孙的母亲当时身患重病，卧床不起，当时村子里的人因为避匪患全都弃家逃往深山。赖禄孙因为母亲行动不便，一直迟迟不肯走，后来在同乡的劝说下，不得已将母亲负在背上，带着妻子逃往南山。

谁知途中正好与一伙强盗撞见，同乡吓得四散而逃，赖禄孙因为负着母亲没有能及时逃走，被强盗捉住。强盗搜了赖禄孙的身上，并未找到值钱的财物，一时大怒，不但将赖禄孙的妻子掳走欲加侮辱，而且要将赖禄孙的母亲杀死，正当刀举在赖母头上之时，赖禄孙情急之下竟然合身扑在母亲的身上大叫道："要杀杀我好了，求你们放过我的母亲。"

举刀的盗贼面露惊讶地停住手中的刀，此时病中神智昏沉的赖母因为口渴，喃喃呼唤儿子取水，赖禄孙不得已用自己的唾液滋润母亲干裂的嘴唇。

众盗贼面面相觑各自叹息，均被赖禄孙的孝心所感动，更有盗贼将自己的水递给赖禄孙，使他可以喂给母亲解渴，众盗贼马上将赖禄孙的妻子送还给他，恭敬地道："孝子之妇，何忍辱之？"

随后众盗贼放赖禄孙一家人平安离开。这件事传扬开来，人人称赞舍身救母的赖禄孙孝感动天，以至于连杀人放火的强盗都被感化了。

qiáo

乔

【姓氏来源】

乔姓的起源主要有三：

其一：出自姬姓，以山命名，为桥姓所改。相传黄帝死后葬于桥山，黄帝后裔中有留在桥山守陵看山的，就以山为姓，称桥氏。后来，东汉时有太尉桥玄，桥玄的六世孙桥勤在北魏时任职。北魏末年，宰相高欢专权，魏孝武帝不堪压迫逃出洛阳投奔西魏的宇文泰，桥勤随孝武帝来到西魏，成为宇文泰的属臣。一日，宇文泰心血来潮，叫桥勤去掉桥的木字边改为乔姓乔，取"乔"的"高远"之意。桥勤改桥为乔，世代相传称乔氏。

乔勤像。

其二：出自匈奴贵姓。据史料记载，汉代匈奴贵姓有四个，即兰、乔、呼衍、须仆。后其中的乔氏与汉族的乔氏浑为一体。

其三：出自鲜卑之后。据有关史书记载，魏晋南北朝时期，鲜卑人中也有乔姓出现，其后代仍以乔为姓，称乔氏。

【郡望堂号】

乔姓的郡望主要有梁国和顿丘郡等。

梁国：西汉时置梁国，治所在睢阳（今河南商丘南）。宋时改为梁郡，移至下邑（今安徽砀山县），北魏时恢复了以前的治所。

顿丘郡：汉时置县，晋时改郡，治所在顿丘（今河南清丰）。

乔姓亦以"梁国"为其堂号。

【繁衍变迁】

乔姓最早出现于匈奴等少数民族之中，汉族的乔姓人则起源于南北朝时期的桥勤，以陕西为发源地。东汉时期，乔姓人已经分居于安徽、河南等地区，南北朝时期又有散居于山东的。隋唐时期，乔姓人主要在陕西、山西、河南、安徽等省繁衍。五代时期，乔姓人口猛增。宋元时期，乔姓人为躲避兵祸从北方南下到浙江、江苏等南方地区。明初，山西地区的乔姓人迁徙至山东、河北、陕西、河南、江苏等地区。清朝，有在沿海地区居住的乔姓人渡海到台湾，继而迁徙到海外，乔姓家族进入到最为鼎盛的发展时期。

【历史名人】

乔吉：字梦符，号笙鹤翁，元代杂剧家、散曲作家。有《杜牧之诗酒扬州梦》、《李太白匹配金钱记》、《玉箫女两世姻缘》三种传世。

乔宇：字希大，号白岩山人，明朝大臣，与辽州王云凤、太原王琼称"晋中三杰"，亦云"河东三凤"。

乔林：字翰园，号西墅，晚号墨庄，清朝著名篆刻家，东皋印派的大家之一。

乔清秀：近代河南坠子艺人，河南坠子北路调的创始人之一。所创坠子派别被称为"乔派"。

【姓氏名人故事】

厚德载物的乔致庸

乔致庸是嘉庆年间山西祁县的著名儒商，他晚年大兴土木修建的"乔家大院"存留至今，已经成山西民居的代表建筑。

乔致庸人如其名，为人谦和，取道中庸。他之所以能由区区一介儒生变为富可敌国的商人，皆是因为将儒家的思想运用到了经商与处事之中。

他将信义二字看得很重，经常道："经商与处事首先以信字，信誉得人，其次是义，心怀道义，不昧良心。"乔致庸所说的义，正体现在他之后的种种义举与善行之中。

清朝光绪三年（1877），适逢旱灾，寸草不生。坊间就曾经有"光绪三年，人死一半"的说法。当时土地干裂，庄稼颗粒无收，眼看饥殍遍野，乔致庸当即将自己之前所囤积的粮食开仓赈济，无数灾民因此而得以活命，为此，光绪八年（1882）的《祁县志》中将乔致庸的义举详细记录下来并大加称赞。

后来八国联军入侵中国，山西总督因为愤恨而在山西地界中驱赶囚禁洋人，有七名意大利的修女从太原逃到祁县，别人都不敢收留她们，唯独乔致庸出手相助，将这些修女庇护了下来。他先将修女们藏到自己的银库中躲过了追捕，之后用运送柴草的大车拉到河北，这些修女安然回国之后，上报了意大利政府，意大利因此送给乔致庸一面国旗以示表彰。后来在日本侵华之时，乔致庸将这面意大利的国旗挂在门口，日本士兵见到了盟军的国旗便离开了乔家，这座美轮美奂的乔家大院，才得以完好无缺地保留至今。

乔致庸一生历经嘉靖、道光、咸丰、同治、光绪五个朝代，期间战乱频发，他却毫发无损地一步步成为商界的翘楚，这其中的原因，与他宽善待人，厚德载物的品质，不无关联。

tán
谭

【姓氏来源】

谭姓的起源主要有二：

其一：出自姒姓。相传帝尧时，黄河流域洪水为患，洪水泛滥。帝尧派鲧治水，鲧却失败了。帝舜即位后让鲧的儿子禹治水。大禹疏通河道，终于治水成功。为表彰他，帝舜赐姒姓于禹。后来周朝初期大封诸侯时，姒姓的一支被封于谭国，后沦为齐国的附庸国。到了春秋初期，齐桓公称霸诸侯，就吞并了谭国。谭国国君的儿子逃奔至莒国。留在故国的子孙便以国为氏，称谭氏。

其二：出自古代西南少数民族。据《万姓统谱》中记载，巴南六姓有谭氏，自称是盘古的后代，望出弘农，为云南、贵州谭氏。

【郡望堂号】

谭姓的郡望主要有济阳郡、齐郡、弘农郡等。

济阳郡：晋时置郡，治所在济阳。

齐郡：西汉时置郡，治所在临淄（今属山东淄博市）。

弘农郡：西汉时置郡，治所在弘农（今河南灵宝北）。

谭姓的堂号主要有"济南"、"弘农"等。

【繁衍变迁】

谭姓发源于山东。汉朝之前谭姓人在山东、河南分布最多，汉朝时期谭姓人进入山西，分布逐渐扩大。作为谭姓历史上一个非常重要的变化时期，魏晋南北朝时期谭姓人大举南迁，形成了以湖南及其周边地区最为集中、南方多于北方的格局。唐朝是谭姓发展史上最为繁荣的时期。宋元时期，频繁战乱，北方的谭姓人继续向南迁徙。清朝时期，谭姓人在全国范围内的迁徙基本完成，并有福建、广东境内的谭姓人迁居到新加坡等东南亚国家。

【历史名人】

谭元春：字友夏，号鹄湾，明朝杰出文学家，与钟惺同为"竟陵派"创始者。著有《谭友夏合集》。

谭绍光：清朝末年太平天国慕王。

谭嗣同：字复生，号壮飞，是中国近代资产阶级著名的政治家、思想家，维新志士，是"戊戌六君子"之一。

谭鑫培：本名金福，字望重。与汪桂芬、孙菊仙合称为"新三鼎甲"，并成为京剧史上第一个老生流派——谭派创始人。

【姓氏名人故事】

谭嗣同狱中题诗

谭嗣同是我国近代著名的资产阶级政治家，在清朝末期时曾提出发展民族工业，学习西方资本主义制度，通过维新变法的方式，来挽救腐朽败坏的清政府。

谭嗣同说服了光绪帝进行变法，但是他所在的维新派，与以慈禧太后为首的顽固派，相互斗争已经接近白热化的阶段。慈禧太后等顽固派密谋废黜光绪，一举扑灭新政。因为袁世凯的告密，谭嗣同等维新派都被捉拿起来，光绪帝被囚。这场维持了一百零三天的变法也称为"百日维新"。

谭嗣同见维新失败，就想以身殉变法，用自己的牺牲去向封建势力做最后一次抵抗。于是他拒绝了梁启超和日本使馆的营救，被捕入

谭嗣同临刑慷慨陈词。

狱。狱中谭嗣同神态从容，写下了那句著名的"我自横刀向天笑，去留肝胆两昆仑"。后来他与其他五位参与变法的义士一同被送上刑场，被称为"戊戌六君子"。行刑之前，谭嗣同大声地说道："有心杀贼，无力回天，死得其所，快哉快哉！"表现了谭嗣同舍身为国的英雄气概。

wēn
温

【姓氏来源】

其一：出自姬姓，以地名为氏，为周武王侄子唐叔虞的后代。西周初年，周公灭唐后，将唐国分封给虞，史称晋国，因都城在唐，所以虞又称为唐叔虞。唐叔虞有子孙被封在河内温，遂以封地名为姓，称温氏。

其二：出自郤姓，以邑名为氏，为晋国大夫郤至的后代。据《广韵》、《万姓统谱》等相关史料的记载，温国被北狄人攻灭，晋国又攻灭狄人，温国就成为了晋国大夫郤至的封地。郤氏一家权倾朝野，为君王所猜忌和其他晋卿所嫉妒而

被灭掉。郄氏的子孙中有以封邑命名的，称温氏。

其三：出自高阳氏，以邑名为氏。《唐温侯碑》上有记载，颛顼高阳氏的后裔封于温邑，其后人有以封邑为姓的，称温氏。

其四：出自他族改姓和少数民族固有姓氏。如《唐书》记载，唐朝康居国国王为温姓，进入中原后亦为温姓；魏晋南北朝时，北魏有叱温氏、温盆氏、温孤氏，均改为汉字单姓温；金朝时，女真人中温迪罕氏的汉姓为温；清朝满洲八旗中温特赫氏、锡伯族温都尔氏的汉姓均为温。

【郡望堂号】

温姓的郡望主要有平原郡和太原郡。

平原郡：西汉时置郡，治所在今山东北部平原县。

太原郡：战国秦时置郡，治所在晋阳（今山西太原市）。

温姓的堂号主要为"三公"他丰富。

【繁衍变迁】

温姓发源于河南，西周初期，有一支温姓人移居到甘肃地区，并与当地人融合；亦有一部分温姓人徙入新疆，建立了温宿国。西汉初期，山西地区开始有温姓落籍，并逐渐发展为当地望族。继而温姓人又向河北、山东各地扩散。晋朝时的永嘉之乱，社会动荡，硝烟四起，温姓人开始南迁，进入到江西等地。唐朝末年，温姓人迁徙到福建地区、宋朝时又进一步迁入广东。明朝初年，山西的温姓作为迁民之一迁入河南、河北、山东、江苏等地。清朝末期，温姓人已广布大江南北，开始渡海赴台，并远播海外。

【历史名人】

温庭筠：唐朝著名词人和诗人，作赋八叉手而成，时称"温八叉"。精通音律，诗词风格浓艳，词藻华丽，花间派鼻祖，与李商隐齐名，被称为"温李"，有《温庭筠诗集》及《金荃集》。

温日观：僧人，法名子温，宋末元初画家，善画葡萄，被人称为"温葡萄"，有《葡萄图》流入日本。

【姓氏名人故事】

花间词鼻祖温庭筠

　　温庭筠是晚唐时期非常著名的诗人，是花间词派的鼻祖和主要代表人。花间词派出自赵崇祚编辑的《花间集》，其诗歌多以婉约的表达手法，描写女性的美貌和她们的离愁别恨，景物富丽，意象丰富，构图华美，重视文字和音韵，具有迷离幽深的意境，对后世的文人词的产生有着深刻的影响。

　　温庭筠出身于一个没落的官僚贵族家庭，年幼的温庭筠就已经展露出他过人的才华，著称乡里。长大后，更是通晓音律，精于诗词文赋。据说他叉手一吟，便成一韵。八叉八韵，一首诗就完成了，因此当时的人都称他为"温八叉"。然而，温庭筠性格放浪不羁，喜欢讽刺权贵，因此触犯权贵，屡次考试均不中第。

花间词鼻祖温庭筠。

　　后来因为温庭筠的才学，被当朝宰相令狐绹选为考功郎中，进入相国的书馆工作。但是温庭筠性格直白，直言不讳，后又为令狐绹所忌恨，不久被贬官为隋县尉。然而这段时间，却是温庭筠最愉快的一段时光，他与朋友吟诗作赋，把酒唱和，快乐逍遥。但是没多久，温庭筠因为推荐了邵谒揭斥时政的文章，为权贵者所不满，被贬为方城尉。后又因主持公道而再次招忌被贬。年事已高的温庭筠遭此打击，郁郁而终。

　　虽然温庭筠仕途多舛，生活坎坷，常为权贵所排挤，但是温庭筠的才华却不能被压制，最终温庭筠以他出众的文学才华，成为文学史上被人称颂的诗人。

yán
阎

【姓氏来源】

阎姓的起源主要有三：

其一：出自姬姓，为黄帝裔孙后稷之后。相传黄帝有裔孙后稷，为姬姓。后稷第十二世孙古公亶父有三子：太伯、仲雍和季历。季历之子姬昌一出生，就出现了圣瑞。太伯和仲雍便去了南蛮之地，将传位让给季历。太伯和仲雍到了南蛮，改从那里的风俗，成为当地的君长，其后世子孙建立了吴国。后来周武王建立周朝后，封太伯的曾孙仲奕于阎乡，仲奕的后代便以封地为姓，称阎氏。

周康王像。

其二：出自姬姓，为周康王之后。周成王的儿子周康王即位后，曾对鬼方和东南地区发动过战争，并将掠夺来的土地和奴隶分封给各级贵族。周康王之子姬瑕，即后来的周昭王，有一小儿子，生下来手上就有一个"阎"字。于是康王便封之于阎城。其后世子孙也就将阎当作自己的姓氏，称阎氏。

其三：出自姬姓，为唐叔虞之后。春秋时期，晋成公有一儿子名为懿，被封于阎，后来被晋国所灭。懿的后代散居各地，其子孙以封地为氏，称阎氏。

【郡望堂号】

阎姓的郡望主要有天水郡、河南郡、太原郡等。

天水郡：西汉时置郡，治所在平壤（今甘肃通渭西北）。此支阎氏，大概为周康王之后。

河南郡：汉时置郡，治所在雒阳（今河南洛阳市东北）。此支阎氏，大概为唐叔虞之后。

太原郡：战国秦时置郡，治所在晋阳（今山西太原市西南）。此支阎氏，亦为唐叔虞之后。

阎姓的主要堂号有"天水"、"河南"、"丹青"等。

【繁衍变迁】

阎姓发源于河南、陕西、山西等省，春秋战国时期已经有定居于在湖北的族人。秦汉时期，阎姓人迁居到甘肃、湖南、山东、河北等地区。西汉末年，河南境内的阎姓人徙居到四川。魏晋南北朝时期，已经有阎姓人迁移到广西、贵州、北京、内蒙古及东北一带。经过隋唐两朝，阎姓人为避免战乱大举南迁，在江南广泛分布，盛唐时期，阎姓人成为山西地区一大望族。宋元时期，为躲避战乱，散居在江南地区的阎姓人向华中、华南、西南地区迁徙。明朝时期，山西的阎姓人作为迁民之一被分迁到山东、河南、陕西、北京、天津等地区。至此，阎姓人广泛分布于全国各地，并有徙居到海外的。

【历史名人】

阎立本：唐朝著名画家兼工程学家。存世《历代帝王》、《步辇》、《职贡》等图。

阎次平：宋朝杰出画家。存世作品有《牧牛图》等。

阎若璩：字百诗，号潜丘，清代著名的学者、考据家，清代汉学最重要的代表人物之一。有《日知补正录》等。

阎锡山：字百川，号龙池，近代著名政治活动家、国民党元老、军阀。

【姓氏名人故事】

阎立本千里学画

阎立本是唐朝时期著名的画家。阎立本自小热爱绘画，常常找前人的画仔细地钻研和临摹。阎立本一直就很喜欢当时的大画家张僧繇，有一次，阎立本听说在荆州的一座古庙里有张僧繇画的壁画，技巧高超。于是阎立本立即动身到荆州去学习。

阎立本当时住在长安，从长安到荆州，至少有上千里远。古时候交通不便利，走一千里的路十分不容易，但是阎立本为了学习画画，不惧路途遥远，终于万水千山地到达了荆州。

阎立本千里学画。

阎立本到了荆州之后，也没休息就跑到古庙里去参观。阎立本先是大略地浏览了一遍，感觉有些失望，自己一心崇拜的画家，也并没有别人说的那样好。第二天，他又到古庙去看，仔细一看发现张僧繇的画确实有超高的技巧，意境深远、笔墨精妙。阎立本越看越入迷，后来干脆就搬到古庙里住下了。他夜以继日地看着这些壁画，学习其中的技巧，连最细微的地方也都没有放过。

阎立本一直在庙里住了十多天，直到把壁画的每一处都看懂了，把张僧繇的绘画技巧烂熟于心，才高高兴兴地离开荆州，回到长安。

yì
易

【姓氏来源】

易姓的起源主要有二：

其一：出自姜姓，以邑为氏。周朝时，炎帝后裔有姜尚，因辅佐周武王伐商建周有功，被周公旦封于齐，建齐国。后又封其子孙于易。这一支姜姓后裔遂以封邑名为姓，称易氏。

其二：出自齐大夫易牙之后，以先人名字为姓氏。春秋时期，齐桓公有宠臣雍巫，字牙，因采食于易邑，因而也称易牙。易牙精于烹调，却善逢迎，有野心。管仲死前曾对齐桓公说易牙"杀子适君"，有违人之常情，是不可重用。但是齐桓公没有听从，以致管仲死后，易牙与竖刁、开方侍宠专权，发动政变，将太子赶出皇宫，立公子无亏为国君，齐桓公则被饿死，尸体停放在床上数月无人问津。后宋襄公出力平定齐国内乱，易牙政事失败逃至彭城，其子孙以易为姓，称易氏。

【郡望堂号】

易姓的郡望主要有济阳郡、太原郡等。

济阳郡：晋时分陈留置郡，治所在济阳，相当于今河南兰考东境、山东东明南境。

太原郡：战国秦时置郡，治所在晋阳（今山西太原市西南）。

易姓亦以"太原"作为堂号。

【繁衍变迁】

易姓起源于河北一带和山东、河南之间的地区。秦汉时期，以山东、河南一带为繁衍中心，易姓人向周边地区零星扩展。东汉末年到南北朝时期，中原地区动荡不安，易姓人屡次向南迁徙到湖南等地区，还有迁移到甘肃的。唐朝时期，易姓人发展繁盛，有在江西定居的。宋元时期，易姓家族逐渐强盛，主要居地在南方，尤其以湖北、湖南地区最为繁盛。明朝时期，云南、贵州、福建三省和广西等地均居住有易姓人。清朝，沿海地区有易姓人徙居到台湾，进而迁居到新加坡等地。

【历史名人】

易元吉：字庆之，北宋著名画家，其作品有《猴猫图》、《聚猿图》、《花石珍禽图》等。

易延庆：字余庆，北宋官员，著名孝子，时称"纯孝先生"。

易翼之：明朝著名学者，著有《四书音义汇编》、《春秋经传汇编》、《古今诗评》等。

易宗捃：字公申，清朝时期杰出学者，有《性理精微》等。

【姓氏名人故事】

绘猿圣手易元吉

易元吉，字庆之，是北宋的大画家。他自幼酷爱绘画，很小就开始临摹古人名画，最初时他喜画花鸟蜂蝶，但是自从见到了赵昌的画作之后，他认为自己所画的花鸟与赵昌的相差甚远。易元吉不想在画作上步人后尘，决意要画前人未曾画过的事物，于是转而开始画猿猴。

为了将猿猴画得惟妙惟肖，他经常深入荆湖深山之中，借住在山民的家里，少则数日多则一月。每日上山观察猿猴的生活，看着猿猴们在山间水边，树上岩下如何嬉戏打闹，进食休息。

他将猿猴们的"天性野逸之姿，动静游息之态"，一一记在心中，画在纸上。因为下了这样超过常人的苦功，所以他所画的猿猴活灵活现，与众不同。

绘猿圣手易元吉。

他曾经画过一幅《枇杷猿猴图》，此图极其注重细节，图中画着两只在枇杷树上嬉戏玩耍的巨猿，巨猿身上细软的猴毛，猿身旁粗糙的树干，和脚下枯烂的树叶都被他画得天然逼真、惟妙惟肖。

易元吉后来成为了画猿猴的第一高手，并因此而闻名天下。他的獐猿画不仅在艺术上达到第一流的水平，而且在中国古代绘画史上具有开拓绘画题材的意义。所以古代绘画评论家把獐猿画看成他的专工独诣，认为是"世俗之所不得窥其藩"的绝技。

liào

廖

【姓氏来源】

廖姓的起源主要有四：

其一：出自己姓，上古时期廖淑安之后。相传帝颛顼有后裔名叔安，夏朝时，因封于廖国，又称廖叔安。其后世子孙以国为氏，称廖氏。

其二：出自姬姓，为周文王之子伯廖之后。周文王有个儿子叫伯廖，受封于廖，其后裔中有以邑为氏的，称廖氏。

其三：出自偃姓。相传尧舜时期有著名的贤臣皋陶，他的后裔在夏朝时受封于蓼，因以为氏。春秋时期英、立等小国，均为皋陶后人所建。到了春秋时期，楚穆王灭英、立二国，其后子孙有以国为氏的，称廖氏。

其四：为缪、颜二姓所改。据《小溪廖姓祖祠房谱廖姓考源》上的记载，缪、颜二姓均为皇帝赐姓。商朝末年，商纣王暴虐残酷，缪、颜二姓有隐居者，改姓为廖，称廖氏。

【郡望堂号】

廖姓的郡望主要有汝南郡、巨鹿郡等。

汝南郡：西汉时置郡，治所在上蔡（今河南上蔡西南），东汉时移治平舆。

巨鹿郡：秦时置郡，治所在巨鹿（今河北平乡西南），东汉时移治今河北宁晋西南。

廖姓的堂号主要有“汝南”、“武威”等。

【繁衍变迁】

廖姓发源于河南，秦汉时期其族人开始迁往河北等周边地区。魏晋南北朝时期，廖姓人大举从北方向南迁徙到湖北、四川、浙江、福建等地区，并有到达甘肃的。唐朝时期，廖姓人更为广泛地分布到福建各地区，并有移居到江西的。宋朝，廖姓已经成为福建地区的大姓，到宋末时期有廖姓人进入广东地区。明朝，山西籍的廖姓人分迁到河北、河南、江苏、北京等地区。清朝，福建、广东地区的廖姓人迁徙到台湾，进而又徙居泰国、新加坡等地区。

【历史名人】

廖扶：字文起，东汉时期著名学者，时人称之为北郭先生。

廖刚：字用中，号高峰居士，北宋杰出的文学家、政治家、思想家。著有《高峰文集》。

廖仲恺：原名恩煦，又名夷白，字仲恺，近代民主革命家，伟大的爱国主义者、中国国民党左派领袖、我国民主主义革命的先驱。

【姓氏名人故事】

绍兴名臣廖刚

廖刚，字用中，号高峰居士，北宋顺昌谟武人。廖刚少时从学理学家杨时，后来成为宋朝著名的大臣，为人刚正不阿、嫉恶如仇，对外主张积极抗敌，对内极力安抚百姓。廖刚的品格名扬千古，为当世以及后人所赞颂。

北宋末期，金兵攻打宋朝，武力积弱的朝廷惊慌失措。以秦桧为首的投降派主张乞和求降，廖刚却支持李纲、岳飞等坚持抗金的将领，反对割地求和、偏安江南。廖刚曾多次上书徽宗皇帝，却都没有被采纳，廖刚一时心灰意冷，以母亲年老为由请求外调。后来邻州出现了盗贼，官吏全都逃走了。廖刚告知跟随盗贼的人回来就业，接着其他盗贼进入顺昌，廖刚派长子廖迟规劝盗贼，盗贼知道廖刚父子有信义，也都散去。宋高宗时，高宗因廖刚直言纳谏，将其调回京城，担任纠察百官过失的职位。后宋高宗曾要将近千亩官田赐给韩世忠，廖刚知道后立即向高宗上奏两封奏札，说明将官田赐给韩世忠对国家百姓，以及对高宗、韩世忠所造成的负面影响。他请求高宗下令让韩世忠退回官田，如果高宗觉得廖刚的行为狂妄，就罢免廖刚的官职。廖刚这种不计较个人安危和得失，以国家民族利益为重的品德，十分令人钦佩。

秦桧听说这件事，本想利用廖刚来排除异己，廖刚不但没有与他同流合污，还揭露了秦桧的恶行，使秦桧怀恨在心。后来金人背叛盟约，廖刚奏请皇上起用有德行声望的旧相，安排到邻近的藩县，秦桧听说后更加厌恶廖刚，并指使同党王次翁诬陷廖刚。廖刚很气愤，第二年辞退归乡。

廖刚一生亲历两朝荣辱兴衰，历任刑部侍郎、御史中丞、工部尚书。他持身立朝，忧国爱民，对外力主抗敌御侮、对内全力慰抚百姓；他刚正不阿，忠直抗言，令蔡京、秦桧等奸邪沮气。廖刚的精神和品格重于天下，扬于千古，为世代所赞颂。后世人称赞廖刚"持身立朝，冰寒玉洁"，有"道南高弟，绍兴名臣"的美名。

niè
聂

【姓氏来源】

聂姓的起源主要有四：

其一：出自姜姓。《姓氏急就篇注》上记载，春秋时期，齐国丁公姜伋将其支庶子孙封在聂城，建立聂国，为齐国附庸国。聂国的子孙就以国为氏，称聂氏。

其二：出自姬姓。根据《元和姓纂》的记载，春秋时期，卫国有大夫食采于聂地，其子孙以地名为氏，称聂氏。

其三：古有地名聂北，春秋时期为邢国的附属国，后来邢国被灭，聂北归入齐国。居住在聂北的人就以地名为氏，称聂氏。

其四：出自他族改姓或少数民族固有姓氏。宋朝时，有犹太人进入中国，在元明时期以汉字为姓，其中有聂姓；清朝满洲人中有聂姓。

【郡望堂号】

聂姓的郡望主要有河东郡和新安郡。

河东郡：秦时置郡，治所在安邑（今山西夏县西北）。

新安郡：晋时改新都郡为新安郡，治所在始新（今浙江淳安西）。

聂姓的主要堂号有"赐书"、"三礼"、"环溪"、"河东"等。

【繁衍变迁】

聂姓发源于河南、山东一带，东汉之前，聂姓的繁衍发展以北方为主。到了魏晋南北朝时期，山西的聂姓发展得极为迅速，形成了聂姓历史上的第一大郡望——河东郡。由于南北朝时期战乱频发，社会动荡，聂姓中有南迁至浙江、江苏、安徽和江西等江南地区的，并在新安江流域形成了新安郡。隋唐之际，聂姓氏族以河东郡和新安郡为中心，向周边地区散播。两宋时，聂姓已经散布到福建、湖南、湖北等地。明朝初期，山西聂姓作为迁民之一，分迁到河南、河北、山东、江苏、安徽等地。明朝中期，东南沿海的聂姓开始渡海赴台。清朝以后，聂姓分布得更加广泛。

【历史名人】

聂夷中：唐朝末期杰出诗人，语言流畅，诗以关怀民生疾苦和讽喻时世为主，《咏田家》、《公子行》为佳作。

聂豹：字文蔚，号双江，江西永丰县人，正德十二年（1517）进士。嘉靖三十一年（1552），任兵部尚书，上疏议防秋事宜被采纳，加太子少保，是明代有名的廉吏之一。聂豹推崇王阳明的"致良知"学说，以阳明为师。有《困辨录》、《双江集》等。

聂大年：明朝著名官吏、学者、书法家，精通经史，工书诗古文，有《东轩集》。

【姓氏名人故事】

民族英雄聂士成

聂士成是晚清的爱国将领。自幼丧父，家境困难，与母亲相依为命。年纪轻轻的聂士成就喜好行侠仗义，在朋友的邀请下，他参军入伍，开始了四十年戎马生涯。

中法战争爆发之后，法军占领台湾基隆，当时已经官至记名提督的聂士成主动请战。聂士成率领精兵八百五十人，乘坐英国轮船"威利"号，渡海赴台，与刘铭传并肩作战。

1893年，因见日本、沙俄窥伺东北、朝鲜，聂士成主动请求踏勘东三省边陲地形，测绘山川险要，沿黑龙江乌苏里江一线中俄边境勘察，考察漠河金矿，顶着零下三四十度的严寒，卧风雪，历时半载，经由朝鲜北部咸镜道入朝，沿朝鲜东海岸游遍元山海口，直至汉城折返经平壤回国，行程两万三千余里。此行所见所闻以日记图表形式汇成《东游纪程》一书，呈送朝廷，为巩固国防献策，成为当时很有价值的军事地理文献。

后来甲午中日战争爆发，聂士成率军奋力抵抗，数次打退日军的进攻，在虎山抗击日军，收复连山关。八国联军侵华，他在天津八里台抗击敌军，寡不敌众，最终战死沙场，壮烈殉国。

聂士成作战英勇，为清军称颂，为联军畏服。虽为武将，但是也颇通文墨，具有较高的文化涵养，而且为人礼贤下士，受到将士们的爱戴。聂士成殉国后，清政府在聂士成殉国处树立了纪念碑，纪念这位正气凛然、壮烈殉国的民族英雄。

zēng

曾

【姓氏来源】

曾姓的起源比较纯正。出自姒姓，为黄帝轩辕氏的后代，夏禹的后裔。帝舜时期，鲧的儿子禹，被赐予姒姓。后禹的儿子启建立夏朝，为中国历史上第一个奴隶制国家。禹的第五世孙少康中兴夏朝后，封其次子曲烈于鄫，建立鄫国。后鄫国经历了夏商周三代，直到春秋时期，为莒国所灭。鄫国太子巫出奔至鲁国。其后世子孙遂用原国名"鄫"为氏。后为表示离开故城，去邑旁，称曾氏。

曲烈像。

【郡望堂号】

曾姓的郡望主要有鲁郡、天水郡、庐陵郡、鲁阳县等。

鲁郡：西汉时置国，晋时改为郡，治所在鲁县（今山东曲阜）。

天水郡：西汉时置郡，治所在平襄（今甘肃通渭县西北）。

庐陵郡：东汉时置郡，治所在石阳（今江西吉水东北），三国时移治高昌（今江西泰和西北）。

曾姓的堂号主要有"三省"、"武城"、"鲁阳"、"敦本"等。

【繁衍变迁】

曾姓发源于山东，先秦时期其族人已经分布于山东、河北等地区。到汉末前，曾姓人已遍布于河北、湖南、陕西、江西、广东等省份。魏晋南北朝时期，北方常年战乱，民不聊生，曾姓人大量移居到江苏、浙江、四川、江西、湖北等地区，因此在唐朝之前就分布于全国各地，渐渐成为名姓之一。唐朝末期，有曾姓人移至福建。元明清时期，曾姓人分布更加广，并有远播台湾，继而远播海外者。

【历史名人】

曾点：字子晳，亦称曾晳，春秋时期鲁国人，孔门弟子七十二贤之一。因性格举止豪放不羁，被称为"鲁之狂士"。

曾参：字子舆，春秋时期鲁国人。孔子的弟子，著述有《大学》和《中庸》，被后世儒家称为"宗圣"。

曾巩：字子固，北宋政治家、散文家，世称"南丰先生"，为"唐宋八大家"之一。代表作有《上欧阳舍人书》、《上蔡学士书》等。

曾国藩：原名子城，字伯涵，清末洋务派和湘军首领。晚清时期，散文"湘乡派"创立人，以及"中兴四大名臣"之一。

【姓氏名人故事】

曾子烹猪

　　曾子，姓曾，名参，字子舆，春秋末年鲁国南武城人。十六岁拜孔子为师，他勤奋好学，颇得孔子真传。积极推行儒家主张，传播儒家思想。孔子的孙子孔汲（子思子）师从参公，又传授给孟子。因此，曾参上承孔子之道，下启思孟学派，对孔子的儒学学派思想既有继承，又有发展和建树。

曾子屠猪。

　　曾子不仅在儒学研究上造诣很深，在教育孩子上也有独到的见解。曾子的夫人到集市上去，他的儿子哭着闹着要跟着去。他的母亲对他说："你先回家待着，待会儿我回来杀猪给你吃。"她刚从集市上回来，曾子就要捉猪去杀。她就劝止说："只不过是跟孩子开玩笑罢了。"曾子说："妻子，可不能跟他开玩笑啊！小孩子没有思考和判断能力，要向父母亲学习，听从父母亲给予的正确的教导。现在你欺骗他，这是教孩子骗人啊！母亲欺骗儿子，儿子就不再相信自己的母亲了，这不是实现教育的方法。"于是曾子就杀猪煮肉给孩子吃。

　　曾子修齐治平的政治观，省身、慎独的修养观，以孝为本的孝道观影响中国两千多年，至今仍具有极其宝贵的的社会意义和实用价值。著述《大学》、《孝经》等，后世儒家尊他为"宗圣"。

guān

关

【姓氏来源】

关姓起源主要有三：

其一：为颛顼帝之后董父的后裔。颛顼的后裔董父，在帝舜时为舜养龙，被赐为豢龙氏。因为古时"豢"与"关"二字互相通用，所以"豢龙氏"又写作"关龙氏"。夏朝时夏桀荒淫无度，大夫关龙逢苦心劝谏，反而被杀，其后人为避难将姓简化为关氏。

其二：出自尹姓，以官名为氏，是春秋时期尹喜的后人。根据《风俗通义》的记载，春秋时，尹喜在函谷关任关令的职位，尹喜的后人以官名为氏，称关氏。

其三：出自他族改姓。清朝时，满族中有瓜尔佳氏和乌扎拉氏，其后人有改姓为关的，如嘉庆年间的延绥镇总兵关腾和道光咸丰年间的黑龙江副都统关保。

【郡望堂号】

关姓的郡望主要有陇西郡和东海郡。

陇西郡：战国秦时置郡，治所在今甘肃东乡、临洮一带。

东海郡：汉时置郡，治所在郯（今山东郯城）。

关姓的堂号以"忠义堂"著称。

【繁衍变迁】

关姓发源于河南、河北，两汉以前，关姓人就已经分布在黄河中下游地区。

到了汉末三国时，有关姓子孙入蜀，并定居于四川。到了魏晋南北朝时，关姓人开始南下，进入江西和浙江等地。隋唐时期，关姓氏族在甘肃和山东地方发展繁衍得十分兴盛，并在当地形成了望族。宋朝末年，关姓人开始进入福建、广东等东南沿海地区。明朝初年，山西关姓被分迁到河南、山东、陕西、河北等地区。清朝中期，随着"闯关东"的热潮，山东的关姓人也开始向东北三省迁居，山西的关姓人也在"走西口"的风潮中向蒙古地区移居。

【历史名人】

关羽：字云长，本字长生，三国时蜀汉大将，作为忠、义、勇、武的代表，与孔子共尊为"文武二圣"。

关汉卿：号已斋叟，宋朝著名戏曲作家，是元代戏曲奠基人、现实主义作家，现存作品《窦娥冤》、《救风尘》、《拜月亭》、《望江亭》等十三种，流传至今而不朽。

关天培：字仲因，号滋圃，晚清爱国名将。

【姓氏名人故事】

"曲圣"关汉卿

关汉卿是我国古代戏剧的伟大奠基人，元曲四大家之首，元代著名杂剧作家。关汉卿的生平资料，史书上并没有详细的记载，但却不影响关汉卿成为一位伟大的戏曲家。

关汉卿生活在阶级矛盾和民族矛盾非常尖锐的元朝，当时政治腐败，社会动乱，百姓生活在水深火热之中，关汉卿的杂剧内容，也无不表现出一种强烈的现实精神。关汉卿的杂剧一方面揭示了官场的黑暗腐败，一方面又赞扬了勇于反抗的人民。

关汉卿的笔下最为鲜活、出色的形象就是一些普通妇女。这些妇女虽然出身微贱，饱受封建统治的迫害。但是她们正直、善良、机智，并有强烈的反抗意识，在那个特定的历史时期，具有相当的先进性。

关汉卿的个性也十分倔强狂放，在他的套曲《一枝花·不伏老》中，他自称"我是个蒸不烂、煮不熟、捶不匾、炒不爆、响珰珰一粒铜豌豆"，表现了关汉卿不向黑暗现实妥协的精神。

关汉卿在杂剧的创作上拥有相当高的艺术天赋，他创作的杂剧《窦娥冤》，不仅在当时风靡一时，流传到现在也依旧受到观众的喜爱。国学大师王国维更是评价《窦娥冤》是"列之于世界大悲剧中亦无愧色"。关汉卿在散曲史上也具有十分重要的地位，其中有很多是他自己书写身世，抒发抱负的作品，是研究关汉卿的重要依据，同时也是元散曲中不可多得的佳品。

bāo
包

【姓氏来源】

包姓的起源主要有三：

其一：出自风姓，为伏羲的后代。太昊创制八卦，教民捕鱼、畜牧，以充庖厨，故又名庖牺或庖羲。根据《路史》等相关史料的记载：包羲氏，即伏羲的后代中，有一包为姓的，称包氏。

其二：出自芈姓，为春秋时楚国大夫芈包胥之后。芈包胥在楚昭王时任大夫，楚国被吴国攻破后，芈包胥去秦国说服秦王发兵救援楚国，立下大功，被楚王封于申邑，因此称申包胥。其后世子孙中，有以祖字"包"为姓的，称包氏。

其三：出自鲍姓。《后汉书》上记载，汉时丹阳包氏，本姓鲍，王莽篡位时为避祸将鲍改为包，称包氏。

【郡望堂号】

包姓的郡望主要有丹阳郡和上党郡。

丹阳郡：秦时置鄣郡，汉时更名为丹阳郡，治所在宛陵（今安徽宣城）。

上党郡：战国韩置上党郡，治所在壶关（今山西长治市北），西汉时移治长子（今山西长子县）。

包姓的堂号有"刚毅"和"孝肃"等。

【繁衍变迁】

包姓发源于湖北，战国时楚国被秦国所灭，包姓氏族中有向山西移居的。秦汉之际战争频繁，一些包姓人为了躲避战乱，落籍到安徽、江苏、河北和山东等地。从汉末一直到南北朝时期，包姓人已经南迁至江西、浙江和湖南等地。南宋末年，包姓人已经徙居到东南沿海和西南地区。明朝初年，山西的包姓人作为迁民之一，被分迁到河南、山东、河北、陕西等地。清朝中期，随着"闯关东"的热潮，山东等地的包姓人迁居到东北三省。另外，也有居住在沿海地区的包姓人渡海向台湾迁徙。

【历史名人】

包拯：字希仁，宋朝著名官吏，以为官断狱英明刚直而著称于世，被称为"包青天"。

包世臣：字慎伯，晚号倦翁、小倦游阁外史，清朝著名学者、书法家、书学理论家，著有《安吴四种》，其中《艺舟双楫》中提出的书法理论，对清朝中后期书风的变革影响很大。

包兰瑛：字者香，又字佩菜，清朝女诗人，朝夕吟咏，十二岁就有"白雨跳珠"与"赤虹化玉"之对，有"丹徒才女"的美誉。

【姓氏名人故事】

北宋清官包青天

包拯是北宋时著名的官吏，其为官以断狱英明刚直而著称，后世人因其清廉耿直，而称他为"包青天"。

包拯的父亲在朝廷为官，家境殷实，因此包拯自小就受到了良好的家庭教育。包拯二十八岁时中进士，因为孝顺父母，秉承着"父母在，不远游"的信念，包拯放弃官职，一直在家中伺候父母。直到父母相继去世，他还在父母的庐墓前悲伤得不肯离去，乡亲父老都来劝勉他，他才离

北宋清官包拯断案公正无私。

家赴京，等候授予新的官职。为官之前，包拯就下定决心，要做一个光明正大，无愧于世的清官，不久包拯就被调往安徽天长做知县。任天长知县时，有一个盗贼割了别人家耕牛的舌头，牛的主人到县衙里来告状。包拯听了这事情，就对牛主人说："你先回家吧，把牛杀了卖了。"没过多久，就有一个人来到县衙里，告发有人私自宰杀耕牛，包拯说："你为什么割了别人家耕牛的舌头，却又告他的状呢？"原来这人就是盗贼。这之后，包拯的声名远播。后来包拯升任知州，因为为官清明廉洁，因此受到朝廷的重视和世人的赞誉。

包拯做官时常常以魏徵为鉴，对朝政中发表很多意见，"不知忌讳，不避怨仇"。后来他被予以重任，任北宋都城开封府的知府。在担任开封府知府时，包拯秉公理政，铁面无私，执法如山，受到百姓的敬仰，都亲切地称之为"包青天"，民间也流传了各种各样有关包拯的故事，很多故事直到现在也为人称道。

bān
班

【姓氏来源】

班姓的起源主要有二：

其一：出自芈姓，以传说为氏，为春秋时期楚国若敖之后。若敖的孙子叫令尹子文，是春秋时期楚国名相，他为楚国的强大和北上争霸作出了杰出的贡献。相传子文一生下就被抛弃，被母虎抚养长大。因为虎身上有斑，所以令尹子文的后裔就以"斑"为姓。古时"斑"和"班"相通，遂改姓班，为班氏。

其二：根据《风俗通义》的记载，班姓为楚令尹阙班的后代。

【郡望堂号】

班姓的郡望以扶风郡为最望。

扶风郡：汉朝武帝时置右扶风，与京兆、左冯翊合为三辅，治所在今陕西兴平市，三国曹时改为扶风郡，治所在隗里（今陕西兴平）。

【繁衍变迁】

班姓起源于两湖地区，春秋末期，楚国班姓人为了躲避战乱，迁居到山西，以放牧为生。一直到元末明初的时候，班姓人才开始向河北等地散居，在山西和河北等地繁衍生息，发展壮大。

【历史名人】

班婕妤：西汉女辞赋家，是中国文学史上以辞赋见长的女作家之一。所作之赋，文辞哀楚凄丽，千百年来被传诵不绝。

班彪：字叔皮，后汉著名学者，才华横溢，性格慎重，专心研究史籍，作传数十篇，以补充史记太初以后的缺节，被称为《史记后传》。

班固：字孟坚，东汉著名史学家、文学家，继承父亲班彪的遗志，编写《汉书》。曾被人告发他私自修改国史，被捕入狱，在弟弟班超的帮助下，得以释放，并任命为典校秘书，最终写成了《汉书》。

班超：字仲升，东汉著名的军事家和外交家，班彪的儿子，班固的弟弟。曾率领三十六人出使西域，立功西域，被封为定远侯。

【姓氏名人故事】

班超投笔从戎

班超，字仲升，汉族，汉扶风平陵人，东汉著名的军事家和外交家。班超是著名史学家班彪的幼子，其长兄班固、妹妹班昭也是著名的史学家。他居家常亲事勤苦之役，不耻劳辱。他能言善辩，博览群书，能够权衡轻重，审察事理。

班固、班超兄弟二人的父亲班彪去世后，家里的经济十分困难，哥哥班固一个人做教书郎没法供三人开销，班超就到府中帮人做抄写的工作，来维持家庭的生计。但是志向远大的班超觉得这样抄写文书的工作实在是没出息，他把笔向地上一投，感慨道，男子汉大丈夫，就算没有其他的志向，也应该像张骞和傅介子，在异地建功立业，怎么能总在笔纸之间呢？然后班超就从军当兵去了。

永平十六年（73），奉车都尉窦固出兵攻打匈奴，班超随从北征，在军中任代理司马之职，是班超由文墨生涯转向军旅生活的第一步。班超一到军旅中，就显示了与众不同的才能。他率兵进攻伊吾，战于蒲类海，斩俘众多。窦固很赏识他的军事才干，派他和从事郭恂一起出使西域。

班超向西域派出使者，鄯善国和于阗国当即归附汉朝。莎车王投降之后，班超更是威震西域。班超为汉朝和西域的五十多个西域国家之间友好的关系作了非常大的努力，保护了边疆的安宁，维护了汉朝的统治。后来被封为定远侯，实现了他建功立业的抱负。班超为促进民族融合，作出了巨大贡献。

班超在《后汉书》中有自己的一席之地。他身处于传奇般的家族，曾以三十六骑平西域，他在那个时代的功勋永载青史。

qiú
仇

【姓氏来源】

仇姓的起源主要有三：

其一：出自殷末三公之一的九吾氏。九吾氏为夏朝的诸侯，入商后立国号为"九"。商朝末年，纣王诛杀九国诸侯，九吾氏的族人为了避难，逃散各地，有一些九吾氏人在"九"前加上"人"字为"仇"字，称仇氏。

其二：出自仇牧姓，为春秋时宋国大夫仇牧之后。根据《元和姓纂》所载，春秋宋国宋缗公时有大夫仇牧。宋缗公被宋万所杀，仇牧为报仇而去讨伐宋万，与宋万展开了一场恶斗，结果被宋万摔死。其后世子孙便以仇牧的仇为姓，称仇氏。

其三：出自改性，为侯姓所改。《魏书》上记载，南北朝事情，北魏有中山人侯洛齐，本为侯姓，后为仇氏所收养，遂改为仇姓。

【郡望堂号】

仇姓的郡望主要有南阳郡和平阳郡。

南阳郡：战国秦时置郡，治所在今河南南阳市一带。

平阳郡：三国魏时置郡，治所在平阳（今山西藿县以南）。

仇姓的堂号有德化堂和方正堂。

【繁衍变迁】

仇姓发源于河南，战国时期，仇姓人已经繁衍在河北地区。宋国被齐、楚、魏三国瓜分后，仇姓人散居在河南各地。秦始皇统一六国后，有仇姓徙居到陕西。两汉时期，部分居住在河南的仇姓人向山西和山东等地迁徙。东汉时，河南的仇姓氏族开始繁盛起来，形成了陈留郡和南阳郡两个望族。东汉末期，河北北部的仇姓人向北方迁居至辽宁等地，继而又向现在的朝鲜地区迁徙。魏晋南北朝时，仇姓人不能忍受战乱之苦，南迁到江苏、安徽、浙江、湖北等地。隋唐之际，河南和山西的仇姓氏族发展得十分繁盛。后来经过安史之乱和靖康之乱后，旧居中原的仇姓人已经散居在全国各地，包括南段的广东、福建等地。明朝初期，陕西仇姓被分迁到河南、河北、山东等地。清朝康乾以后，山东的仇姓人迁入东北三省，福建沿海的仇姓人则渡海赴台谋生，远徙东南亚及欧美。

【历史名人】

仇远：字仁近，号近村，又号山村，元代儒学教授、诗人、词人，著有诗集《金渊集》、诗文集《山村遗集》等，与白斑齐名。

仇英：字实父，号十洲，明朝著名画家，是"明代四大家"之一，花鸟鱼虫、山水人物，无所不鲜艳雅丽，被誉为明时工笔之杰。

仇兆鳌：字沧柱，自号章溪老叟，清代名士，用二十多年的时间编著《杜诗详注》，是一部具有集注集评性质的鸿篇巨制。

【姓氏名人故事】

"吴门四家"之一仇英

仇英，字实父，号十洲，江苏太仓人，后移居吴县。仇英是明朝著名画家，在绘画上与沈周、文征明和唐寅被后世并称为"吴门四家"。

仇英本是工匠出身，最开始做漆工，后来开始向周臣学画，经过不断地勤学苦练,终于成为一名人物、山水画功均佳的画手,董其昌称赞他为"近代高手第一"。仇英年轻时就结识了很多的著名画家,江南四大才子的唐寅和文徵明,都对仇英的画赞赏有加。

仇英作画一丝不苟,周密严谨,创作态度非常认真,尤其善于临摹。仇英模仿的画作经常能以假乱真,他临摹的《清明上河图》,在历代《清明上河图》中属于精品,在模仿原作的构图风格时,还在细微之处展现出一种江南水乡特有的气息。

仇英的人物山水花鸟楼阁画均佳,尤善人物,人物以仕女画最精。他的仕女图既工设色,又善水墨、白描,能运用多种笔法表现不同对象,或圆转流美,或劲丽艳爽,形象秀美、线条流畅、身材飞动,对后来的仕女图创作有很大的影响。仇英的山水画文雅清新、工整精艳,皆为佳作。

wén

文

【姓氏来源】

文姓的起源主要有五:

其一:出自姬姓,以谥号命名,为周文王之后。据史书所记载,商朝末年,后稷的第十二代孙古公亶父有三个儿子,太伯、仲雍和季历。季历的儿子姬昌出生时就有圣瑞之兆。太伯和仲雍让位给弟弟季历,逃去了荆蛮之地。在季历的治理下,周族逐渐强盛起来。商王文丁感到周的威胁,便找借口杀了季历。后来季历之子姬昌即位,被商纣王封为西伯。西伯积善行仁,在诸侯和百姓中的声望很高,于是纣王将西伯囚禁,周的臣子给纣王进献了美女和各种宝物令纣王大悦,释放了西伯。西伯归周后，以贤臣姜尚为辅佐，先后吞并了虞、芮、黎等国，并建丰邑作为国都，形成了"三分天下有其二"的局面，实力超过商王朝。西伯在位五十年，死后，其子周武王继承遗志，完成了灭商大业，建立了周朝，追谥西伯为周文王。文王的支庶子孙中有以其谥号"文"为姓的，称文氏。

其二：出自周代卫国将军文子之后。周文王的小儿子康叔，因封于康，故称康叔。周公旦平定武庚叛乱后，将原来商都附近地区和殷民七族分封给康叔，即卫国。至春秋时期的卫献公时，有个叫孙文子的将军，其子孙中有以祖先名为氏的，称文氏。

其三：出自姜姓，为炎帝后裔姜文叔之后。西周建立后，周武王大封诸侯，其中将炎帝裔孙太岳之苗裔文叔封于许，建立许国，为姜姓诸侯国。春秋时期，许国因处于中原要冲，周围强国虎视眈眈，受郑、楚两国所迫，四次迁都，终于在战国初年为楚所灭，子孙四散，其中有以许国开国君主文叔之字为氏的，称文氏。

其四：出自妫姓。为妫满之裔孙。相传帝舜因生在姚墟，因而得姚姓。又因住在妫汭河，又有妫姓。武王灭上建立周朝，封千代圣王的后人妫满于陈。陈侯的第十世孙妫完因内乱逃出陈国，投奔齐国，称陈氏。后陈完有后裔陈恒子，因食于田，称田和，改田氏，并夺取了齐国大权。战国时期，田和后裔田文，即"战国四公子"之一的孟尝君，在魏任相国，死后谥号文子。其后人以谥号"文"为姓，称文氏。

其五：出自敬姓，为避讳改姓。五代后晋时，为避讳晋高祖石敬瑭的名讳，所以"敬"姓均改为"文"姓。

【郡望堂号】

文姓的郡望主要有雁门郡。

雁门郡：战国赵时置郡，治所在善无（今山西右玉南），东汉时移治阴馆（今山西代县西北）。

文姓的堂号主要有"信国"、"正气"、"久大"、"崇本"等。

【繁衍变迁】

文姓起源于陕西、河南等地区，春秋战国时期就有其族人迁徙于湖北等地。西汉时期，有文姓人由安徽地区进入今四川。汉至三国，河南、山东、山西的文姓人发展繁盛。魏晋南北朝时期，大量文姓人向南迁移，为文姓在南方比北方旺盛奠定了基础。唐宋时期，文姓人活动在山西、河南、四川、江西、江苏等地区，尤其是江西、四川最为繁盛。明初，作为迁民之一，山西籍的文姓人分别迁徙到山西周围各省及安徽等地区，文姓人了发展的鼎盛期。清朝以后，文姓人广泛分布在全国各地。

【历史名人】

文种：也作文仲，字会、少禽，一作子禽，春秋末期著名的谋略家，越王勾践的谋臣。有"鸟尽弓藏"的成语典故。

文丑：东汉末年袁绍的名将。

文天祥：字履善，改字宋瑞，号文山，南宋著名大臣、民族英雄、文学家。他所作《正气歌》，尤为世所传颂。著有《文山先生全集》。

文徵明：原名壁，字徵明，明代画家、书法家、文学家。与沈周、唐寅、仇英合称"明四家"，传有"江南四大才子"之一的美名。

【姓氏名人故事】

文天祥毁家纾难

南宋末年，时逢乱世，蒙古军大举进攻，南宋朝廷软弱迂腐，廷中众臣大都主降，对元军一味地忍让。

文天祥是吉州庐陵人，自幼目睹外族入侵，百姓受难，很小便立志抗元救国，于是发愤苦读，于理宗宝祐四年（1256）五月参加殿试，一举夺魁中了头名状元。

宋理宗开庆元年（1259）文天祥任承事郎起，咸淳十年（1274）七月，度宗病死。贾似道抑长立幼，扶四岁的赵显即位，是为宋恭帝。时年九月，二十万蒙古大军分两路进攻南宋，所经之地一路失守，宋军将领纷纷叛变。

蒙古军攻陷鄂州后，京师震动，太后谢道清急传一道《哀痛诏》内中说道："新帝年幼，刚刚即位便临国家危难之时，希望各地文臣武将此时能与新帝排忧解困，共赴国难，届时，朝廷将按功绩封侯赐爵。"

文天祥执意不降蒙古。

然而，眼见蒙古大军声势浩大，军力威猛，文武群臣皆对《哀痛诏》置若罔闻，只有文天祥和张世杰两人接了《哀痛诏》，之后召集兵马，起兵勤王。

文天祥将家产全部捐出以充军饷，又将家人托付给弟弟照顾，以示毁家纾难，当地民众深受鼓舞，短短数天，屯兵竟至三万。

文天祥带兵入粤，在潮州、惠州一带抵抗元军。期间，恭宗举国投降，但文天祥爱国之心不减，凛然道："君降臣不降。"依旧率军抗元，但终因寡不敌众，于祥兴元年（1278）十二月二十日，在五坡岭被偷袭的蒙古铁骑俘获。

蒙古皇帝忽必烈久闻文天祥之名，知道其不但文武双全且忠肝义胆，意欲将文天祥收归麾下，于是不惜屈尊，亲自劝降，并许以高官厚禄，但是，文天祥丝毫不为所动。

忽必烈爱才心切，见文天祥执意不降，转而想用骨肉亲情感化他。文天祥的妻子欧阳夫人和两个女儿柳娘、环娘被蒙古军队俘虏后已经被送到大都。于是忽必烈令文天祥的女儿写信劝降，信中除了思念之情还写明了若是文天祥不降，母女三人面临非难。熟料文天祥看完信后虽然肝肠寸断，但是依旧不改初衷。

忽必烈大怒，不但下令对文天祥施用酷刑，还使其身带重枷住在阴冷潮湿的土牢之中，文天祥坦然受之，并在狱中写下"人生自古谁无死，留取丹心照汗青"的千古名句。

最终忽必烈无奈之下，命文天祥在一国丞相与死囚之间自择，文天祥淡然道："只求一死。"至元十九年（1282）十二月初九，文天祥向着南宋国土的方向叩拜之后，慨然就义，享年四十七岁。死后在他的衣带中发现一首诗："孔曰成仁，孟曰取义，唯其义尽，所以仁至。读圣贤书，所学何事？而今而后，庶几无愧。"

ōu yáng

欧阳

【姓氏来源】

欧阳姓的起源比较纯正，出自姒姓，以封地名、侯爵名为氏，和欧氏同宗。根据《路史》、《姓氏考略》和《唐书》的记载，夏朝皇帝少康有儿子叫无余，被封在会稽。无余的后人建立了越国。春秋时，越国被吴国所灭，后越王勾践复国。传至越王无疆时又被楚国所灭，无疆的次子蹄，被封在欧余山南部，古时以山南为阳，因此称欧阳亭侯。无疆的支庶子孙，分别以山名和封爵名为姓氏，形成了欧、欧阳、欧侯三个姓氏。

【郡望堂号】

欧阳姓的郡望以渤海郡为最望。

渤海郡：西汉时置郡，治所在今河北沧州。

欧阳姓的堂号有"画荻"等。

【繁衍变迁】

欧阳发源于浙江，秦汉时期，欧阳氏族大规模北迁至山东。魏晋时期，河南、山西、陕西等地区也有欧阳姓人落籍，并在渤海郡形成了势力庞大，十分兴旺的欧阳家族。南北朝时期，战争频繁，硝烟四起，居住在北方的欧阳姓人无奈又南迁回江苏、湖南、浙江等江南地区。隋唐之际，江西、湖北、安徽、四川等地区也都有了欧阳氏族的落居。唐朝初期，就已经有欧阳姓人迁居到福建地区，到了唐末五代时，欧阳姓已经徙居到两广地区。居住在湖南的欧阳姓人已经散居在整个湖南地区，繁衍得十分繁盛。明朝初年，山西欧阳姓作为迁民之一，被分迁到山东、河南、河北等地。明朝中叶，福建、广州等东南沿海的欧阳姓人开始渡海赴台，清朝中期以后，欧阳姓人有远赴东南亚和欧美各地者。

【历史名人】

欧阳生：名容，字和伯，是西汉今文《尚书》欧阳学说的开创者，著有《欧阳章句》和《欧阳说义》。

欧阳建：字坚石，西晋哲学家，主张名称可以区分事物，言辞可以表达思想，著有《言尽意论》。

欧阳询：字信本，唐朝著名书法家，与颜真卿、柳公权、赵孟頫并称为楷书四大家，其楷书骨气劲峭，法度严整，自成"欧体"传之于世。

欧阳修：字永叔，号醉翁，晚年号六一居士，北宋著名的政治家、文学家、史学家，继承唐朝古文运动的代表，"唐宋八大家"之一，有专著《六一诗话》传世。

【姓氏名人故事】

欧阳修以荻画地

欧阳修是北宋年间著名的文学家、史学家，是"唐宋八大家"之一。

欧阳修自幼丧父，家境贫寒，与母亲相依为命。因为没有钱供欧阳修上学读书，欧阳修的母亲就用芦苇杆在沙地上写画，教欧阳修写字，同时还教欧阳修诵读古代著名的篇章。欧阳修年龄大点后，他就去别人家借书来读，或者是抄下来。欧阳修日以继日地读书，废寝忘食，因此他很小的时候就有了成年人那样的水平。这就是成语"以荻画地"的由来。

欧阳修在中国文学史上具有相当重要的地位。他倡导诗文革新运动，一改唐末到北宋初期的形式主义诗文风格。同时欧阳修还知人善用，如唐宋八大家中的苏洵、苏轼、苏辙和曾巩、王安石，皆是被欧阳修赏识，出自他门下。政治上，欧阳修积极参与变革，提出了改革军事、吏治等主张。在文学创作方面，欧阳修的诗、词、散文皆佳，尤以散文的成就最高，他的散文内容充实，语言精练流畅，深厚雄博，引人入胜。苏轼评价他的文章为："论大道似韩愈，论本似陆贽，纪事似司马迁，诗赋似李白。"欧阳修在史学方面的贡献也非常重要，他不仅参加修定《新唐书》，还自撰《新五代史》。

sī mǎ
司马

【姓氏来源】

司马姓的起源主要有二：

其一：以官职为氏，为西周掌管军事大权的大臣程伯休父的后裔。少昊帝时有司马一职，专门掌管军政和军赋。周朝时，重黎之后程伯休父担任司马一职，因平定徐方而立下大功，周宣王赐他司马为姓，遂称司马氏。

其二：出自改姓。晋元帝司马睿本姓生，后改为司马姓；南朝宋时有许穆之、郝惔之，其后人亦有改为司马姓的。

【郡望堂号】

司马姓的郡望以河内郡为最望。

河内郡：楚汉之际置郡，治所在怀县（今河南武陟）。

司马姓的堂号主要"太史"、"河内"等。

【繁衍变迁】

司马姓发源于山西，周朝时期，司马氏族散居在今山西境内的卫、赵两国。秦汉之后，司马姓在河南、陕西、四川、湖北、江苏等地都有散播，尤以河南最为兴盛，建立西晋王朝的司马懿家族就是在河南地区诞生的。晋朝建立后，司马作为国姓遍布中国各地。在唐朝以前，东南沿海和江淮地区就已经有了司马姓人的足迹，宋朝以后，山西地区又有司马光家族，而陕西、河北、湖南、江西、福建也都有司马姓人居住。

【历史名人】

司马相如：字长卿，西汉著名辞赋家，代表作有《子虚赋》、《上林赋》。鲁迅在《汉文学史纲要》中评价："武帝时文人，赋莫若司马相如，文莫若司马迁。"

司马迁：字子长，西汉著名史学家、文学家，撰成中国第一部纪传体通史，时称《太史公书》。三国后期开始通称为《史记》。

司马懿：字仲达，三国时期魏国杰出的政治家、军事家，西晋王朝的奠基人。司马炎称帝后，追尊司马懿为宣皇。

司马光：字君实，号迂叟，世称涑水先生，北宋著名政治家、史学家、散文家，主持编纂了中国历史上第一部编年体通史《资治通鉴》。

【姓氏名人故事】

司马光砸缸救友

司马光，字君实，号迂叟，陕州夏县涑水乡人，世称涑水先生，北宋著名的史学家，主持编写了《资治通鉴》。

司马光自幼便聪敏好学，也非常聪慧。一次，他和小朋友在院子里玩。院子里有一口大水缸，一个小孩儿爬到水缸上玩，结果不小心掉到水缸里。水缸又大又深，掉进水里的小孩很快就要没顶了。别的孩子一看都吓得直哭，只有司马光急中生智，在地上捡起一块大石头，砸向水缸。水缸破了，水流了出来，水缸里的孩子就得救了。司马光从小表现出遇事冷静沉着，被时人称颂。这就是著名的"司马光砸缸"的故事。

据史书记载，司马光非常喜欢读《左传》，常常"手不释书，至不知饥渴寒暑"。七岁时，他便能够熟练地背诵《左传》，并且能把二百多年的历史梗概讲述得清清楚楚，可见他自幼便对历史怀有十分浓厚的兴趣。后来，司马光主持编纂了中国历史上第一部编年体通史《资治通鉴》。司马光为人温良谦恭、刚正不阿，其人格堪称儒学教化下的典范，历来受人景仰。

《资治通鉴》全书共二百九十四卷，通贯古今，依时代先后，以年月为经，以史实为纬，顺序记写。记载了从周威烈王到五代后周世宗，十六朝一千三百六十二年的历史，历时十九年完成，在中国官修史书中占有极重要的地位。

zhū gě
诸葛

【姓氏来源】

诸葛姓的起源主要有三：

其一：出自葛姓改姓。先秦时期，黄帝的后裔葛伯所建立的封国灭亡后，居住在封国诸县的一支诸葛氏族迁徙到都县，为了与当地的葛姓有所区别，也为了纪念家乡，从诸县前来的葛姓就称为诸葛，为诸葛氏。

其二：出自有熊氏之后，为詹葛姓所改。春秋时期，齐国有熊氏的后代中有复姓詹葛的，因为读音相近，被讹称为诸葛氏。

其三：出自封邑名。秦末农民起义中，陈胜吴广麾下有大将葛婴，因为陈胜听信谗言而被杀害。西汉时，汉文帝为了纪念葛婴反抗秦王暴政的功劳，就将葛婴的孙子封为诸县侯，其后人世代在此定居。葛氏为了向文帝表达感谢，就将"葛"姓与地名合并改称"诸葛"，遂称诸葛姓。

【郡望堂号】

诸葛姓的郡望以琅玡郡最为名望。

琅玡郡：秦时置郡，治所在今山东诸城市、临沂市、胶南市一带。

诸葛姓的堂号亦有"卧龙"、"三顾"等。

【繁衍变迁】

诸葛姓发源于山东，汉朝到唐朝时期，诸葛在山东已经发展得十分繁盛，以琅玡郡为最名望。在魏晋南北朝时，诸葛姓人就已经迁居到福建等东南沿海地区。

【历史名人】

诸葛瑾：字子瑜，三国时期孙吴政权的大臣，诸葛亮的兄长，性格忠厚诚信，深得孙权信任。孙权曾说："子瑜之不负孤，犹孤之不负子瑜也。"

诸葛亮：字孔明，号卧龙，三国时蜀国著名的政治家，官居丞相。《诸葛武侯集》、《出师表》为其名篇。

【姓氏名人故事】

蜀汉名相诸葛亮

诸葛亮，字孔明，号卧龙（也作伏龙），汉族，琅琊阳都人，蜀汉丞相，三国时期杰出的政治家、战略家、发明家、军事家。在世时被封为武乡侯，谥曰忠武侯；后来的东晋政权为了推崇诸葛亮的军事才能，特追封他为武兴王。

诸葛亮出身于一个官吏之家，父亲做过泰山郡丞。三岁时，母亲病逝，八岁时父亲去世，年幼的诸葛亮带着弟弟跟随着叔父一同生活。在年轻的时候，诸葛亮就才压群伦，有着英雄的气量，其身高八尺，容貌高大壮美。汉末动乱之际，他跟随叔父诸葛玄到荆州避难，在乡野亲自耕种。诸葛亮在田地里耕种，平常喜欢唱《梁父吟》的曲调。每每把自己比喻成管仲，乐毅，当时没人相信。只有博陵的崔州平，颖州的徐庶和诸葛亮交情不错，认为他真的具有管仲，乐毅般的才华。

当时左将军刘备认为诸葛亮是稀世少有之才，于是三次前往诸葛亮住的茅屋，诚访诸葛亮并请求出山辅佐。此后传为佳话，渐成典故，这就是历史上有名的"三顾茅庐"。

诸葛亮深感刘备有雄姿伟态，冠压众人，于是解下腰带送给刘以表达诚意，双方因此结交深厚。等到魏武帝南征荆州，刘琮拿整个荆州献降，刘备失去依靠，

刘备三顾茅庐请诸葛。

士兵又少，没有立身之地。当时诸葛亮二十七岁，借机献上妙计，亲自出使孙权，到吴国都会求援。孙权既素来佩服刘备，又看到刘派来的诸葛亮儒雅奇伟，而对他十分敬重，当即派遣三万士兵去援助刘备。刘备有了这三万士兵，便和魏武帝展开交战，大败曹军，乘胜追击，平定了整个江南。后来刘备又攻取益州。益州平定后，刘备任用诸葛亮为军师将军。刘备称帝以后，又任命诸葛亮做丞相，总管尚书事务。刘备在与东吴的大战失败后，在白帝城病危，召丞相诸葛亮、尚书令李严托孤，命二人辅佐其子刘禅，被后世人所津津乐道，推举为君臣之间肝胆相照的千古佳话的"白帝托"。刘禅继位，封诸葛亮为武乡侯。不久，再加益州牧，大小政务，都依赖于诸葛亮。

诸葛亮为匡扶蜀汉政权，鞠躬尽瘁、死而后已，代表作有《前出师表》、《后出师表》、《诫子书》等。还发明木牛流马、孔明灯等，制作了一种连弩，称作元戎弩，在较短时间内能发射十支箭，杀伤力很强，主要用来防守城池和营塞。诸葛亮在后世受到很大的尊崇，成都有武侯祠。

shàng guān
上官

【姓氏来源】

上官姓的起源比较单一，出自芈姓，以邑名为氏，为楚国有上官大夫之后。春秋时期，楚怀王的小儿子子兰被封在上官邑做大夫，子兰的后世子孙就以邑名为姓，称上官氏。

【郡望堂号】

上官姓的郡望主要为天水郡。

天水郡：西汉时置郡，治所在今甘肃天水、陇西以东地区。

上官姓的堂号有"孝友堂"。

【繁衍变迁】

上官姓发源于河南，战国末期，秦灭六国后，楚国的上官氏族迁往陕西地区，并逐渐发展为当地的望族。唐朝时期，上官姓迁居河南地区，在当地也形成大家望族。到了唐朝末期，硝烟四起，中原的上官氏家族大规模南迁，到达了福建等东南沿海地区。经历了宋、元、明、清，上官姓已经散播到我国的大江南北。

【历史名人】

上官仪：字游韶，唐朝著名诗人，善作五言诗，技巧别致，当世人争相模仿，被称为"上官体"。

上官婉儿：上官仪之孙女。婉儿辩慧能文，习吏事，武后爱之，拜婕妤（女官名），秉机政。她十四岁起就为武则天草拟诏令。中宗李显即位后，她被立为昭容，掌管文学音乐，经常为皇后和公主作诗。

上官凝：字成叔，宋朝著名学者，为人正直刚毅，为官清廉，善断疑案。

【姓氏名人故事】

上官仪和上官体

上官仪，字游韶，陕州陕县人，家于江都，是唐朝初期著名的官吏和文学家，创立了著名的"上官体"。

上官仪出生于隋朝末期，父亲被在扬州起义的宇文化及的党羽所杀，上官仪当时还年幼，被藏起来而躲过一劫。

上官仪就此一直生活在寺庙里，喜爱阅读释典，最擅长《三论》，经书、史书也都有所阅读，文章写得特别好。上官仪十九岁时，才华显现，被当时扬州大都督府长史杨仁恭看重，举荐到长安参加科考。考场上，上官仪提出"对求贤策"、"对用刑宽猛策"两个策略，因而脱颖而出，考中进士，入朝为官。上官仪供职门下省，颇受高宗和武皇后的赏识。龙朔二年（662），成为宰相。后来高宗不满武后跋扈，上官仪向高宗建议废后，高宗亦以为然，由上官仪草诏。武后涕泣陈请，事遂中缀，自此武后深恶上官仪。麟德元年（664），上官仪被诛，家产和人口被抄没，其一子上官庭芝也同时被诛杀。中宗即位后，因上官庭芝女上官婉儿为昭容，对上官仪父子有所追赠，绣像凌烟阁，追封楚国公。

上官仪在文学方面的贡献就是他创立了"上官体"。上官仪因为年轻时生活在南方的寺庙之中，受南朝文化和宫体诗的影响严重，因此在诗歌创作上，讲究格律工整、词藻华丽、绮错婉媚，所作诗文，大多"文并绮艳"。上官仪的创作风格在当时被世人效仿，因此被称为"上官体"。上官仪还归纳了六朝后诗歌的对偶方法，提出六对、八对之说，显示了当时以宫廷诗人为代表的形式主义倾向，但促进了律诗的形成和定型。